hänssler

Jörg Knoblauch/Jürg Opprecht

Jesus auf der Chefetage

Von Unternehmern weltweit lernen

Impressum

Bestell-Nr. 394.044
ISBN 3-7751-4044-1

D-71087 Holzgerlingen
Internet: www.haenssler.de
E-Mail: info@haenssler.de

Umschlaggestaltung: Jens Vogelsang
Titelbild: V. C. L. (GettyImages)
Satz: BuchHaus Robert Gigler GmbH
Druck und Bindung: Ebner & Spiegel, Ulm
Printed in Germany

Prof. Dr. Jörg W. Knoblauch (53) hat für »Spitzenleistungen im Wettbewerb« im Jahr 2002 den Ludwig-Erhard-Preis gewonnen. Er ist Geschäftsführender Gesellschafter der Firmen drilbox (Computergehäuse und Werkzeugkassetten), tempus (Zeitplansysteme), DISG (Persönlichkeits-Profile) und tempus-Consulting (»Unternehmer beraten Unternehmen«).

Der kreative Schwabe erprobt seit über 20 Jahren in seinen Firmen neue Führungsmodelle, radikale Kundenorientierung, Mitarbeiterbindung und Prozessoptimierung. Daraus hat er die TEMP-Methode entwickelt, die kleinen und mittelständischen Unternehmen den Weg durch Krisenzeiten hin zur Spitzenposition im Wettbewerb weist. Ausgezeichnet wurde Prof. Jörg W. Knoblauch unter anderem mit dem »Best Factory Award« für das bestgeführte Kleinunternehmen Deutschlands. Seine Bücher haben eine Gesamtauflage von über 100 000 Exemplaren erreicht.

Jürg Opprecht ist Unternehmer, Geschäftspartner von mehreren Jungunternehmern, Hotelier und im Immobilienbereich tätig. Mit der Vision, das Reich Gottes in der Wirtschaft zu bauen, hat er u. a. ein Projekt in Kirgisien zur Förderung von Jungunternehmern gegründet, durch das bereits 2000 Arbeitsplätze geschaffen wurden. Jürg und seine Frau Doris leben mit ihren vier Kindern am Murtensee in der Schweiz.

Inhaltsverzeichnis

Anhang III

Anhang IV

Leseempfehlungen

1. Hier geht es um Unternehmer, die das Haupt im Himmel und ihre Füße auf der Erde haben.
Karl Schock, Unternehmer, Akademie Christlicher Führungskräfte (ACF)

2. Luther würde sagen: Unternehmer, die im »himmlischen« Bereich immer gegründeter und im »weltlichen« Bereich immer sachkundiger werden.
Norman Rentrop, Verleger, Verlag für die Deutsche Wirtschaft AG

3. I believe one of the next great moves of God is going to be through the believers in the workplace.
Dr. Billy Graham

4. Plötzlich verhalten sich Firmen wie Gemeinden. Plötzlich wirkt Gott auf Baustellen, in Hotels und zwischen Maschinen. Plötzlich erscheint er überall da, wo wir ihn nicht vermutet haben.
Ulrike Jooß, 1. Vorsitzende von Christen in der Wirtschaft, CiW

5. Wo dein Schatz ist, wird auch dein Herz sein! Unternehmer, deren Schatz (Unternehmen) Teil des Reiches Gottes auf dieser Erde ist, haben ihr Herz am rechten Fleck! So macht Schatzsuche Freude!
Claus Philippin, Präsident ICCC-Deutschland, Vice-Präsident ICCC-International

6. Unternehmer, die geistlich Verantwortung wahrnehmen. Eine Fülle von Ideen, wie eine Firma praktische Schritte gehen kann, um das Evangelium unter die Menschen zu bringen.
Dr. Ulrich von Schnurbein, Präsident von »Christen im Beruf e. V.«

7. 24 Beispiele für moderne »Zeltmacher«.
Stephan Klinghardt, Geschäftsführer des Arbeitskreises Evangelischer Unternehmer

8. Wenn Gott der Chef der Firma ist, passieren interessante Dinge. Von diesen Unternehmen kann man lernen.
Berthold Becker, Präsident, Gesellschaft für Strukturentwicklung, GfS

9. Es ist ein seltsames Phänomen: Während Kirchen vielerorts auf dem Rückzug sind, entwickeln christliche Geschäftsleute ein neues Selbstbewusstsein. Das macht Mut.
Christoph Wyss, Präsident »Internationale Vereinigung Christlicher Geschäftleute«, IVCG

10. Die in diesem Buch vorgestellten Unternehmen sind anders als andere – es sind Kingdom Companys. Unternehmer, die alles auf eine Karte gesetzt haben, und zwar nicht auf die Karte des wirtschaftlichen Erfolgs. Sie sagen nicht: Trachtet zuerst nach einer guten Firma und nach exzellenter Arbeit, und wenn du dann noch Zeit hast, engagiere dich in der Gemeinde. Nein, sie sagen: Trachtet zuerst nach dem Reich Gottes. Sie haben ihren Glauben und ihre Jesusnachfolge an die erste Stelle gesetzt.
Peter Brisco, Geschäftsführer HE SPACE OPERATIONS GmbH (ehem. Präsident Europartner)

11. Es ist klar, dass auch christliche Unternehmer Erfolg brauchen. Dass es eine tiefere Dimension des Erfolges gibt, belegt die Erfahrung christlicher Geschäftsleute aus aller Welt.
Dr. Siegfried Buchholz, Managementberater

Vorwort

Wenn Gott etwas Wunderbares tun möchte,
beginnt er mit einer Schwierigkeit;
will er etwas sehr Wunderbares tun,
beginnt er mit einer Unmöglichkeit.
Charles Inwood

Quelle: Montagsmanna, CBMC, 7. Mai 2001

Kann man sich heute noch auf irgendetwas verlassen? Gibt es in unserer Zeit noch etwas, das wirklichen Bestand hat, das nicht infrage gestellt wird? Wenn wir mit Menschen reden, stellen wir fest, dass vielen nichts wirklich einfällt, worauf sie sich richtig verlassen könnten.

Meldungen von Firmenzusammenbrüchen machen weltweit die Runde. Unternehmen, die gestern noch die Stars der Wirtschaftspresse waren, stehen heute am Pranger. Betrug, Unterschlagung, Bilanzfälschung vernichten Arbeitsplätze und Vermögenswerte.

Alles ist in Bewegung und eigentlich ist auf nichts mehr Verlass. Unternehmen und Institutionen kommen ins Wanken und – wer weiß, was morgen sein wird?

Der Arbeitsplatz, der gestern so sicher schien, wird heute in Frage gestellt.

Der Aktienkurs, der gestern hohe Gewinne versprach, ist bereits ins Bodenlose gefallen.

Verlass scheint nur noch darauf zu sein, dass auf nichts mehr Verlass ist.

Kann man als Christ unter diesen Vorzeichen noch Verantwortung in Unternehmen übernehmen? Man kann. Jörg Knoblauch und

Jürg Opprecht haben 24 Unternehmer ausfindig gemacht, die ihre Firmen nicht nur als Christen führen, sondern ihre Unternehmen ganz bewusst unter Gottes Leitung stellen und damit in die Offensive gehen.

In den vor Ihnen liegenden Berichten stellen Unternehmer aus der ganzen Welt die Grundlage ihres Glaubens und ihrer Geschäftsgrundsätze vor. Sie schildern ihre Erfahrungen, die sie mit ihrer Entscheidung, ihr Unternehmen bewusst Gott zur Verfügung zu stellen, gemacht haben. Unterschiedliche politische und wirtschaftliche Rahmenbedingungen sowie vielfältige geistliche Erfahrungen prägen die einzelnen Beiträge.

Eines haben jedoch alle gemeinsam: Jesus Christus hat auf der Chefetage Einzug gehalten. Und dazu wollen die Autoren Mut machen.

Die Herausgeber der Edition »Christ und Wirtschaft«
Martin L. Landmesser und Ulrike Jooß

24 Unternehmen in denen Gott der Boss ist

Ultimate stands for life – Lebenslange Garantie

Sam Walton ist eine der weltweiten Erfolgsgeschichten. In nur wenigen Jahrzehnten ist aus Sam Waltons kleinem Handelsunternehmen in Arkansas der weltgrößte Handelskonzern mit Märkten in allen Kontinenten und 100 Mio. Kunden pro Woche geworden. Während sich Firmengründer Sam Walton um Kundenbedürfnisse wie breite Gänge, extreme Niedrigpreise und kurze Wartezeiten an den Kassen kümmerte, war Vizepräsident »Dizzy«, wie James Dismore von Sam Walton liebevoll genannt wurde, für das trouble shooting innerhalb des Konzerns zuständig. Wenn Ziele nicht erreicht wurden, Projekte sich verspäteten oder es irgendwo in der Organisation klemmte, dann war Dizzy gefragt und gefürchtet. Oft reichte schon ein Anruf, der sein Kommen ankündigte, um die Dinge in Ordnung zu bringen. Als Vizepräsident in den Bereichen Marketing, Merchandising und Operations war er rund um die Uhr im Einsatz. Diese Position in unmittelbarer Nähe von Sam Walton hieß hohe Verantwortung, aber auch hohes Gehalt.

1962 hatte Sam Walton den ersten Wal-Mart in Rogers, Arkansas, gegründet. 1964, als die Company gerade drei Läden hatte, war James A. Dismore eingetreten. Es dauerte nicht lange, und er war ganz vorne dabei. Selbst samstags wurde gearbeitet. Dann war Direktorenmeeting, wo es um die Eröffnung neuer Läden, Sonderangebote und strategische Fragen ging.

Als James Dismore fünf Jahre alt war, hatten sich seine Eltern scheiden lassen. Trotzdem hatte er eine solide christliche Erziehung genossen. 1976/77 in voller Verantwortung bei Wal-Mart, erinnerte er sich seiner christlichen Wurzeln. Der regelmäßige Gottesdienstbesuch war ihm bei dieser Neuorientierung eine große Hilfe. Schließlich – im Jahr 1976 – Wal-Mart hat inzwischen 276 Verkaufshäuser in den USA, und der Jahresumsatz ist auf 1,2 Mrd. USD gestiegen, entscheidet er sich, Wal-Mart zu verlassen.

Es folgen verschiedene Engagements in unterschiedlichen Firmen, bis er 1989 bei Ultimate als Geschäftsführer eintritt. Die Firma wurde bereits 1977 von Darrell Schoenig, einem Entwickler und engagierten Christen gegründet. Sie hatte jede Menge Innovationen im Bereich Ständer für Lautsprecher und Musikinstrumente. 1994 erwirbt James Dismore die Mehrheitsbeteiligung. Dadurch wird James Dismore Präsident und Geschäftsführer. Beide ergänzen sich jedoch hervorragend. Die Firma macht 1989 6 Mio. USD Umsatz und beschäftigt 110 Mitarbeiter.

Unter der Leitung von James Dismore entwickelt sich die Firma stürmisch weiter. 1994 verlässt Darrell Schoenig das Unternehmen, verbleibt aber im Vorstand. Bei gleich bleibender Mitarbeiterzahl erzielt Ultimate im Jahr 2001 bereits 20 Mio. USD Umsatz, weil etwa 40 Prozent der gesamten Produktion mittlerweile nicht mehr im eigenen Unternehmen gefertigt werden.

Firma und Missionswerk

➔ Das Motto der Firma Ultimate heißt: »Ultimate stands for life«. Diese Doppeldeutigkeit ist gewünscht. Die Aussage heißt:

»Ultimate-Ständer kommen mit lebenslanger Garantie«. Das Motto betont also Haltbarkeit und Verlässlichkeit. Andererseits bedeutet »life« natürlich auch »Leben«. Was mit diesem Leben gemeint ist, versteht jeder, wenn er die Visitenkarte umdreht. Dort steht das Mission Statement der Firma in Kurzform.

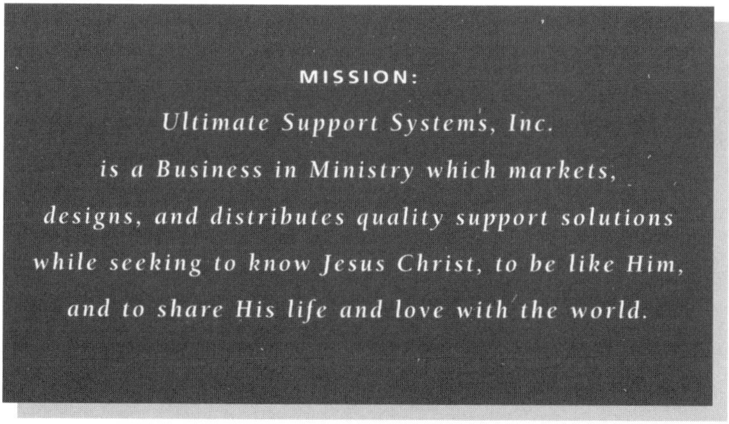

MISSION:

Ultimate Support Systems, Inc.
is a Business in Ministry which markets,
designs, and distributes quality support solutions
while seeking to know Jesus Christ, to be like Him,
and to share His life and love with the world.

Rückseite der Visitenkarte von James Dismore.

Das ausführliche Mission Statement heißt wie folgt: »Ultimate Support Systems, Inc. ist eine Firma, die die Wahrheit des Evangeliums von Jesus Christus verbreitet, seinem Vorbild folgt und in Nächstenliebe anderen dient. Dies geschieht durch Entwicklung, Herstellung und Vertrieb einer breit gefächerten Palette qualitativ hochwertiger Ständer für Lautsprecher und ähnlicher Produkte. Wir leben Innovation und Exzellenz in allen Bereichen. Dieser Anspruch hat etwas zu tun mit unserer Hochachtung vor Gott sowie unserer Achtung gegenüber unseren Angestellten, Kunden, Lieferanten und unserer Gemeinde.«

Weitere Details dazu im Anhang II, S. 322ff.

James Dismore, auf Ultimate Support Systems angesprochen, nennt das Unternehmen kurz »ein Unternehmen im Dienst Gottes«. Also Firma und Missionswerk in einem. Und weil die Firma für ihn nicht nur Firma, sondern vor allem Ministry ist, hat der 64-Jährige auch noch keinen Plan für den Ruhestand. Er weiß nur eines: Er will sein Engagement in der Firma über die nächsten Jahre weiter verringern. Zwei bis drei Tage pro Woche sollen ausreichen. Einer seiner vier Vizepräsidenten soll dann Geschäftsführer werden. Das würde ihm mehr Zeit für seine Stiftung »Kingdom Way Companies« geben. Diese Stiftung wurde gegründet, um anderen Firmen zu helfen, sich ähnlich zu entwickeln.

Ob manche Kunden diese missionarische Ausrichtung ärgert? Ja, einige Kunden habe er deswegen auch schon verloren. Einer seiner größten Kunden stand wegen dieses klaren Zeugnisses auch schon einmal zur Diskussion. Seine Verkäufer sagten damals: »Wenn wir unser Zeugnis nicht wegnehmen, dann verlieren wir diesen Kunden. Es ist eine jüdische Firma, die uns gegenüber glasklar geäußert hat, dass sie mit keiner Firma Geschäfte macht, die einen missionarischen Anspruch hat.« James Dismore hat sich daraufhin mit dem Chef des Kunden in Verbindung gesetzt. Der Auftrag kam dennoch.

Das missionarische Zeugnis steht ausdrücklich im Katalog, auf jeder Visitenkarte, im Mission Statement und in der Firmenpräsentation im Internet. Wie wirkt dies auf die breite Masse der Kunden? Drei bis vier Briefe im Monat erhält James Dismore, die sich bitter über seinen christlichen Anspruch beklagen. Es kommen jedoch mindestens ebenso viele Briefe, die sich erfreut über diese Ausrichtung zeigen. Die Balance wird also durchaus gehalten. Mittlerweile ist es sogar so, dass das Pendel nach der anderen Seite ausschlägt, das heißt, die positiven Briefe überwiegen.

Natürlich gibt dieser Anspruch auch immer Anlass für Diskussionen. Wenn ein Verkäufer protestiert und sagt, dass er das nicht vertreten kann, dann sagt James Dismore ganz lapidar: »Ihr braucht das nicht offensiv nach außen zu vertreten, aber es ist die Grundlage unserer Firma ...«

»Vertrag mit Gott«

➔ So wie jede Firma einen Businessplan hat, so hat Ultimate Support System, Inc., auch einen »Ministry Plan«. In diesem Vertrag mit Gott ist z. B. festgelegt, dass ein Prozent des Umsatzes (bei 20 Mio. USD Umsatz im Jahr sind dies 200 000 USD) gespendet wird.

Ein Prozent vom Umsatz ist eine gewaltige Summe, zumal es ja durchaus Situationen gibt, in denen eine Firma zwar Umsätze macht, jedoch nichts verdient. Für James Dismore jedoch ist es völlig klar, dies so zu handhaben, denn es ist biblisch von den ersten Früchten abzugeben.

Rund 20 % wird der firmeneigenen gemeinnützigen Organisation »Bridge International« gestiftet. Der Vorstand besteht aus zwölf Mitarbeitern von Ultimate Support Systems, von denen mehr als die Hälfte Christen sind. Er entscheidet, wie das Geld verwendet wird.

50 % des verbleibenden Geldes kommt der Firma zugute. Dieses Geld wird für Beratung verwendet, für Suchthilfe (Alkohol, Drogen) und auch zur Lösung persönlicher Probleme.

50 % des Geldes wird an andere Organisationen weitergegeben. Dabei handelt es sich nicht nur um christliche Organisationen. James Dismore sagt: »Jesus hat mit Christen und Nichtchristen gesprochen, deshalb soll die Unterstützung nicht nur in eine Richtung gehen. Hoffentlich hilft sie, die Ungläubigen zu Jesus zu bringen.«

Wenn die Mitarbeiter sich zusammensetzen, um Projekte zu prüfen und den »Ministry-Plan« zu erarbeiten, dann ist dies selbstverständlich Arbeitszeit. Schließlich werden mit diesem Plan ja Firmenziele verfolgt.

Ob das alles auch zur Öffentlichkeitsarbeit genutzt wird? Eigentlich weniger. Natürlich wird berichtet, wenn irgendwo ein Scheck überreicht wird, aber an die große Glocke wird es nicht gehängt.

Was machen James Dismore und Ultimate Support Systems, Inc., um das Evangelium in der Geschäftswelt zu verbreiten?

- Mission und Vision
  Auf den Visitenkarten, im Katalog und im Internet wird deutlich gemacht: Dies ist ein »Business in Ministry«. Das heißt frei übersetzt: ein Unternehmen im Dienste Gottes, also Firma und Missionswerk in einem.
- So wie es einen Businessplan gibt, gibt es auch einen »Ministry Plan«.
  Der »Ministry Plan« regelt, wie viel Geld für geistliche Zwecke gegeben wird, und vieles andere mehr. Beide Pläne stehen gleichberechtigt nebeneinander. Beide werden strategisch erarbeitet.
- Einen Pfarrer als Bereichsleiter
  Es gibt einen »Vice President of Ministry«, also einen Pfarrer im Range eines Bereichsleiters. Dieser Pfarrer ist einer von fünf Vizepräsidenten. Seine Aufgabenbereiche: Beratung, Seelsorge, Hilfe bei persönlichen Nöten. Etwa 60 % sind christliches Engagement, 40 % sind Dinge, um die er sich sonst noch kümmert. Der »Vice President of Ministry« ist gleichberechtigt mit drei anderen Vizepräsidenten, die zusammen die Geschäftsleitung ausmachen.
- Ein Prozent des Umsatzes wird gespendet
  Egal, ob Gewinn oder Verlust, 1 Prozent des Umsatzes (rund 200 000 USD pro Jahr) gehen automatisch an hauptsächlich

wohltätige Zwecke, über die ein Kreis von 12 Mitarbeitern entscheidet.

➤ Christlicher Beirat

Im Gegensatz zu einem normalen Firmenbeirat, der betriebswirtschaftliche Fragestellungen klärt, hat James Dismore einen »christlichen Beirat« – derzeit drei Personen. Viele wichtige Geschäftsvorgänge werden dort diskutiert. Die Firma hat eine kleine Broschüre, die Anleitung gibt, wie ein solcher christlicher Beirat arbeitet.

➤ Kingdom Way Companies

- Auch der Ultimate-Chef James Dismore stellt sich als Beirat zur Verfügung. Derzeit betreut er Firmen z. B. in Vancouver, Kalifornien, Illinois, Nevada, North Carolina und Minneapolis, die er mehrfach im Jahr aufsucht.
- Ultimate hilft anderen Firmen erfolgreicher zu werden – finanziell, sozial und auch geistlich.
- Schwerpunkt ist, anderen Firmen zu helfen, geistliche Prinzipien umzusetzen. Insgesamt wurde schon ca. 300 Firmen geholfen. Dieser Dienst ist kostenlos. Sogar die Reisekosten werden in der Regel selbst bezahlt.

➤ Gebetstreffen der Geschäftsleitung

Jeweils mittwochs findet von 8.00 bis 9.00 Uhr ein Gebetstreffen statt. Die vier Vizepräsidenten und der Geschäftsführer bereiten das reihum vor. Im Anschluss ist dann von 9.00 bis 12.00 Uhr das Managementmeeting. Da werden alle Fragen betriebswirtschaftlicher Art durchgesprochen.

➤ Andacht im Anschluss an die Betriebsversammlung

Immer am zweiten Dienstag im Monat von 14.45 bis 15.45 Uhr findet die Betriebsversammlung statt. Daran anschließend von 15.45 bis 16.00 Uhr ist eine Andacht. Diese ist freiwillig. Etwa die Hälfte der Mitarbeiter bleibt dabei. Tendenz steigend. Die Firma beschäftigt etwa 6 % Christen. Verantwortlich für diese Andacht sind wiederum die Manager, die völlig freie Hand haben, was dort geschieht. Dies kann ein persönlicher Erfahrungsbericht sein, es kann ein Kapitel aus einem Buch sein oder was auch immer.

- Broschüre »Kingdom Way Companies«
  Eine 6-seitige Broschüre zeigt fünf Schwerpunkte einer Kingdom Company auf. Diese sind ideal, um diese Prinzipien in der eigenen Firma umzusetzen (s. Anhang II, S. 322 ff.).

FIRMENPROFIL

Name:	Ultimate Support Systems, Inc.
Gründung:	1977 durch Darrell Schoenig 1989 wird James A. Dismore Geschäftsführer 1994 erwirbt James A. Dismore die Mehrheitsbeteiligung
Mitarbeiter:	75, davon 1 Pastor
Umsatz:	20 Mio. USD pro Jahr Der Umsatz setzt sich aus 3 Bereichen zusammen: 18 Mio. USD mit dem Geschäftsbereich Musik 1,5 Mio. USD mit dem Geschäftsbereich Fahrräder (seit 1996) 0,5 Mio. USD mit dem Geschäftsbereich Medizin (seit 1998)
Produkte:	Führender Hersteller in den USA von Stativen für Lautsprecher und verwandte Produkte
Adresse:	P.O. Box 470, Fort Collins, CO 80522, USA
Telefon:	+ 1 970 493 44 88
Fax:	+ 1 970 493 91 19
E-Mail:	jimd@ultimatesupport.com
Website:	www.ultimatesupport.com

Geistliche Werte
übernehmen die Führung

Wir sitzen am Pool des Ritz Carlton, dem schönsten Hotel auf Hawaii. Al Van Kirk fragt bescheiden: »Was wollen Sie wissen?« Ich bitte ihn um eine Visitenkarte, aber er hat gar keine. Auch nicht auf dem Zimmer? Das verneint er ebenfalls. Ich bitte um einen Prospekt seiner Firma. Er sagt, er habe nichts dabei.

Al Van Kirk ist bescheiden, unauffällig. Dass er in nur 20 Jahren ein Unternehmen mit 400 Mitarbeitern in Hudson/Ohio aufgebaut hat und jährlich einige Hunderttausend USD für soziale und christliche Projekte spendet, das will er nicht, dass man das an die große Glocke hängt. Dass seine Firma sich einen eigenen Pastor im Range eines Geschäftsführers leistet und dieser sich z. B. auch um die Linderung der Not in der heruntergekommenen Innenstadt kümmert, dies gibt Al Van Kirk innere Genugtuung, aber Publicity machen will er damit nicht. Diese Einstellung sei in der Bibel verankert: »Deine linke Hand soll nicht wissen, was deine rechte tut.«

Was ihn auf diesen Weg gebracht hat? Das Buch »Born again« von Chuck Colson sei eine heftige Herausforderung gewesen.

1981 wurde die Firma mit einem kleinen Startkapital von 54 200 USD gegründet. Die Idee hatte er dem Kopiergerätehersteller Rank Xerox abgeschaut. Diese Firma stellt dem Kunden kostenlos Kopiergeräte zur Verfügung, abgerechnet wird dann pro Kopie. Seine Idee: Warum nicht Krankenhäusern Spezialgeräte wie hoch auflösende Röntgengeräte, Computertomographen usw. zur Verfügung stellen und dann jede Nutzung des Gerätes abrechnen? Seine Kernkompetenz ist also nicht so sehr, diese Geräte beim Hersteller einzukaufen und sie dann in den jeweiligen Krankenhäusern zu installieren. Sein Know-how liegt darin, Krankenhauspersonal so auszubilden, dass sie mit diesen Geräten möglichst viel machen können. Abgerechnet wird schließlich pro behandelten Patienten. In anderen Worten: Je mehr Anwendungen mit den Geräten vollzogen werden, desto schneller amortisiert sich das Gerät.

Während noch vor wenigen Jahren rund 30 Wettbewerber mit einer ähnlichen Idee am Markt waren, sind es heute nur noch zwei Wettbewerber. Der Umsatz der King's Medical Group ist über die Jahre auf 50 Mio. USD angestiegen. Mit 11 % Gewinn ist die Firma hoch profitabel.

Insgesamt sind es mittlerweile drei Firmen, die in der Holding King's Medical Group zusammengefasst sind. Die einzelnen Firmen sind:

- King's Management and Leasing
- King's Medical Company
- Merits Service Company

70 Mitarbeiter arbeiten in der Zentrale in Hudson/Ohio. 230 Mitarbeiter arbeiten vor Ort in den verschiedensten Städten. Ob er sie alle namentlich kennt? Nein, das Wachstum war zu schnell, aber dies will er nächstes Jahr ändern. In den USA sind Krankenhäuser keine vom Staat finanzierten sozialen Einrichtungen wie z. B. in Europa. Sie sind dem freien Wettbewerb ausgesetzt und müssen sich in einem freien Markt behaupten. Wenn ein Krankenhaus moderne Geräte der King's Medical Group nützt und vor allem deren Schulung in Anspruch nimmt, dann kann das Krankenhaus damit seinen Marktanteil in der Region erhöhen. Das Ganze ist also eine Win-Win-Situation.

Und was macht diese Firma nun zur christlichen Firma?

Bei der Gründung 1981 war die Produktidee klar, ansonsten wusste Al Van Kirk: Dies soll eine »christliche Firma« werden. Wir wollen die Menschen mit Respekt behandeln. Damit dies gelingt, hatte er seinen Gemeindepastor überredet, mit ihm in die neu gegründete Firma überzuwechseln. Zusammen wurden die Werte überlegt und erarbeitet. Weder Al Van Kirk noch sein Pastor Don Kline hatten die einschlägigen Bücher gelesen, die es zu dieser Zeit gab, noch kannten sie irgendwelche Organisationen, die sie auf diesem Weg unterstützten.

Über die Jahre hat sich die von der Bibel her begründete Kultur entwickelt und gefestigt, vor allem in der Verwaltung in Ohio, wo Marketing und Verkauf stattfindet. Dort sind mittlerweile 70 % Christen. Draußen vor Ort sind es hauptsächlich Techniker. Davon sind ca. 30 % Christen.

Ein Konzept, das Al von Anfang an eingeleuchtet hat: Der Geschäftsführer (CEO) hat eine geistliche Verantwortung. Er ist beinahe so etwas wie der Pfarrer und die Mitarbeiter sind seine Gemeinde. (CEO is the priest, workers are the congregation.)

Da Al sehr stark mit Geschäftsleitungsaufgaben betraut ist, war für ihn klar, dass sein geistlicher Counterpart Don Kline den Rang eines stellvertretenden Geschäftsführers (Vice President) erhält. So ist Don Kline als Vice President für alle geistlichen Aufgaben in der King's Medical Group verantwortlich. Seine Aufgabe: Daran zu arbeiten, wie die Firma ihr Licht heller leuchten lassen kann. Don Kline, einer der sechs stellvertretenden Geschäftsführer, ist für viele innerbetriebliche Fragen zuständig, aber auch für Projekte wie z. B. in der verarmten Innenstadt sich um den Wiederaufbau einer Wohnung oder einer kleinen Kirche für schwarze Menschen zu kümmern.

Ein geistlicher Beirat hilft, die Firma auch geistlich auf Kurs zu halten. Diesem Beirat gehören insgesamt sechs Personen an. So z. B. ein Anwalt, ein Inhaber einer Kunststofffirma, ein Steuerberater im

Ruhestand usw. Sie treffen sich viermal im Jahr für jeweils einen ganzen Tag. Dieser Tag ist für Al Van Kirk sehr wichtig. Dies ist die Gruppe, der er Rechenschaft ablegt und von der er Korrektur erfährt. Nach dem biblischen Motto »Eisen schärft Eisen« wird dort auch sehr hart um Entscheidungen gerungen. Der Tag wird beschlossen durch ein Abendessen im Wohnhaus von Al Van Kirk. Eine ganz spezielle Zeit, die alle sehr schätzen. Allerdings, mehr Teilnehmer dürften es nicht werden, dann würde der Tisch nicht mehr ausreichen, meint Al Van Kirk augenzwinkernd.

Al Van Kirk ist 54 Jahre alt. Die Firma expandiert weiter. Einen Plan für den Ruhestand hat er noch nicht.

Die biblischen Kernwerte der King's Medical Group

Die Werte der King's Medical Group wurden innerhalb der Firma entwickelt und diskutiert. Alle Mitarbeiter haben diese Werte für sich als verbindlich erklärt.

Werte sind zeitunabhängige, universale Wahrheiten, die uns motivieren und unser Verhalten prägen.

Solche Werte, wenn sie gelebt werden, unterstützen die Mission und die Vision der Firma. Werte funktionieren dann wie ein Kompass. Wann immer wir fragen »Was ist für unser Leben oder für unsere Firma wichtig?«, dann weisen diese Werte den Weg.

Die Werte der King's Medical Group gruppieren sich um vier strategisch wichtige Bereiche. Dabei handelt es sich um solide Managementprinzipien, die jedoch durch die Bibel abgedeckt sind.

> Hinweis: Im Anhang I, S. 307 ff. die vier Bereiche ausführlich erklärt:
>
> 1. Menschen
> 2. Rechenschaftspflicht
> 3. Kommunikation
> 4. Verwaltung

Das Mission Statement der King's Medical Group:
»Wir haben uns verpflichtet zu erstklassiger Qualität und hervorragendem medizinischen Service. Sowohl unsere Patienten als auch die uns empfehlenden Ärzte als auch das Krankenhauspersonal als auch unsere Kunden werden wir entsprechend unseren Kernwerten, die unserem Herrn Jesus Christus die Ehre geben, bedienen.«

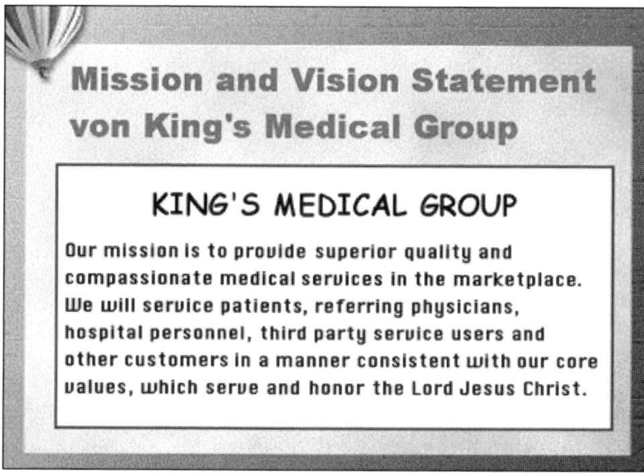

Was machen Al Van Kirk und die King's Medical Group, um das Evangelium in der Geschäftswelt zu verbreiten?

- Verbindliche Werte
  Werte stehen nicht nur auf dem Papier, sondern sind innerhalb der Firma diskutiert und werden konsequent umgesetzt. Sie sind die führenden Wegbegrenzungsmarken, an denen sich die Entscheidungen ausrichten. Sie sind alle biblisch begründet und sollen die innere Einheit stärken.
- Geistlicher Beirat
  Viermal im Jahr trifft sich ein geistlicher Beirat jeweils für einen Tag. Dort werden geschäftliche Entscheidungen besprochen und auch geistlich geprüft.

- Andacht
  Jeden Montagmorgen treffen sich 25-40 Personen, also etwa ein Drittel der in der Zentrale beschäftigten Mitarbeiter.
- Missionsprojekte
  Dreimal im Jahr reisen Mitarbeiter z. B. in die Dominikanische Republik und andere Missionsländer, um ein medizinisches Missionsprojekt durchzuführen. Dies hat nichts mit der Kernkompetenz von King's Medical Group als Röntgengeräte- und Computertomographenspezialist zu tun. Es geht einfach um ein geistliches Erlebnis und natürlich auch um ein innerliches Zusammenwachsen in der Gruppe. Die Reisen gelten als bezahlte Arbeitszeit.
- Pfarrer (Chaplain) als Mitglied der Geschäftsleitung
  Einer der Geschäftsleitungsmitglieder (Vice Presidents) ist ein Pastor und Chaplain. Don Kline war früher der Pastor der Gemeinde, die Al Van Kirk besucht hat. Er ist von der ersten Stunde an mit dabei.
  (Im Anhang auf S. 313 ff. findet sich eine Übersicht über das Aufgabengebiet von Don Kline.)
- 20 % des Gewinnes werden gespendet
  Ein so genanntes »Love in action«-Komitee bestimmt, wohin kleinere Spenden gehen. Das Komitee besteht aus insgesamt 11 Personen. 100 000 USD wurden im vergangenen Jahr durch dieses Komitee ausgegeben. Dafür wurden Bibeln gekauft, christliche Werke unterstützt usw. In der Regel handelt es sich um kleinere Spenden wie z. B. 1 000 oder 2 000 USD. Ist der Mitarbeiter selbst bereit, an ein von ihm ausgewähltes gemeinnütziges Werk zu spenden, verzehnfacht die King's Medical Group die Spende bis zu einer Höhe von maximal 1 000 USD pro Jahr und Mitarbeiter.
  Für größere Spenden ist der Beirat zuständig. Im vergangenen Jahr wurden 300 000 USD verteilt. Dabei handelt es sich z. B. um 40 000 USD für eine Schule für Waisenkinder in Indien, ein Schiffsprojekt in Malaysia oder Ähnliches.

➤ Missionsprojekte
Jeder Mitarbeiter kann alle drei Jahre für 8 Arbeitstage aussetzen, um sich irgendwo zu engagieren. Reisekosten und Arbeitszeit werden von der Firma getragen.

FIRMENPROFIL

Name:	King's Medical Group, bestehend aus - King's Management and Leasing - King's Medical Company - Merets Service Company
Gründung:	1981 durch Al Van Kirk
Mitarbeiter:	400
Kunden:	Krankenhäuser in den USA
Branche:	Vermietung medizinischer Geräte wie Röntgengeräte, Kernspintomographen usw.
Adresse:	1892 Georgetown Road, Hudson, Ohio 44236, USA
Telefon:	+ 1 330 653 39 68 Büro + 1 330 405 38 72 privat
E-Mail:	donk@kingsmedical.com
Website:	www.kingsmedical.com

Das Betriebsgebäude der King's Medical Group in Hudson, Ohio, USA.

Ein Chef fühlt
und füllt das Herz seiner Mitarbeiter

Es klopft vorsichtig an der offen stehenden Tür des Chefzimmers. Mary, eine bisher stets heitere und selbstbewusste, bei allen sehr beliebte junge Mitarbeiterin, betritt mit ernster Miene das Büro des Firmeninhabers. Dieser bemerkt augenblicklich ihre Stimmungslage und legt die Papiere beiseite, um sich ihrem Anliegen mit voller Aufmerksamkeit widmen zu können. »In diesem Augenblick erinnerte ich mich an meinen Wunsch, den ich schon vor Monaten dem Herrn vorgebracht hatte, nämlich zu lernen, wie ich am Arbeitsplatz meinen Mitmenschen dienen kann. Ich sorgte mich um meine Mitarbeiter und ihre Familien und wusste ohne jeden Zweifel, dass diese alle die Liebe Jesu, seine Ermutigung, Hoffnung und seinen Frieden in ihrem Leben brauchten. Ich war bereit, das alles zu geben, aber wie?« Deshalb hatte Kent Humphreys Gott um passende Gelegenheiten gebeten. »Während Mary mit festen Schritten auf meinen Schreibtisch zukam, wurde ich immer unsicherer und begann innerlich zu zittern.« »Herr Humphreys, ich bin nur gekommen, um mich von Ihnen zu verabschieden und mich für alles zu bedanken. Sie waren ein guter Arbeitgeber für mich, und ich kann Sie nicht verlassen, ohne Ihnen das noch gesagt zu haben. Ich führe kein glückliches Leben, aber das ist nicht Ihre Schuld. Es wird keinen geben, der sich Sorgen macht, wenn ich nicht mehr da bin. Ich werde mir heute Nachmittag das Leben nehmen. Es tut mir Leid – leben Sie wohl!«

»Als sie aufstand, raste mein Herz und ich betete wie nie zuvor: ›Gott, möchtest du gerade dadurch eine Gelegenheit bieten, um meinen Mitarbeitern deine Liebe zu vermitteln?‹ Ich bat Gott, mir zu zeigen, was jetzt zu tun sei, und verspürte sofort Erleichterung. Ich war dankbar, dass Mary in ihrer größten Krise sich dennoch einer Person anvertraute, von der sie sich genügend Mitgefühl erhoffte.«

Für alle, die Marys Schicksal interessiert, sei gesagt, dass sie bereit war, mit Kent Humphreys Frau Davidene ein Gespräch zu führen, was sie an diesem Tag noch Jesus Christus als ihren Herrn und Erlöser annehmen ließ. Das war es, was sich Kent Humphreys gewünscht hatte, dass er als Arbeitgeber das Geheimnis finden würde, wie man sich in der richtigen Weise um seine Mitarbeiter kümmern und ihnen Gottes Liebe veranschaulichen kann.

17 Monate, um das Unternehmen zu verlieren

➔ ›Jack's Merchandising and Distribution‹ war eine amerikanische Handelsfirma mit einer Vielzahl von Gesundheits- und Schönheitspflegeprodukten, von deren Umsatz allein 70 % auf Haarpflegeartikel für Schwarze entfiel. Von Küste zu Küste arbeiteten ca. 400 Mitarbeiter, die die Produkte von rund 300 Herstellern an Drogerieketten und Lebensmittelläden in 30 US-Staaten verkauften. 25 Jahre zuvor hatten die beiden Söhne des Gründers Jack Humphreys die Firma von ihrem Vater übernommen, als dieser in den Ruhestand ging. »Auch wenn wir erst Mitte und Ende 20 waren, fühlten mein Bruder und ich uns fähig genug, die Firma nun selbst zu führen.« Jack übergab Kent und Kirk das Zepter im Jahr 1972. Bereits 17 Monate später hatten die Gebrüder Humphreys das

Unternehmen nach einem Korruptionsskandal in Regierungsgeschäften verloren. Es gelang ein Neuanfang und die Firma lebte wieder auf. Im Jahr 1992 trat Kent Humphreys Sohn Lance in die Firma ein. Aufgrund der eigenen Erfahrungen entwickelte er mit seinem Sohn einen 10-Jahres-Plan, wie die Firma nach und nach an diesen übergehen sollte. Im Jahr 1997 entschied sich Lance Humphreys plötzlich, das Unternehmen zu verlassen, weil er sich für den Pfarrdienst berufen fühlte. Daraufhin wurde das 38 Jahre alte Familienunternehmen von Kent Humphreys kurzerhand verkauft. Er blieb aber noch als Geschäftsführer für drei Jahre in der Firma und machte dabei eine besondere Entdeckung: »Obwohl alle meine Freunde behauptet hatten: ›Wenn du die Firma verkaufst, kannst du mit deinem geistlichen Input einpacken!‹, hatten die neuen Eigentümer nichts dagegen, dass ich auch weiterhin geistliche Akzente setzte. Daraus habe ich folgenden Schluss gezogen: Es kommt nicht darauf an, wem das Geschäft gehört, sondern wer das Geschäft kontrolliert und dessen Kultur gestaltet.«

Im Sommer des Jahres 2000 gründete Kent Humphreys mit Brian Banks die ›American Health Diagnostics‹ (AHD). Kent Humphreys konzentriert sich hier als Geschäftsführer auf den Verkauf von Gesundheits-Diagnose-Instrumenten für Laboratorien, Arztpraxen und Krankenhäuser. Beispielsweise kann damit getestet werden, ob eine Aids-Infektion vorliegt. Während im vorigen Unternehmen von Kent Humphreys rund 35 % der Mitarbeiter sich zu Jesus Christus bekannten, sind es jetzt 100 %. Acht Mitarbeiter beschäftigt die Firma, die eine Ausweitung des Geschäftsvolumens erwartet, sobald die behördliche Zertifizierung vorliegt. Neben AHD ist Kent Humphreys noch Inhaber anderer Unternehmen.

Hinweis: Im Anhang III, S. 330ff. »Auf welchen Werten wird eine Kingdom Company aufgebaut?« sind die Werte der American Health Diagnostics dargestellt.

Das geistliche Amt – aber wo?

➔ Kent Humphreys wurde in Oklahoma City im Jahre 1946 geboren. Im Alter von neun Jahren bereits übergab er sein Herz und Leben an Jesus und vertiefte die Beziehung zu seinem Herrn während der folgenden acht Jahre. Mit 17 Jahren dann verspürte er Gottes deutlichen Ruf in den Dienst eines christlichen Werkes. »Vor meiner Gemeinde habe ich das damals vollmundig verkündet. Ich wollte nichts mehr, als nur mein Leben damit zu verbringen, Menschen mit der Liebe Jesu Christi bekannt zu machen.« Für den heranwachsenden Kent schien der Berufsweg in das Hirtenamt vorgezeichnet, da von Gott so gewollt. Die Entscheidung, Pastor zu werden, war genauso schnell gefasst wie die Eintragung in die Fächer Englisch, Griechisch, Geschichte an der Universität von Oklahoma, mit denen er sich bestens auf das geistliche Amt vorbereiten wollte. Trotz großer Bemühungen waren die Noten eher mittelmäßig. Seine Freundin Davidene stellte die entscheidende Frage: »Kent, bist du wirklich sicher, dass Gott dich als Pastor haben möchte? Hätte er dir eine Gabe für Zahlen und Freude an geschäftlichen Dingen gegeben, wenn er für dich nicht beabsichtigt hätte, diese zu nutzen?« Kent Humphreys war verunsichert, betete inbrünstig und entschied schließlich, Betriebswirtschaft als Hauptfach zu wählen. »Ich verspürte Erleichterung, weil ich nun endlich auf dem Weg war, das zu tun, womit Gott mich begabt hatte.« In jener Zeit erkannte Kent Humphreys, dass Gottes Ruf immer zwei Dinge bedeutet.

1. »Gott hat uns in einzigartiger Weise mit den Gaben ausgestattet, die wir für unsere Berufung brauchen. Mein Interesse und Geschick im Berufsleben sind von Gott gegeben, um ihn zu verherrlichen und zu meiner Erfüllung am Arbeitsplatz beizutragen.
2. Diese Gaben sind dazu da, um uns zu wirksamen Repräsentanten Gottes zu machen, weil wir all den Menschen, denen wir täglich begegnen, ein Vorbild für Gottes Liebe sind.«

In den wenigen Jahren danach nahmen die Dinge ihren Lauf. Kent heiratete Davidene, sie schlossen ihre Berufsausbildung ab, ihr erstes Kind wurde geboren, Kent trat in die Armee ein, das zweite Kind wurde geboren, Kent diente in Vietnam und kehrte mit 26 Jahren in seine Heimatstadt Oklahoma City zurück. Vieles hatte sich anders entwickelt als erwartet. »Ich war kein Pastor geworden, sondern hatte nur einen ganz gewöhnlichen Job. Da bot sich die Gelegenheit an, zusammen mit meinem Bruder die Firma unseres Vaters zu übernehmen – mit verheerenden Folgen ...« Auch in der Gemeinde erschienen ihm seine Anstrengungen nicht groß genug. »Im Vergleich mit anderen hatten diese wohl weitaus größere Talente als ich. Ich fühlte mich rundherum als Versager.«

Zur gleichen Zeit begegnete er Gene Warr, einem Geschäftsmann, der zugleich Kents Lehrer aus der Sonntagsbibelschule war. »Er war für mich ein leuchtendes Beispiel, dass man im Geschäftsleben stehen und zugleich Jesus Christus dienen kann.« Im Laufe der sich anschließenden 20 Jahre benutzte Gott drei Männer, um Kent Humphreys Leben zu formen. »Alle drei waren meine Vorbilder, ein vollzeitiger Diener sein zu können, während ich vollzeitig zur Geschäftswelt gehöre.«

Am Arbeitsplatz für Jesus verfügbar zu sein, kann durch die äußeren Umstände so vereinfacht werden – auch wenn wir das erst gar nicht merken. Das veranschaulicht ein Beispiel aus Kent Humphreys Erinnerungen: »Einer unserer Hauptlieferanten bat mich, ihn in Chicago zu besuchen. Er bezahlte den Flug, die Übernachtung in einem hübschen Hotel und das Essen in einem fantastischen Restaurant mit dem Vizepräsidenten der Firma. Am nächsten Tag wurde ich durch die Fabrik und das Verwaltungsgebäude geführt. Nach dem prächtigen Mittagsbuffet verbrachte ich mit zwölf Vorstandsmitgliedern den Nachmittag in einer Sitzung. Auf dem Rückflug dämmerte es mir dann. Für diese Reise hatten weder ich noch meine Firma und auch nicht meine Gemeinde bezahlt. Es war keine geplante ›Missionsreise‹. Und doch hätte ich meinen Glauben an Jesus Christus mit dem Vizepräsidenten und mit den Vorstandsmitgliedern teilen können.« Innerhalb der nächsten Jahre hätte er bei seinen Begegnungen mit diesen Menschen immer wieder an das Gespräch anknüpfen können, bei dem er VIP-Gast dieser Firma war. »Das war mir eine Lehre. In Gottes Strategie bezahlt die säkulare Geschäftswelt die Kosten, um Botschafter für Christus in andere Städte, Länder und Staaten weltweit zu senden. Wir sind aufgerufen, diese Möglichkeiten zu entdecken und auszunutzen, wenn die Türen dazu aufgehen.«

Kent Humphreys betont aus Erfahrung die Wichtigkeit, in allen Handlungen des täglichen Lebens Jesus zu verkünden und ihm die Ehre zu geben. Wie das funktionieren kann, haben er und seine Frau in dem Buch »*Show and then Tell*« (Chicago: Moody Press, 2000) auf eine ganz natürliche und keinesfalls religiöse Weise anschaulich beschrieben. Die Erkenntnisse, die er in vier Jahrzehnten als Unternehmer und Christ gesammelt hat, gibt Kent Humphreys in zahlreichen Interviews, auf Audiokassetten, in zahllosen Vorträgen sowie auf einer Vielzahl von Seminaren an Unternehmensleiter, Pastoren und Gemeindemitarbeiter weiter. Er ist in den USA ein Mentor für christliche Geschäftsleute sowie ein sehr bekannter Konferenzsprecher, von dessen Audiokassetten bisher rund 12.000 Stück verteilt wurden. Sein Credo: »Gott will dich überall gebrauchen. Diene ihm einfach da mit deinen Gaben, wo er dich hinstellt. Dein Arbeitsplatz ist deine Plattform.«

Kent Humphreys ist Mitglied in den Leitungskreisen verschiedener Geschäftsleutegremien und von »Fellowship of Companies for Christ International«. Bei seinen Aktivitäten für das Reich Gottes hat er sich ein ehrgeiziges Ziel gesetzt: Die Arbeitskraft zur Hälfte in das Unternehmen und die andere Hälfte in christliche Engagements zu investieren. Er ist auf dem besten Wege dahin.

Was machen Kent Humphreys und American Health Diagnostics, um das Evangelium in der Geschäftswelt zu verbreiten?

- Er schreibt monatlich einen Brief (›From my Heart to Yours‹) mit persönlichen Geschichten an die Mitarbeiter, der dem Gehaltsscheck beigelegt wird.
- Er hat für Kunden und Lieferanten in einem Büchlein die ›Sprüche‹ der Bibel zusammengestellt, um Geschäftsprinzipien aufzuzeigen.
- Er legt im Betrieb Bücher mit biblischen Geschichten für Kinder aus, die von den Mitarbeitern für zu Hause zum Vorlesen ausgeliehen werden.
- Sie legen bei den Weihnachtsfeiern Hunderte Bücher zum Mitnehmen aus.
- Sie verschenken zum Muttertag ein Buch über Mutterschaft.
- Er verschenkt Bibeln an Mitarbeiter und Kunden.
- Die Firma gibt auf der Website in einer ›Werteerklärung‹ deutlich zu erkennen, dass sie sich zu den biblischen Grundsätzen bekennt.
- Er sendet den jüdischen Kunden und Wettbewerbern Karten mit einer alttestamentlichen Bibelstelle zum Geburtstag.
- Er führt eine Gebetsliste, weil die Mitarbeiter ihre Gebetsanliegen vortragen und um Gebet bitten.
- Er ermöglicht den Kindern von Mitarbeitern jährlich die Teilnahme an einem christlichen Sommerzeltlager.
- Er führt Seminare für Mitarbeiter durch zu Themen wie Kindererziehung, Finanzen ...

FIRMENPROFIL

Name:	American Health Diagnostics
Gründung:	2000 durch Kent Humphreys und Brian Banks
Branche:	Medizinische Produkte
Produkte:	Diagnose-Instrumente
Adresse:	405 North Meridian, Oklahoma City, OK 73107, USA
Telefon:	+ 1 405 949 00 70
Fax:	+ 1 405 949 00 05
E-Mail:	khumphreys@ahdnet.net
Website:	www.ahdnet.net

Gott hat alle unsere Gebete beantwortet

Vor fünf Jahren, als James Wright ein gelegentliches Firmengebet bei American Delphi, Inc. einführte, hatte er keine Ahnung, was er erwarten sollte. Zu diesem Zeitpunkt schien es eine eher harmlose Art zu sein, Jesus Christus in das geschäftliche Umfeld einzubringen. »Ein kleines Gebet, das kann nicht schaden ...«, dachte Wright. Im Rückblick, so sagt er, hätte er wirklich nicht weiter danebenliegen können.

Ursprünglich hatte Wrights Vater Glenn Gebet zu einem festen Teil der Managementbesprechungen mit James und dessen Bruder Rob gemacht. Jedoch schien es James zu diesem Zeitpunkt eher eine »Routine« zu sein, etwas, das jeder bekennende christliche Geschäftsmann tun sollte. Die Idee, Gebet etwas absichtsvoller in das Geschäft zu bringen, erwuchs aus Wrights Engagement bei einer christlichen Geschäftsleutegruppe mit Namen CBMC Forum. Neben der Betrachtung geschäftlicher Fragen aus biblischer Perspektive ermutigte die Gruppe Wright, auch herauszufinden, was sonst denn wohl der Herr noch so für seine Firma im Sinn führen könnte. Nach Erwägungen im Gebet legte ihm der Herr gerade das Gebet auf Herz und Geist.

James begann, regelmäßig und mehrmals pro Woche »geschäftliche Gebetstreffen« abzuhalten, wann immer es der Zeitplan zuließ.

Für gewöhnlich nahmen an diesen Zusammenkünften Wright, sein Bruder Rob sowie zwei oder drei Angestellte teil, die auch gläubig waren. James und Rob sprachen die meisten der formalen Gebete. Aber die Dinge begannen sich zu verändern, als eine Krise in der Industrie ihre Firma bedrohte. Ein paar Mitglieder ihres »Gebetsteams« entschlossen sich, Fasten als Teil des Gebetsprozesses mit einzuschließen. Der Schwerpunkt ihrer Gebete war es, Gott zu bitten, eine ganz offenbar nahe bevorstehende und weitreichende Entlassungswelle abzuwenden. Obgleich schließlich doch einige Kündigungen notwendig wurden, verspürten Wright und seine Gebetspartner eine neue Kraft in ihren Gebeten, die sie auf das Fasten zurückführten. Die Entwicklung verschlimmerte sich zunehmends, als James sich gezwungen sah, seinem nationalen Verkaufsleiter wegen Integritätsangelegenheiten zu kündigen. Mit ihm verließ der Rest der Verkaufsabteilung die Firma und ließ sie in einer verzweifelten Lage zurück. Das Ende des Geschäftsjahres rückte näher, und der Umsatz war dramatisch zurückgegangen. Das Gebetsteam - zu diesem Zeitpunkt bereits erheblich angewachsen – beschloss, dass eine »tägliche« Zeit des Gebets unabdingbar sei, verbunden mit wöchentlichem Fasten auf freiwilliger Basis. Man war sehr motiviert und entschloss sich auch, an einer bevorstehenden nationalen Aktion »Drei Tage des Gebets« teilzunehmen. Sechs Gruppenmitglieder machten Fasten zu einem Teil ihrer Verpflichtung.

Bei der Beendigung ihres Geschäftsjahres hatte Gott zu ihrem allergrößten Erstaunen ihre Gebete beantwortet – und das jenseits aller Vorstellungen. Nicht nur gab es genügend Umsatz, um ihre Jahresend-Vorgaben zu erreichen, sondern der Herr brachte in diesen beiden Monaten das Geschäftsvolumen eines gesamten Jahres herein – und das ohne Verkaufsabteilung. Das Gebetsteam glaubte immer mehr an die Macht des Gebets.

Wright gibt zu, dass dieser Prozess eher auf Gottes Tun zurückzuführen war als auf sein eigenes. Anfänglich hatte er ernsthafte

Bedenken und Sorgen, wie man denn eine solche Betonung des Gebets initiieren könnte und wer Teil daran haben sollte. Denn nicht jeder in der Firma, das Managementteam eingeschlossen, stand in der Nachfolge Christi, und so hatte er viele Fragen: Was sind die Risiken? Würde man die Nichtchristen vor den Kopf stoßen? Könnte jemand deswegen vor Gericht ziehen? Nichts davon jedoch stellte sich als wirkliches Problem heraus.

Wright führt das Wachstum des Gebetsteams auf verschiedene Faktoren zurück: Zuerst einmal darauf, dass er selbst hierüber gebetet und den Herrn gebeten hatte, die Führung zu übernehmen. Dann aber auch darauf, dass er einen Schritt im Glauben getan hatte, indem er ganz einfach ein Umfeld für Gebet geschaffen hatte. Schließlich, dass er jeden, der daran interessiert war, zur Teilnahme auf freiwilliger Basis eingeladen hatte. Jeden Morgen war Wrights Stimme über das Lautsprechersystem zu hören, wenn er durchsagte: »Wir beten im Konferenzraum, jeder ist herzlich eingeladen.« Die meisten derer jedoch, die zum Team hinzustießen, kamen, weil sie davon gehört hatten und von ihren Arbeitskollegen eingeladen worden waren.« Wright ist der Erste, der versichert, es sei der Herr selbst, der das Team aufgebaut habe.

American Delphi, Inc.

➔ Die Firma wurde 1956 unter dem Namen Atomic Disposer Corporation gegründet und 1976 von Glenn Wright (dem Vater von James) aufgekauft. Wright senior veränderte den Namen in American Delphi, Inc. und konzentrierte die Aktivitäten auf Geschäftsmüll-Beseitigungsanlagen für Supermärkte. Im Jahre 1997 wurde James Vorstandsvorsitzender und Geschäftsführer der Firma, und unter seiner Führung wuchs sie um mehr als das Doppelte. Wie dem auch sei, er sagt: »Es war alles Teamwork und Vertrauen, dass Gott uns helfen würde.«

Wrights Forum-Gruppe ermutigte ihn nicht nur zur Betonung von Gebet, sondern forderte ihn auch heraus zu überdenken, ob es der Wille des Herrn für ihn sei, die Firma als eine »Plattform für geistlichen Dienst« zu nutzen. Die Männer halfen ihm, das *Mission Statement* seiner Firma zu formulieren, eine kühne Proklamation seiner Verpflichtung, Jesus Christus im Geschäftsleben zu dienen:

Mission Statement der American Delphi, Inc.
»American Delphi, Inc. verpflichtet sich, dem Kunden der von uns belieferten Branchen sowohl Qualitätsprodukte als auch unübertroffenen Service zu bieten. Was uns treibt, ist, Jesus Christus in allen Aspekten unseres Geschäftes darzustellen und dabei Prinzipien, Moral und Ethik der Bibel umzusetzen. Indem wir dies tun, werden wir sämtliche Angestellten, Lieferanten und Kunden mit Respekt behandeln – alles zur Ehre Gottes.«

Gebet in Aktion

➔ Wright könnte nie die vielen Arten und Weisen aufzählen, wie der Herr während des Wachstums – und der Krisen – der Firma Gebete beantwortet hat – aber er gibt einige Beispiele. Eins davon handelt davon, wie man einen wichtigen Kunden behielt, den man landesweit seit Jahren beliefert hatte. Man wurde eines Tages darüber informiert, dass einer der größten Kunden seine Geschäftsbeziehungen mit Wrights Firma einstellen wolle. Dies wäre verheerend gewesen und hätte eine große Zahl von Kündigungen notwendig gemacht. Das Gebetsteam trat in Aktion. Am nächsten Tag rief der zuständige Ansprechpartner des Kunden an und zog unerklärlicherweise die Absicht des Kunden zurück, den Kontakt abzubrechen.

– Ein andermal wurde Wrights Vater, der inzwischen pensioniert ist, als Notfall ins Krankenhaus gebracht, als er über Schmerzen in der Brust klagte. Wieder trat das Gebetsteam in Aktion. Wie ein Wunder konnten die Ärzte nach einer intensiven Untersuchung nichts finden, und die Symptome des Vaters verschwanden.

– Della, eine der Büroangestellten, hatte eifrig über das Verhältnis zu ihren Kindern im Teenager-Alter gebetet. Sie berichtete von einer dramatischen Verbesserung der Beziehungen zwischen ihr und den Kindern und führt dies auf den Einsatz des Gebetsteams zurück.

– Wrights Bruder Rob hatte über seine Rolle als Ehemann, Vater und geistliches Haupt der Familie gebetet. Eine deutliche Veränderung begann einzutreten, als Rob damit begann, Familienandachten zu leiten und seine Verantwortung für das geistliche Wohlergehen seiner Familie wahrzunehmen.

– Dave, ein neuer Angestellter und Nichtchrist, fragte am ersten Tag seiner Einstellung James Wright: »Was bedeutet es, eine christliche Firma zu sein?« Wright ergriff die Gelegenheit und brachte ihm die gute Nachricht des Evangeliums nahe. Zu Wrights Überraschung kam Dave zu einem der Gebetstreffen; hinterher bemerkte er, dass Daves Augen voller Tränen waren, und fragte, ob alles in Ordnung sei. Dave sagte, er habe seit Jahren nicht mehr geweint, aber die Gebete der Gruppe hätten ihn bewegt. In der nächsten Woche ging er erstmals seit Jahren wieder in die Kirche und sucht seither eine Beziehung zu Gott.

Das Gebetsteam ist auf elf regelmäßige Teilnehmer angewachsen. Vor einigen Monaten bat Wright jeden, der gewillt war zu beten, dies laut zu tun. Er empfindet es als Segen, die Gebete anderer Mitglieder der Gruppe zu hören – auch die neuer Gläubiger, die einfache, kindliche Gebete sprechen, da sie nie vorher laut gebetet haben. Gebete werden für Angestellte und deren Familien gesprochen - für Kunden, für Lieferanten, ja sogar für Konkurrenten.

Einmal wurde Wright in besonderer Weise durch eine Angestellte innerlich berührt, die dafür dankte, in solch einer Firma arbeiten zu dürfen. Sie sagte, ihre neidischen Freunde könnten nicht glauben, dass es so etwas überhaupt gebe. Wright sagt, dies funktioniere auch als ein hervorragendes Werkzeug zur Anwerbung neuer Mitarbeiter, obwohl dies natürlich nicht der eigentliche Zweck sei.

James Wright glaubt, dass der Gebetsprozess ganz wesentlich zur Unternehmenskultur beigetragen hat. In dem Maße, wie die Angestellten das Management in den Gebetstreffen als verwundbar erleben, fangen sie an, die Führungskräfte der Firma als ansprechbarer und zugänglich zu erleben. Um Wright zu zitieren: »Dies hat einen Riesenunterschied in Bezug auf die generelle Moral der Firma gemacht.« Er sagt, es habe einen Prozess der Annäherung *(»bonding«)* in Gang gebracht, der niemals durch die so genannten Teambau-Übungen hätte erreicht werden können, wie sie in der säkularen Geschäftswelt zum Einsatz kommen.

Wright und die anderen Mitglieder des Managements erachten es als großen Vorteil, ein »familiäres« Umfeld geschaffen zu haben. Dies macht das Unternehmen schlagkräftiger, leistungsfähiger und profitabler, indem Personalprobleme vermieden oder zumindest minimiert werden. Er glaubt auch fest an das ›Führen durch Dienen‹: »Unsere Gebetszeiten haben die Barrieren zwischen dem Management und den Angestellten minimiert, denn sie stellen uns auf dieselbe Ebene«, sagt er. »Inzwischen wird jede Schlüsselentscheidung dem Gebet unterworfen.«

Obgleich Wright zugibt, dass die Idee des Firmengebetes als ein »von oben verordneter« Prozess angefangen hat, ist das Ergebnis doch, dass es keine »Oben-unten«-Atmosphäre mehr im Unternehmen gibt.

Nach einem Flug mit Alaska Airlines war Wright beeindruckt von einer Karte, welche die Fluglinie zu jedem Essen dazugibt und die einen Bibelvers enthält. Wieder zu Hause, ließ er durch einen Mitarbeiter Kontakt mit der Marketingabteilung der Fluglinie aufnehmen. Sie halfen beim Entwurf einer ähnlichen Karte für American Delphi. Seine Firma hat jetzt sechs verschiedene Karten, die

Bibelstellen zitieren und die sämtlicher ausgehenden Post beigelegt werden. Besucher finden in den Büros auch zahlreiche Bilder und Plaketten mit Bibelstellen. Aber, wie Wright Ihnen sagen würde: »Menschen für Christus zu erreichen hat nichts mit ›Programmen‹ zu tun, sondern mit Beziehungen.«

»Als junger Christ in der Geschäftswelt erhielt ich einen großen Anteil meines Evangelisations- und Jüngerschaftstrainings durch CBMC (Christian Business Men's Committee) und durch meinen Kontakt mit meiner Forum-Gruppe«, erinnert sich Wright. »Ich glaube, dass Evangelisation und Jüngerschaft auf Beziehungen basieren, nicht auf Programmen und Techniken. Vor allem aber fängt alles mit Gebet an«, sagt er. Ein Großteil der Zeit in den Gebetstreffen wird dazu verwandt, für die Errettung von namentlich genannten Freunden, Familienmitgliedern und Geschäftspartnern zu beten.

Als Nacharbeitsmethode laden Wright und die Mitglieder des Gebetsteams Nichtchristen zu (für gewöhnlich von CBMC gesponserten) Evangelisationsveranstaltungen *(»outreach«)* ein, bei denen ein Geschäftsmann seine Geschichte erzählt, auf welche Weise sein Geschäftsleben durch seine persönliche Beziehung mit Jesus Christus beeinflusst wurde. Diejenigen, die ihr Interesse bekunden, mehr über das Gesagte zu erfahren, werden eingeladen, an einer »Eins-zu-eins«-Bibellektüre teilzunehmen, bei der entweder CBMCs Buch *Operation Timothy* oder Jüngerschafts-Materialien verwendet werden, die Wrights Gemeinde zur Verfügung stellt.

Beispielsweise bemerkte Wright gegenüber einem seiner Computerfachleute, der sich ihm mit seinen Eheproblemen anvertraut hatte, dass er möglicherweise Gott zu einem zentraleren Teil seines Lebens machen müsse. Zu Wrights größter Überraschung antwortete der Mitarbeiter: »Vielleicht ist es genau das, was ich brauche.« Der Manager lud ihn ein, sich wöchentlich mit ihm zu treffen, um die Bibel zu studieren. Trotz des durch die Arbeitssituation definierten Verhältnisses, dies ist Wright wichtig zu sagen, hat er kein Problem, sich mit einem Angestellten zu treffen. Er bemerkt: »Dieser Mann ist ein Freund, und seine geistliche Situation ist um vieles wichtiger als unsere Beziehung durch das Geschäft.«

Wright gibt zu: »Mein Persönlichkeitstyp ist gekennzeichnet durch einen hohen Wunsch nach Struktur und Kontrolle. Eine Sache, die der Herr benutzt hat, um mich zu ändern, ist das Fasten in dieser Gebetsinitiative. Indem ich mir für einen Tag die Nahrung vorenthielt, habe ich auch gelernt, meinem Fleisch andere Dinge vorzuenthalten, wie zum Beispiel Zorn, der sich für gewöhnlich gegen meine Kinder richtete, und andere Dinge, mit denen ich seit Jahren ringe. Der Herr hat diese zerstörerischen Tendenzen durch Fasten und Gebet in meinem Leben enorm reduziert. Ich glaube, dass ich auf einigen Gebieten meines Lebens gelernt habe, ›loszulassen und Gott machen zu lassen‹.« Andere persönliche Vorteile des Fastens, von denen Wright spricht, sind die Fähigkeit, klarer zu denken und besser zu schlafen. Er sagt, seine generelle Gesundheit (mental, emotional und geistlich) habe sich deutlich verbessert.

Ein unerwartetes Ergebnis des Gebetsteams ist die Unterstützung, die Wright von der Belegschaft erfährt. Da er und seine Angestellten ein so enges Verhältnis haben, haben sie die innere Freiheit, ihn auch auf eine etwas unorthodoxe Weise zu unterstützen. Wenn sie z. B. wissen, dass er unter Stress ist (was vielleicht während der Gebetszeit deutlich wurde), sagen sie ihm, er solle doch ›nach Hause gehen, wir schmeißen den Laden hier schon‹. »Sie können sich gar nicht vorstellen, wie es mich aufrichtet zu wissen, dass ich Mitarbeiter habe, die so um mich besorgt sind«, sagt er.

Wright und seine Frau Rosemary sind seit 17 Jahren verheiratet. Sie ist nicht nur sein Gebetspartner zu Hause, sondern hat auch einen großen Anteil am geistlichen Leben der Firma. Vor einigen Jahren, als sie Anfang dreißig war, stellte man bei Rosemary Brustkrebs fest. Die Behandlung, die eine Brustamputation, Chemotherapie, Bestrahlung und Stammzellenersatz umfasste, dauerte Monate. Während sie diesen Prozess durchlebte, wurde sie zu einer entschiedenen Beterin. Heute ist sie krebsfrei und widmet sich dem Gebet, dem Jüngerschaftstraining, aber auch der Erziehung der vier Kinder. Sie benutzt ihre eigene Erfahrung mit Krebs, um anderen Frauen zu helfen, die dieser Herausforderung jetzt gegenüberstehen. Zurzeit dient sie drei Frauen als Mentor, von denen eine bei American Delphi angestellt ist.

Das Buch *Das Gebet des Jabez* von Dr. Bruce Wilkinson hat ebenfalls die Wrights stark beeinflusst. Nachdem sie gemeinsam das Buch gelesen hatten, begannen sie zu beten, dass der Herr ihre »geistlichen Territorien« erweitern und vergrößern möge. Bald danach war James überrascht, dass seine Gemeinde ihn einlud, Ältester zu werden, obgleich er als Enddreißiger ein noch relativ junger Mann war. Er leitet ebenfalls die Männergruppe der Gemeinde. »Ich spüre, dass eine geistliche Erweckung kommt, und ich möchte daran teilhaben, sei es in meiner Gemeinde, sei es in meinem Unternehmen.« Das Gebet des Jabez zu beten hat Rosemary viele Gelegenheiten geschenkt, Frauen für Christus zu erreichen und in die Jüngerschaft zu begleiten.

Was machen James Wright und American Delphi, Inc. speziell, um das Evangelium in der Geschäftswelt zu verbreiten?

- Er gibt persönlich Zeugnis und stellt die Person Jesu durch Gebet und/oder Bibellese-Treffen für Angestellte, Kunden, Lieferanten usw vor.
- Er hat ein Jüngerschafts-Training mit den Angestellten und Führungskräften der Firma.
- Er verteilt christliche Literatur an Angestellte, Kunden und Lieferanten auf verschiedene Art und Weise.
- Er unterstützt die Arbeit evangelistischer Dienste finanziell.

FIRMENPROFIL

Name:	American Delphi, Inc.
Gründung:	1956
Mitarbeiter:	42
Branche:	Geräte für Nahrungsmittelindustrie
Produkte:	kommerzielle Nahrungsabfall-Beseitiger, Spülbecken und Arbeitstische aus rostfreiem Stahl, Verschnittabfall-Beseitigungssysteme, Schlauchtrommeln mit automatischer Aufspulung, Reinigungsstationen für Fisch und Wild. Auch Fabrikation von Edelstahl-Ausrüstungen für die Dienstleister in der Nahrungsindustrie.
Umsatz:	5,3 Mio. USD 2001
Adresse:	7110 Fenwick Lane, Westminster, CA 92683, USA
Telefon:	+ 1 714-894-0515
Fax:	+ 1 714-897-5596
E-Mail:	jwright@americandelphi.com
Website:	www.americandelphi.com

Die American Delphi, Inc. in Westminster, Kalifornien, USA.

Nicht Hühnchen, sondern den Menschen in den Mittelpunkt stellen

Im Oktober 1981 war Bill Amick an dem Punkt angekommen, der sich im Rückblick als der entscheidende in seinem Leben herausgestellt hat. Sein Hühnchenverarbeitungsbetrieb Amick Farms stand am Rande des Scheiterns, und er war der Verzweiflung nahe. »Wir standen kurz davor dicht zu machen«, sagt er. »Wir hatten alle Kredite aufgenommen, die die Bank bereit war uns zu bewilligen. Ich erinnere mich, wie ich im Bett lag und ausrechnete, dass ich wegen der Höhe meiner Lebensversicherung tot mehr wert war als lebendig. In meiner Verzweiflung wandte ich mich an Gott. Ich habe das nicht auf eine ehrfurchtsvolle Art gemacht – um ehrlich zu sein, ich war irgendwie verärgert. Aber ich sagte zu Gott: ›Ich habe versucht, selbst dieses Geschäft zu führen, und es klappt nicht. Ich gebe dir ja nicht viel, weil es im Moment wirklich nicht viel wert ist, aber ich übergebe es wirklich und wahrhaftig an dich.‹ Im nächsten Monat erzielten wir einen Gewinn – zum ersten Mal in ungefähr drei Jahren.«

Die Firma florierte in den 80er Jahren weiter, aber in der ersten Hälfte der 90er wurde es immer deutlicher, dass tief greifende Änderungen nötig sein würden, um Amick Farm innerhalb der Branche wettbewerbsfähig zu halten. Als er über den zukünftigen

Kurs des Unternehmens betete, fühlte Amick sich geleitet, das Augenmerk weg von Geflügel mit Knochen (bone-in bird) hin zu einem haut- und knochenlosen Produkt zu richten, das sich steigender Beliebtheit erfreute.

»Im Jahre 1990 versuchte Gott mir zu zeigen, dass einige Veränderungen nötig waren, aber ich war nicht sensibel genug, um es zu sehen«, gibt er zu. »Ich tat genau das, was Sprüche 3,5 sagt, was ich nicht tun soll – sich auf den Verstand zu verlassen.« Mehrere Jahre später gab Amick endlich zu, dass es notwendig sei, die Anstrengungen des Unternehmens neu auszurichten, nämlich Hühnchen mit einem im Vergleich zu den Knochen viel höherem Fleischanteil zu züchten. Dies erforderte gewaltige Umstellungen, die normalerweise bis zu sechs Jahren dauern. Aber mit Gottes Hilfe gelang es seinen Leuten, in nur drei Jahren alle notwendigen Prozesse zu erlernen und zu beherrschen, um die Wandlungsphase abzuschließen. »Es war eine außerordentlich große Belastung für uns alle, die notwendigen Änderungsprozesse zu begreifen, aber wir geben Gott alle Ehre – nicht nur dafür, dass er uns die Weisheit gegeben hat, die Veränderung einzuleiten, sondern auch, dass er uns in die Lage versetzt hat, sie innerhalb einer relativ kurzen Zeit umzusetzen«, stellt er fest.

Das Ergebnis war, dass man jetzt nicht mehr Hühnchen züchtete, die im Endzustand knapp unter vier Pfund wogen, sondern solche, die ausgewachsen im Durchschnitt sechseinhalb Pfund auf die Waage brachten – mit der Zielvorstellung, im Durchschnitt sieben Pfund zu erreichen. Diese »fleischigeren« Vögel hatten eine außerordentliche Wirkung auf die Profitabilität des Unternehmens.

Amick Farms, Inc.

➔ Das Unternehmen war 1941 von Bill Amicks Vater A. D. Amick und Großvater A. J. Amick gegründet worden. Als A. D. Amick

1972 verstarb, sah sich Bill gezwungen, die Rolle des Chefs in der Firma zu übernehmen. Obwohl er im Geschäft aufgewachsen war, hatte er sich, während er die Clemson University besuchte, entschlossen, nicht beim Familienunternehmen zu bleiben. Sein Plan war es, stattdessen mit einem Medizinstudium zu beginnen. Ein Freund half Amick jedoch, die große Möglichkeit zu erkennen, die sich ihm durch das Hühnchenunternehmen der Familie bot. Also entschied er sich, das Fach zu wechseln und Geflügelwirtschaft (poultry science) zu studieren. Nach dem Abschluss nahm er eine Schlüsselrolle in der Firma ein. »Ich habe meine Entscheidung nie bereut«, sagt er. »Ich war 29, als mein Vater starb, und mir blieb damals keine andere Wahl, als die volle Verantwortung für das Geschäft zu übernehmen. Ich sagte oft scherzhaft, dass mich die Firma seitdem führte, und ich bin nicht mal sicher, ob das nicht sogar die Wahrheit war – bis 1981, als ich sie an Gott übergab.«

Seit 1981 schrieb Amick Farms fast jeden Monat schwarze Zahlen. Nach Agristats, einem nationalen Vergleichsindexdienst für die Geflügelindustrie, befand sich das Unternehmen in der jüngeren Vergangenheit durchgehend an erster Stelle – gemessen am Gewinn pro Kilogramm, einer Maßzahl für Kosteneffizienz. Obwohl Amicks Unternehmen volumenmäßig nicht das größte in den USA ist, sind doch seine Produktionszahlen gewaltig. Täglich werden 200 000 Hühnchen ausgebrütet, und das an vier Tagen in der Woche. Es bestehen Verträge mit 120 Betrieben in South Carolina, die die Hühnchen aufziehen, und somit verarbeitet das Unternehmen im Schnitt 800.000 Hühnchen pro Woche. Zu den Kunden gehören Hotels, Restaurants und Firmen, und die kürzlich erfolgte Übernahme der Marke Sunrise Farm Fresh brachte das Unternehmen erstmals in vielen Teilen der Vereinigten Staaten in den Einzelhandel.

Eine weitere wichtige Veränderung, die das Unternehmen maßgeblich beeinflusst hat, erfolgte 1992, als Amick begann, Seelsorger als Mitarbeiter in die Firma einzustellen. Heute beschäftigt

Amick Farms drei Vollzeit-Geistliche, von denen einer sich besonders um die vielen Spanisch sprechenden Arbeiter des Unternehmens kümmert. Amicks direkte Absicht war es, auf die persönlichen und geistlichen Bedürfnisse seiner Mitarbeiter einzugehen, aber als indirektes Ergebnis stellte sich eine bemerkenswerte Steigerung der Produktivität ein. »Ich bin ganz baff, auf welche Art Gott arbeitet, obwohl ich ja eigentlich nicht überrascht sein sollte«, sagt Amick. »Ich habe die Entscheidung getroffen, einen Seelsorger einzustellen, weil es einfach richtig war. Nie und nimmer habe ich erwartet, dass dadurch unsere Gewinn- und Verlustrechnung positiv beeinflusst werden würde.«

»Im Geschäftsleben bewerten wir potenzielle Investitionen nach den zu erwartenden Erträgen und ob diese groß genug sind, um die Investition zu rechtfertigen. Niemals habe ich eine Investition mit einem größeren Ertrag getätigt, als wir ihn bei unserem Seelsorgeprogramm gesehen haben. Das Programm hat dazu beigetragen, unser Arbeitsumfeld zu verbessern. Dadurch wurden unsere Leute mehr zur Arbeit motiviert und dazu, ihren Lebensunterhalt bei uns zu verdienen. Wir konnten einen großen Rückgang sowohl der Abwesenheit der Mitarbeiter als auch der Arbeitskräftefluktuation verzeichnen, und die Produktivität des Einzelnen steigerte sich enorm. Dies hat unsere allgemeine Produktivität erhöht und unseren Gewinn in die Höhe getrieben. Wenn andere christliche Geschäftsleute diese ›Investitionsrendite‹ verstehen würden, ich bin sicher, sie würden die Entscheidung treffen, etwas Ähnliches zu tun wie wir.«

Amick fügt aber schnell hinzu, dass selbst wenn der Gewinn unbeeinflusst geblieben wäre, er dennoch die Entscheidung für einen Firmenseelsorger als eine seiner besten ansehen würde. »Wir sagen, wir haben mit Hühnchen zu tun, aber in Wirklichkeit haben wir mit Menschen zu tun. Unsere Nahrungsmittelprodukte sind lediglich die Hauptkennzahl, an der der Erfolg unseres Unternehmens gemessen wird. Die Menschen, die bei uns arbeiten, sind Männer und Frauen, an denen Gott interessiert ist, und deshalb sind auch wir an ihnen interessiert. Die Bibel trägt uns auf, unseren ›Nächsten zu lieben‹; eine Weise, dies zu tun, ist, die Bedürfnisse der gesamten Person zu berücksichtigen, nicht nur ein attraktives Gehalt und Nebenleistungen zu bieten – obwohl das sehr nötig ist, wenn wir unsere guten Leute behalten und im Geschäft bleiben wollen. Wir möchten unseren Mitarbeitern dienen, und wir möchten nicht, dass sie uns dienen. Und bezüglich unserer Unternehmenskultur ist es unser Wunsch, dass sie Menschen aufbaut und nicht etwas ist, das sie runterzieht. Heute ist es eine Freude, durch unsere Anlage zu gehen und den Ausdruck auf den Gesichtern der Menschen zu sehen. Ich muss zugeben, das war nicht immer so. Unsere Seelsorger haben eine wichtige Rolle dabei gespielt, eine solche positive Arbeitsatmosphäre zu schaffen.«

Gottes Versprechen trauen

➔ Wenn Amick als Heranwachsender zusammen mit seiner Familie eine Kirche besucht hatte, hatte er seine Verpflichtung gegenüber Jesus Christus jedoch nicht ernst genommen. Seit 1981 jedoch ist der Wunsch, Gott zu dienen und ihm Freude zu machen, zu seiner zentralen Motivation geworden.

»Epheser 2, 10 sagt uns: ›Denn wir sind sein Werk, geschaffen in Christus Jesus zu guten Werken, welche Gott zuvor bereitet hat, dass wir darin wandeln sollen.‹ Wir dienen einem großartigen Gott, also ist unser Ziel nicht, ein gutes Unternehmen zu führen, sondern ein großartiges Unternehmen. Gleichzeitig ist es in alledem nicht unsere Absicht, unser eigenes Loblied zu singen, sondern Gottes Loblied – ihn zu preisen und ihm alle Ehre zu geben für jedweden Erfolg, den wir erreichen.« Amick zieht auch persönliche Motivation aus dem Epheser-Vers. »Wenn Gott mich heimruft, möchte ich die Gewissheit haben, dass ich 100% der guten Werke erfüllt habe, die er für mich vorbereitet hatte. Ich möchte ihn sagen hören: ›Gut gemacht, du braver und treuer Knecht!‹«

»Ich glaube, unser Lebensziel sollte in einem Wort zusammengefasst werden – **Vermächtnis**. Mein Großvater sagte immer: ›Was auch immer im Leben du tust, du solltest die Welt in einem besseren Zustand hinterlassen, als du sie vorgefunden hast.‹«

Er denkt auch an seine Großmutter (»Granny«), die ihr ganz eigenes Vermächtnis schuf, indem sie treu jeden Tag für ihn betete, als er ein Junge war.

Eine Art, wie Amick ein Vermächtnis zu schaffen sucht, ist durch Zahlen des Zehnten aus persönlichem Einkommen und Firmengewinnen. »Gott gehört aller Ruhm und alle Ehre für das, was wir erreichen«, bestätigt er. »Ich habe die Weisheit erkannt, die Gott in Maleachi 3, 10 gibt, wenn er sagt: ›... und prüfet mich hiermit, ... ob ich euch dann nicht des Himmels Fenster auftun werde und Segen herabschütten in Fülle!‹« Man solle nicht geben, um zu erhalten, man könne Gott im Geben nicht übertreffen.

Um sicherzustellen, dass Amick Farms die Praxis des großzügigen Gebens auch dann weiterführt, wenn er nicht mehr am Tagesgeschehen beteiligt ist, hat Amick in der Firma ein »Zehnten-Komitee« ins Leben gerufen, in dem einige seiner wichtigsten Führungskräfte sind. Dies verhilft ihnen zu einem klareren Verständnis, dass das Unternehmen nicht der Besitzer seiner Ressourcen ist, sondern nur Gottes Verwalter für sie. »Jede gute und gütige Gabe kommt von ihm – Ideen und Erfindungen eingeschlossen. Dem Herrn gehört das Geld, also möchten wir, dass es nach seinen Anweisungen verwandt wird. Wir wenden viel Gebet auf, um seine Führung zu suchen.«

Dies sind einige der Dienste, die die Firma unterstützt: eine überkonfessionelle Kapelle für Angestellte und Menschen, die nicht Mitglied einer anderen Kirche sind; das firmeneigene Seelsorger-Programm; Missionsarbeit in Honduras mit medizinischer, zahnärztlicher und Ernährungshilfe und andere guten Zwecke.

In den letzten Jahren bekam Amick die Sicherheit, das Tagesgeschäft anderen Mitgliedern seines Führungsteams überlassen zu können. Er hat sich dann bei anderen Geschäften engagiert, eins davon NASCAR – der sehr beliebte amerikanische Autorennsport des stock car racing – zuerst als Besitzer eines Rennteams, jetzt als Chef einer Firma, die Motoren für die Rennwagen baut. Und tatsächlich vergleicht er Amick Farms manchmal mit einem Meisterschafts-Rennteam: »Wir haben eine Hühnchenfirma, die völlig in der Lage ist, jede Woche auf ›Startposition eins‹ zu sitzen und zu gewinnen.« Aber selbst auf diesem Gebiet bleibt seine Motivation dieselbe: dem Gott zu dienen und ihn zu preisen, der ihn so überschwänglich gesegnet hat.

Amick spricht ehrlich über seinen Glauben: »Ich weiß, ich schaffe es nicht, Gott für eine ganze Woche, einen Monat oder ein Jahr (›am Stück‹) zu vertrauen. Aber ich kann ihm vertrauen, solange es geht – einen Tag, eine Stunde, manchmal nur eine Minute. Nur aufgrund seiner Barmherzigkeit und Gnade bin ich noch hier. Wenn ich er wäre, wäre ich nicht sicher, ob ich mich nicht schon längst gefeuert hätte.«

Das christliche Leben, erklärt Amick, ist »eine Reise«, nicht ein Zielort, und der treue Nachfolger von Jesus Christus ist jemand, der nicht aufhört zu lernen und zu wachsen – unabhängig vom Lebensalter und egal, wie lange er oder sie schon glauben. »Ich weiß, dass ich heute ein besserer Mensch bin als 1981, und ich vertraue darauf, dass ich in jedem weiteren Jahr – durch Gottes Gnade – ein besserer Mensch als im Vorjahr sein werde.«

Genau wie alle anderen Geschäftsführer bekommt Amick durch das turbulente, unvorhersagbare geschäftliche Umfeld immer wieder Angst. Aber er ist allmählich dazu gekommen, diese als Lernchancen zu akzeptieren. Jeden Tag entdeckt er auf erfrischende Art neu, was in 1. Petrus 5, 7 gemeint ist, wenn es heißt: »Alle eure Sorge werft auf ihn; denn er sorgt für euch!« Dessen eingedenk ist er der Meinung, dass es weitaus wichtiger ist zu demonstrieren, was man glaubt, als einfach nur seine Überzeugungen in Worte zu fassen. »Es gibt eine Redensart, dass ›die Leute es nicht kümmert, wie viel du weißt, bis sie wissen, wie viel du dich kümmerst.‹ Mein Herzenswunsch ist es, meinen Glauben in einer Weise zu leben (und in derselben Weise auch in unserem Unternehmen zu handeln), dass Menschen innerhalb und außerhalb unseres Unternehmens den Unterschied wahrnehmen können.

Wir möchten ein Modell sein, das Gott benutzen kann, um seine Samenkörner zu säen, anderen Firmen zu zeigen, wie sie zur Richtungsbestimmung für ihre Firma die Prinzipien kopieren können, denen wir gefolgt sind. Amick Farms ist größenmäßig über meine kühnsten Träume, Bestrebungen oder Ambitionen hinausgewachsen, aber dies nur aufgrund dessen, was der Herr getan hat. Wir wurden und werden über alle Maßen reich gesegnet – und Gott ist mit diesem Unternehmen noch nicht fertig.«

Was machen Bill Amick und Amick Farms, Inc., um das Evangelium in der Geschäftswelt zu verbreiten?

- Das Unternehmen beschäftigt drei Vollzeit-Seelsorger (einer davon für die Spanisch sprechenden Arbeiter), die sich um die persönlichen und geistlichen Bedürfnisse der Mitarbeiter kümmern.
- Amick Farms unterstützt finanziell eine Kapelle, die Gottesdienste für Angestellte und andere Mitglieder der Kommune, die keiner Kirche angehören.

- Das Unternehmen spendet 10% des Gewinns, um verschiedene evangelistische Werke zu unterstützen, darunter die Kapelle.
- Bill Amick dient im Direktionsvorstand von Motor Racing Outreach, einem geistlichen Dienst für Fahrer, Teams und Familien innerhalb verschiedener Formen des Motor-Rennsports.
- Ein explizites Ziel des Unternehmens ist es, Gott durch alles, was es tut, zu verherrlichen.
- Amick nimmt auch viele Gelegenheiten wahr, darüber zu sprechen, welche Auswirkungen seine Hingabe an Jesus Christus für sein Geschäft gehabt hat.

Eine Betriebsstätte der Amick Farms, Inc.

FIRMENPROFIL

Name:	Amick Farms, Inc.
Gründung:	1941
Mitarbeiter:	1.235
Branche:	Geflügelindustrie
Produkte:	200.000 Hühnchen werden täglich an vier Tagen in der Woche ausgebrütet. Durchschnittlich werden 800.000 Hühnchen pro Woche verarbeitet.
Umsatz:	Über 140 Mio. USD jährlich
Adresse:	P.O. Box 2309, Batesburg-Leesville, SC 29070, USA
Telefon:	+ 1 803-532-1400
Fax:	+ 1 803-532-1493
E-Mail:	bla3535@aol.com
Website:	nicht vorhanden

Geliebter Montag

Als die Nachrichtenabteilung des führenden amerikanischen Fernsehsenders ABC nachfragte, ob man einen Bericht über John D. Becketts Unternehmen machen könne, war seine anfängliche Reaktion schnell und unqualifiziert: »Auf gar keinen Fall. Wir werden ABC News nicht in die R. W. Beckett-Gesellschaft hereinplatzen und eine Menge Filmmeter abdrehen lassen, damit sie dann ein paar willkürliche Hörproben auswählen und ansonsten über uns im landesweiten Fernsehen erzählen, was immer sie möchten!« Allerdings überlegte sich Beckett die Angelegenheit noch einmal und nahm das Risiko in Kauf, weil er eine Botschaft hatte – eine Botschaft, die andere hören sollten. Eine Botschaft, die erläutern würde, wie sein persönlicher Glaube an Christus einen Einfluss auf die Art und Weise hat, wie er seine Firma führt.

Am Abend der Sendung hielten Beckett und seine Frau Wendy den Atem an, als sie zusammen mit zwölf Millionen Zuschauern quer über die Vereinigten Staaten die Sendung anschauten. Er hatte der Nachrichtenreporterin Peggy Wehmeyer unbeschränkten Zutritt zum Unternehmen gewährt, einschließlich eines umfangreichen persönlichen Interviews. Obwohl ihre Zusammenarbeit sehr erfreulich gewesen war, befürchtete er doch, dass er bedingt durch die Abfolge der Fragen vielleicht nicht so klar kommuniziert hatte, wie es seine Absicht gewesen war. Da er nun nicht wusste, welche

»sound bites« (isolierte Bemerkungen, die aus einem Gesamtinterview herausgezogen werden) wohl gesendet werden würden, hörten die Becketts mit erheblichen Befürchtungen zu.

Sie waren verblüfft, als sie Johns Stimme sagen hörten: *»Der Hauptzweck meines Lebens ist es, den Willen Gottes zu kennen und zu tun.«* John sagte zu Wendy: »Du hast gerade ein Wunder miterlebt. Aus dem ganzen ungeordneten Wust von Antworten, die ich unter Druck in diesem Interview gegeben habe, hat Peggy das Hauptziel meines Lebens in einem kurzen Satz herausgezogen.« Bei Beendigung des Interviews hatte Beckett um »eine faire Darstellung, wer wird sind und was wir glauben« gebeten, und genau das hatte er auch bekommen. Was die Zuschauer gesehen hatten, war genau das, was er erhofft hatte, nämlich »einen Produktionsbetrieb in Nord-Ohio, USA, wo sich – wie unvollkommen auch immer – Glaube und Arbeit nicht gegenseitig ausschließen, sondern bemerkenswert gut miteinander koexistieren«.

»Die Integrität des Unternehmens, die Begeisterung unserer Angestellten und die Relevanz, die unsere zentralen Werte für die tagtägliche Arbeitswelt haben – all dies wurde in einer klaren und gewinnenden Weise dargestellt«, erinnert sich Beckett. »Frau Wehmeyer schloss ihren Kommentar sogar mit der Beobachtung ab, dass für unser Unternehmen und eine wachsende Anzahl von Geschäftsleuten ein ›bleibender Lohn nicht in USD gemessen werden kann ... Zufriedenheit entsteht dadurch, dass man ein Geschäft aufbaut, ohne seine Seele zu verkaufen.‹«

Später am Abend erhielt er dann einen Anruf von Frau Wehmeyer. Sie erzählte ihm, dass dieser ungewöhnlich positive Beitrag die größte Anzahl von zustimmenden Anrufen hervorgebracht hatte, die jemals für diese Nachrichtensendung erzielt worden war. Die wohlwollende Annahme der Darstellung in den ABC-Nachrichten ermutigte Beckett auch, sein erstes Buch zu schreiben: *Loving Monday – Succeeding in Business Without Selling Your Soul* kam

1998 heraus; hier verrät er Lektionen, die er in seinen fast vier Jahrzehnen als Christ im Geschäftsleben gelernt hat. *Loving Monday* ist inzwischen mehrfach neu aufgelegt und in verschiedene Sprachen übersetzt worden.

Die R. W. Beckett Gesellschaft

➔ Die R. W. Beckett Gesellschaft wurde von John D. Becketts Vater im Jahre 1937 im Keller ihres Eigenheimes gegründet, just zu dem Zeitpunkt, als die USA sich nach der großen Wirtschaftskrise wieder aufrappelte. Als John Beckett 1963 beim Unternehmen anfing, gab es lediglich zwölf Mitarbeiter und eine Hand voll Kunden für die Ölbrenner für Heim und Geschäft, die Beckett herstellte. Kurz nach seinem Eintritt ins Unternehmen starb Becketts Vater unerwartet an einem Herzinfarkt und ließ den 26-jährigen John mit der vollen Verantwortung zurück.

Im Laufe der Jahre durchlebte Beckett zahlreiche Herausforderungen. Ein paar Monate, nachdem er die Firma übernommen hatte, brach ein Feuer aus und hätte um ein Haar die Fabrik zerstört, was in den sicheren Bankrott geführt hätte. Wie durch ein Wunder und nach einer Nacht des ununterbrochenen Kampfes gegen die Feuersbrunst überlebte die Fabrik. Beckett sagt: »Für mich öffneten die erlebten Schwierigkeiten allmählich Einblicke in die Bibel – und die Art und Weise, in der Gott in unserem Leben arbeitet.« Ja noch mehr, diese Krisen dienten dazu, Beckett in eine lebendige, persönliche Beziehung mit Jesus Christus zu führen.

Als Resultat seines wachsenden Glaubens an Christus rang Beckett mit der Frage, ob er im Geschäft bleiben oder eine »direktere« Form des Dienstes wählen sollte – zum Beispiel als Seelsorger oder Missionar. Er fragte sich: »Ist meine Tätigkeit als Geschäftsmann meine Berufung oder handelt es sich dabei nur um meine eigene persönliche Vorliebe?« Nachdem er für längere Zeit in sich gegangen war, bekam Beckett eine Antwort auf diese Frage, als er sich dazu durchrang, seine eigene Zukunft und alles, was er besaß – die Firma eingeschlossen – an Gott zu übergeben. Das Ergebnis dieser Entscheidung war eine Art Schwellenerlebnis, ein wirklicher Wendepunkt für ihn.

Als Antwort darauf schien Gottes Anweisung klar zu sein, so als ob er Beckett sagte: »Du bist da, wo ich dich haben will. Ich habe dich ins Geschäft berufen. Jetzt diene mir dort von ganzem Herzen.« Dies führte ihn zu seinem nächsten heiklen Punkt: »Wie setze ich meinen Glauben in Beziehung zu meiner Arbeit?« Um diese Frage zu beantworten, unternahm Beckett gründliche Studien der Bibel und der Geschichte. Er entdeckte, dass im 20. Jahrhundert ein kultureller Wechsel stattgefunden hatte, der das Geschäftsleben von einem biblisch begründeten moralischen und ethischen Bezugsrahmen wegbewegte. In dem Maße, wie er zu entdecken begann, in welcher Weise die Bibel als verlässliche und praktische Lebensanleitung dienen kann, entschloss sich Beckett, sie als eine Art geschäftlichen Kompass zu benutzen.

Kernwerte betonen

➔ Becketts Anwendung biblischer Prinzipien im Geschäft drückt sich in der Feststellung der Kernwerte des Unternehmens aus: *Integrität, hervorragende Leistung (excellence) und ein tiefer Respekt vor dem Individuum.*

John D. Beckett definiert *Integrität* als ein »Festhalten an einem Wertestandard«, und dies ist ein Schlüsselkonzept in der Bestimmung seines Unternehmens. Biblisch ausgedrückt umfasst Integrität Wahrheitsliebe, Ehrlichkeit, Geradlinigkeit – Charakterzüge, die in Psalm 15 beschrieben werden in jemandem, der, »hält, was er geschworen hat, auch wenn ihm daraus Nachteile entstehen«. *Excellence* spiegelt das Beste der Schöpfung Gottes wider. Nach

Beckett: »Immer, wenn etwas den Stempel des Gottesreiches trägt, ist es exzellent. In letzter Konsequenz wird *Excellence* nicht durch ein Produkt oder einen Prozess definiert, sondern durch eine Person.«

Schließlich ist *der tiefe Respekt vor dem Individuum* ein Schlüssel zur Sichtweise des Unternehmens von Menschen. Beckett stellt fest: »Ich meine, es ist wichtig, Menschen so zu sehen, wie Gott sie sieht ... Gott schuf Männer und Frauen nach seinem eigenen Bild und ihm ähnlich. Wir sagen, wir möchten, dass unsere Arbeit und die Beziehungen bei ihr gekennzeichnet sind durch Würde; dass sie anregend und bereichernd sind und dass sie Freude machen. Wir erklären das Wohlbefinden und die fortdauernde persönliche Weiterentwicklung unserer Mitarbeiter zur höchsten Priorität.«

Es gehört zur Praxis des Unternehmens, dass man bereits in der Phase der Einstellung Schritte unternimmt, um eine optimale Kompatibilität sicherzustellen; dass man weiterhin Vorkehrungen trifft, die es Müttern mit neugeborenen Kindern ermöglichen, für längere Zeit bei ihnen zu Hause zu bleiben; und dass man finanzielle Unterstützung durch die Firma für Familien bereitstellt, die Kinder adoptieren. Angestellten wird ein würdiges und unterstützendes Arbeitsumfeld geboten, in dem sie geschätzt, wichtig und wertvoll sind.

Beckett glaubt schon, dass ein biblischer Geschäftsansatz sowohl wertvoll als auch wichtig ist, da er praktische Einsichten, Antworten und Richtungsbestimmungen bietet. Als Endziel aber sieht er eine Beziehung. »Die Botschaft des Evangeliums beinhaltet, dass wir zu einer realen, lebendigen und persönlichen Beziehung zu Gott eingeladen werden. Unser letztendliches Ziel geht weit darüber hinaus, etwas über Gott und seine Prinzipien zu wissen. Denn es geht darum, ihn immer mehr als unseren Schöpfer, Erlöser und Freund kennen zu lernen.«

Beckett glaubt, dass der Herr Menschen aus bestimmten Gründen in sein Unternehmen bringt. Für einige ist es die Gelegenheit, mehr über Christus zu erfahren und eine persönliche Beziehung zu ihm aufbauen zu können. Solch eine Gelegenheit ergab sich, als der Fabrikaufseher Bud, der bereits mehr als zwanzig Jahre für das Unternehmen arbeitete, ernsthaft erkrankte. Bud hatte in der Marine gedient, war Kampfveteran des 2. Weltkrieges und ein Vorgesetzter mit einer rauen Schale, der sich nicht auf irgendwelche Sperenzchen einließ. Als Beckett ihn im Krankenhaus besuchte, sagte Bud: »Seit ich hier drin bin, habe ich mir mal ein paar Gedanken gemacht, und ich bin mir nicht sicher, ob zwischen Gott und mir alles in Ordnung ist.« Beckett antwortete: »Bud, wir beide arbeiten jetzt schon lange zusammen. Du hast durch die Jahre hindurch meine Schwierigkeiten mitbekommen. Aber du hast mich auch sagen hören, dass mein Glauben mir geholfen hat, durch diese Schwierigkeiten hindurchzukommen.« Bud erwiderte: »Stimmt – ich hab' da genau hingeguckt. So ungern ich das auch zugebe, aber hier und da habe ich mich über Ihren Glauben lustig gemacht. Was mich angeht, ich hab noch nie viel darüber geredet, was ich glaube. Für mich war das immer mehr so 'ne Privatsache.« Aber dann, an diesem Punkt der Unterhaltung, fragte Bud Beckett: »Also, was muss ich tun?« John konnte ihm Gottes Heilsplan nahe bringen. Buds Herz öffnete sich, und der Herr wurde an dem Tag Buds Freund. Sein Gebet der Übergabe war einfach, aber es veränderte seine Beziehung zum Herrn tief greifend.

Was machen John D. Beckett und die R. W. Beckett Corporation, um das Evangelium in der Geschäftswelt zu verbreiten?

- Sie wollen fortwährend ein positives Beispiel eines Unternehmens sein, welches den folgenden Werten verpflichtet ist: Integrität, Exzellenz, Service und rechtschaffenes Verhalten im Umgang mit Mitarbeitern, Kunden, Lieferanten und dem gesellschaftlichen Umfeld.
- Gelegenheiten zum Bibelstudium und Teilnahme an Gebetsgruppen werden direkt an den Arbeitsplätzen der Firmenniederlassungen geboten.

- Christliche Literatur wird an die Mitarbeiter verteilt.
- Evangelistische und mildtätige Dienste werden finanziell unterstützt.
- John D. Becketts Buch »Loving Monday« wird innerhalb der Geschäftswelt weiträumig verteilt, um zum christlichen Glauben zu ermutigen und am Arbeitsplatz Zeugnis zu geben.

FIRMENPROFIL

Name:	R. W. Beckett Corporation
Gründung:	1937
Mitarbeiter:	Drei Betriebe mit mehr als 500 Mitarbeitern
Umsatz:	2001 ca. 100 Mio. USD
Branche:	Herstellung und Verkauf von selbst entwickelten Komponenten für Heizsysteme in Privathäusern und kommerziellen Objekten.
Adresse:	38251 Center Ridge Road, North Ridgeville, OH 44039, USA
Telefon:	+ 1 440-353-6203
Fax:	+ 1 440-353-6003
E-Mail:	pmadalone@beckettcorp.com
Websites:	www.beckettcorp.com www.lovingmonday.com

Das Atrium im Gebäude der R. W. Beckett Corporation.

Sonntags nie

Als S. Truett Cathy und sein Bruder Ben 1946 ins Gastronomiegeschäft einstiegen, hatten sie keine grandiosen Träume. Sie hatten lediglich eine schlichte Idee, nämlich ein Restaurant zu eröffnen, und sie hatten die Energie und Entschlossenheit, es zum Erfolg zu führen, was immer es kostete. Sie hatten einen Bankkredit von 6.600 USD mit eigenen 4.000 USD kombiniert, um den »Zwergen-Grill« zu eröffnen, so genannt, weil es sich um ein kleines Gebäude handelte, das nur vier Tische und Stühle sowie eine Theke mit 10 Hockern hatte. Der Standort war Hapeville, Georgia, ein Vorort von Atlanta, und das Restaurant war an sechs Tagen in der Woche 24 Stunden geöffnet.

Ihre Entscheidung, sonntags geschlossen zu halten, war leicht gemacht, geboren aus praktischen Erwägungen sowie geistlicher Überzeugung. »Als Kinder hatten wir gelernt, den Sonntag als Tag des Herrn zu respektieren, aber nach sechs Tagen rund um die Uhr war der Grund für den Ruhetag nicht, dass wir besonders religiös waren, sondern dass wir besonders müde waren«, witzelt Cathy.

Er hatte als Junge einen Geschäftssinn entwickelt, als er Cola und Zeitschriften verkaufte und Zeitungen austrug. Von dem Moment an, als er den Zwergen-Grill eröffnete, hatte sich Cathy der Aufgabe »total verschrieben«. »Es war für mich undenkbar, dass ich scheitern würde«, sagt er. »Außerdem hätte ich mir ein Scheitern finanziell nicht erlauben können.« Dies half ihm dabei, ein Prinzip zu formulieren, das er seitdem für mehr als fünf Jahrzehnte beibehalten hat: »Ein hauptsächlicher Unterschied zwischen Erfolg und Misserfolg ist, sich einer Sache völlig zu verschreiben und weder leicht aufzugeben noch entmutigt zu werden.«

Diese Ausdauer hat ihn mit dem Ehrentitel belohnt, der einzige Gastronom in Amerika zu sein, der sein Geschäft seit mehr als 50 Jahren immer noch an der gleichen Stelle betreibt. Cathy verrät uns sein Geheimnis: »Jeder, der zu jenem Zeitpunkt ein Restaurant führte, als ich anfing, hat entweder geschlossen oder ist tot. Ich lebe noch und habe geöffnet.«

Im Laufe der Zeit erweiterte sich seine Geschäftsvision. Ein Durchbruch kam vor mehr als 40 Jahren, als er das im Schnellkochtopf zubereitete Hühnchenfilet-Sandwich erfand. Das ist noch heute der Renner des Restaurants. Das erste Restaurant unter dem Namen »Chick-fil-A« eröffnete 1967 und war der Vorreiter des Konzeptes, Schnellimbiss-Produkte in Einkaufszentren zu verkaufen. Seitdem hat das Unternehmen ein stetiges Wachstum zu verzeichnen, das durch ununterbrochene Umsatzsteigerungen seit 34 Jahren gekennzeichnet ist, wobei sich der Zuwachs in den letzten 10 Jahren im zweistelligen Prozentbereich bewegt.

Chick-fil-A, Inc.

➔ Auch heute noch sind Chick-fil-A-Restaurants sonntags geschlossen und halten damit die Tradition hoch, die Cathy bei seinem ersten Restaurant begann. Kühe sind das sichtbarste Marketing-Instrument. Sie mahnen die Konsumenten, mehr Hühnchen zu essen (»Eat More Chikin«). Pflegefamilien sind einer der Hauptnutznießer der Unternehmensgewinne, ein anderer Wohltätigkeitsveranstaltungen, die von der Firma gesponsert werden. Außerdem hat das Unternehmen seit 1973 College-Stipendien im Wert von mehr als 16,5 Mio. USD an seine Restaurant-Angestellten vergeben.

Dies ist nicht das typische Profil einer landesweiten Restaurantkette in den USA, aber Chick-fil-A, Inc. ist wohl kaum »typisch«. Unter der Führung des bewundernswerten Gründers und Vorsitzenden S. Truett Cathy ist das Unternehmen aus bescheidenen Anfängen und einer soliden, unveränderbaren Philosophie heraus zu einem Netzwerk von mehr als 1.000 Restaurants in 34 Staaten herangewachsen. Im Jahre 2001 betrug der kettenweite Gesamtumsatz fast 1,25 Milliarden USD. Doch seit den Anfängen wird das Familien-Unternehmen, das sich im Privatbesitz befindet, von zwei Leitprinzipien angetrieben:

- Gott dadurch zu ehren, dass wir treue Verwalter dessen sind, was uns anvertraut wurde, und
- einen positiven Einfluss auf alle zu haben, die mit Chick-fil-A in Kontakt kommen.

»Man muss nicht Christ sein, um bei uns zu arbeiten«, stellt Cathy fest. »Wir fordern nur, dass unsere Betreiber und Angestellten die Geschäfte gemäß biblischen Prinzipien führen, und für gewöhnlich ist das kein Problem.«

Ein Vorteil von Chick-fil-A als Familienbesitz ist, dass dies Raum für Entscheidungen schafft, ohne die penible Überprüfung durch Aktienbesitzer, die den Erfolg des Unternehmens ausschließlich am Profit messen würden. Cathy zitiert Stanley Marcus, den pensionierten Vorsitzenden der Neiman-Marcus-Kaufhäuser, der gesagt hat: »Eine Aktiengesellschaft konzentriert sich auf den Gewinn, während ein Unternehmen im Privatbesitz sich auf seine Mitarbeiter konzentriert.«

Im Ergebnis haben Cathy und sein Führungsstab, dem seine Söhne Dan und Don angehören, die Freiheit, Investitionen zum Wohle der Menschen zu machen, statt auf wachsende Dividenden zu schielen. Nebenprodukte dieses menschenorientierten Ansatzes sind bisher unter anderem:

- Die WinShape-Centre-Stiftung als Sponsor von Pflegefamilien, ein Stipendiumsprogramm am Berry College in Rome, Georgia, und Camp WinShape, ein Sommercamp am College, welches jährlich mehr als 1.500 Teilnehmer aus den ganzen USA anzieht.
- Das Chick-fil-A-Leadership-Scholarship-Program, welches College-Stipendien im Wert von 1.000 USD an Restaurantangestellte verleiht, die Führungsqualitäten und Gemeinsinn in ihrem Lebensumfeld bewiesen haben. Bis heute wurden Stipendien im Werte von mehr als 16,5 Mio. USD vergeben.
- Die alljährliche Chick-fil-A-Benefiz-Meisterschaft, ein Wettbewerb für Damen der Ladies Professional Golf Association. Innerhalb von sechs Jahren hat dieser Wettbewerb über 2,1 Mio. USD zusammengebracht. Das Geld kam WinShape-Homes zugute, deren Pflegefamilien langfristig Pflegekinder betreuen, und der Organisation AIM (Adventures in Movement) für Behinderte.
- Weiterhin hat Chick-fil-A eine der niedrigsten Management-Fluktuationsraten innerhalb des Schnellrestaurant-Sektors.

Die »Sonntags-geschlossen«-Politik von Chick-fil-A ist und bleibt etwas Ungewöhnliches zu einer Zeit, wo Ladenschlussgesetze mit restriktiven Regelungen für den Sonntag weitgehend Geschichte geworden sind. Ursprünglich eingeführt, um einen dringend benötigten Ruhetag vom Zwergen-Grill zu etablieren, hat Cathy die Praxis des Ruhe-Sonntags mit Nachdruck hochgehalten ... und es nie bereut. »Viele der Einkaufszentren, in denen wir vertreten sind, haben 250 gewerbliche Mieter oder mehr, die alle sonntags öffnen müssen. Bevor wir in ein Einkauszentrum gehen, handeln wir Pachtverträge aus, die uns das Vorrecht einräumen, sonntags geschlossen zu halten. Für gewöhnlich erhalten wir die Erlaubnis, denn alle unsere Geschäfte sind am Sonntag geschlossen. Wenn man uns im Zentrum haben will, muss man sich mit diesem Wunsch abfinden«, stellt er nüchtern fest. »Es ist ja in deren eigenem Interesse, an jemanden zu verpachten, der Umsätze erzielt – und das tun wir. Normalerweise verkaufen wir mehr in sechs Tagen als unsere Konkurrenz in sieben.« Dies hat mit sich gebracht, dass Chick-fil-A nicht in professionellen Sportstadien und -arenen vertreten ist, da ja viele der Veranstaltungen dort sonntags stattfinden. Jedoch sieht Cathy nach mehr als fünf Jahrzehnten keinen Grund zum Kompromiss. »Ich glaube, der Herr hat unsere Entschlossenheit belohnt, trotz unserer heftigen Konkurrenz.«

Er macht kein Geheimnis daraus, dass er und seine Familie manchmal sonntags zum Essen ausgehen, aber er sieht darin keinen Widerspruch. »Sonntags zu öffnen war einfach nicht mein Ding«, erläutert er. »Ich verurteile andere nicht, die ihre Restaurants am Sonntag geöffnet halten, aber ich mache seit mehr als 45 Jahren Kindergottesdienst für 13-Jährige. Manchmal sprechen wir auch darüber, den »Tag des Herrn« zu beachten, und ich wäre ja wohl ein Heuchler, wenn ich über den »Tag des Herrn« lehren und dabei gleichzeitig die Kassen in unseren Läden klingeln lassen würde.«

Selbst wenn Angestellte seine geistlichen Überzeugungen nicht teilen, sieht Cathy doch einen Vorteil für jeden Beteiligten. »Ich wollte sicherstellen, dass jeder Mitarbeiter und Restaurantbetreiber bei Chick-fil-A Gelegenheit hat, einen Gottesdienst zu besuchen, Zeit mit Familie und Freunden zu verbringen oder

»Sonntags geschlossen!«

sich ganz einfach nur von der Arbeitswoche auszuruhen. Es war damals vernünftig und es ist immer noch vernünftig.« Während die Festlegung auf den geschlossenen Sonntag ein sehr sichtbares Statement des Unternehmens ist, ist es doch nur ein kleiner Teil einer viel breiter angelegten Philosophie, mit der Cathy und sein Managerteam das Unternehmen steuern.

Der Unternehmer

➔ »Ich wurde im Alter von zwölf Jahren Christ, und obwohl ich nicht immer so gehandelt habe, wie ich es hätte tun sollen, habe ich doch früh gelernt, Gott in allen meinen Handlungen mit Nachdruck zu dienen«, sagt er. »Ich habe noch nie irgendeinen Konflikt zwischen biblischen Prinzipien und guten Geschäftspraktiken entdecken können«. Diese Überzeugung, zusammen mit aus der Schrift erlernten Grundsätzen, hat Cathys Engagement für Betreuung in Pflegefamilien, Sommerlager und Stipendien für Angestellte mit geformt.

»Mein Pastor hat vor einiger Zeit eine Predigt gehalten, in der er fragte: ›Was hat Jesus gesagt, das nur wenige Menschen glauben?‹ Seine Antwort war: ›Geben ist seliger als nehmen!‹ (Apostelgeschichte 20, 35). Viele Geschäftsleute haben nie die wirkliche Bedeutung dieses Satzes verstanden. Ich habe entdeckt, dass die großartigsten Freuden des Lebens die Freuden des Gebens sind – nämlich in der Lage zu sein, mit anderen Menschen zu teilen und dabei zu helfen, dass ihre Bedürfnisse gestillt werden. Gott mag es, andere durch uns zu segnen, und er erwartet von uns, dass wir gute Verwalter der Ressourcen sind, die wir zur Verfügung haben.«

Für Cathy persönlich hat dies auch bedeutet, mehr als 120 jungen Leuten als Ersatz-Großvater zu dienen, seit er das WinShape-Pflegeeltern-Programm initiierte. Einer der »Absolventen« hat einen MBA-Grad (Master of Business Administration) der Harvard-Universität und arbeitet in der Verwaltungszentrale des Chick-fil-A-Unternehmens. Cathy hat auch bei den Hochzeiten von vier weiteren WinShape-Ehemaligen gedient. »Ich werde nie vergessen, als wir fünf Kinder im Alter von vier bis neun, alle aus derselben Familie, in einer unserer Pflegeeltern-Familien unterbrachten. Eines der Kinder erzählte mir: ›Mutti hat uns vor zwei Jahren bei Oma abgegeben, aber sie ist nie zurückgekommen.‹« Durch Bereitstellung von Familienplätzen statt Heimplätzen, glaubt Cathy, haben solche Jugendlichen eine bessere Chance, ihre Herkunft zu überwinden und aus ihrem Leben etwas zu machen.

Eine der Herausforderungen bei der Entwicklung eines Unternehmens auf Basis biblischer Prinzipien ist, wie der Fortbestand dieser Philosophie gesichert werden kann, wenn der Gründer seine Führungsrolle abgibt. Cathy hat das Glück, zwei Söhne zu haben, die sich darauf verpflichtet haben, dieses fromme Vermächtnis zu bewahren. Ein Sohn, Dan, dient als Direktor und Abwicklungschef von Chick-fil-A, und sein anderer Sohn Don (sein Spitzname ist Bubba) dient als Vizedirektor von Chick-fil-A und als Direktor der Chick-fil-A »Zwergenhaus«-Restaurants. Don steht auch den Programmen der WinShape-Foundation vor. »Dan und Bubba sind dem HERRN völlig ergeben, sehr engagiert bei Gemeindeaktivitäten, und eines Tages wird das Unternehmen in ihre fähigen Hände übergehen«, erklärt der ältere Cathy. Dan Cathy sagt, er und sein Bruder seien entschlossen, die tiefe Verwurzelung des Unternehmens in christlichen Werten aufrechtzuerhalten, die »Sonntags geschlossen«-Politik und die mildtätigen Engagements eingeschlossen. »Das ist unsere Herausforderung, die Grundsätze fortzuführen und sie auf die nächste Generation zu übertragen«, sagt Dan. »Meine Mutti (Jeannette) und mein Dad waren wunderbare Vorbilder für Bubba, Trudy und mich. Immer, wenn wir an wichtige Wegkreuzungen in unseren Leben kamen, waren wir in der Lage, uns daran zu orientieren, wie sie ihre Grundentscheidungen getroffen haben.«

Die Cathy-Kinder haben oft gehört, wie ihr Vater die Bedeutung der **M-P-M**-Formel unterstrich: Wer wird der **M**eister in deinem Leben sein, wer dein **P**artner, und was wird deine **M**ission sein? Diese Philosophie hinterließ einen tiefen Eindruck, erinnert sich Dan, und die Antwort, die er formulierte (einschließlich des Entschlusses, Jesus zu seinem Meister zu machen), hat seinem Leben eine genaue Richtung vorgegeben, ob es sich nun um geschäftliche Entscheidungen oder Fragen zu Hause handelt.

Genau wie Dan weiß auch Bubba das christliche Erbe der Firma zu schätzen, weswegen die »Sonntags geschlossen«-Regel sich auch nicht ändern wird. »Sie verweist zurück auf die Anfänge des Unternehmens und transportiert eine wichtige Aussage gegenüber unseren Kunden und unseren Konkurrenten. Trotzdem ist es nur eine der Weisen, auf die wir Gottes Rolle anerkennen, die er in unserem Geschäft spielt.«

Im Jahre 1989 schrieb Truett Cathy seine Autobiographie mit dem Titel *It's Easier to Succeed Than to Fail*. In ihr beschreibt er sein durchlebtes Abenteuer, als er mit einem kleinen Restaurant anfing und sah, wie es zu einem hoch angesehenen und sehr erfolgreichen Großunternehmen heranwuchs. Er fasst diesen Prozess so zusammen: »Selbst die längste aller Reisen beginnt mit dem ersten Schritt. Vor jedem Menschen liegt eine lange, ungewisse Reise zum Erfolg, ein Weg, der von Herausforderungen und Abenteuern bestimmt ist. Gott hat in jeden Einzelnen von uns das Streben nach Erfolg gelegt. Wenn er das nicht getan hätte, würden wir alle noch unser Essen auf einem offenen Feuer brutzeln. Also, ein Hoch den Gewinnern, denn sie geben bei der Bewältigung jeder Aufgabe immer alles, was sie haben – und finden dabei am Ende, dass es leichter ist, Erfolg zu haben als zu scheitern.« Es ist wirklich leichter, Erfolg zu haben als zu scheitern, sagt Cathy, solange man seine Prioritäten in der richtigen Reihenfolge und im Gleichgewicht hält.

»Wenn dein persönliches Leben in Ordnung ist, erleichtert dir das, dein geschäftliches Leben ebenfalls in Ordnung zu halten.«

Was machen S. Truett Cathy und Chick-fil-A, Inc., um das Evangelium in der Geschäftswelt zu verbreiten?

- Zweckbestimmung hat das Ziel, »Gott dadurch zu preisen, dass wir ein treuer Verwalter für alles sind, was uns anvertraut wurde«.
- Die Entscheidung des Unternehmens, ausnahmslos seine Restaurants sonntags zu schließen, drückt die Anerkennung der Rolle Gottes im Geschäft aus.
- In seinem Buch *It's Easier to Succeed Than to Fail*, und dem kürzlich erschienenen Buch *Eat Mor Chikin: Inspire More People* stellt Truett Cathy dar, wie sein Glaube an Gott und seine Verpflichtung darauf, ihm zu dienen, die Schlüssel zur Gründung und zum Erfolg seines Unternehmens gewesen sind.

Eines von 1000 Chick-fil-A-Restaurants.

- Eine freiwillige halbstündige Andacht jeden Montagmorgen wird von vielen Mitarbeitern in der Hauptverwaltung des Unternehmens in Atlanta besucht.
- Teil der offiziellen Einweihungszeremonie für jedes neue Restaurant ist ein Gebet, das vom Pastor einer ortsansässigen Gemeinde gesprochen wird.

FIRMENPROFIL

Name:	Chick-fil-A, Inc.
Gründung:	1967 durch S. Truett Cathy
Mitarbeiter:	Chick-fil-A, Inc. betreibt mehr als 1.000 Restaurants in 34 Staaten der USA und ist landesweit das drittgrößte Hühnchenrestaurant-Unternehmen.
Branche:	Chick-fil-A-Restaurants sind stolz auf eine Speisekarte, die aufbaut auf Hühnchenprodukte und naturbelassene Zutaten, frische Beilagen und Salate und köstliche Nachspeisen. Viele Produkte sind »von Hand« zubereitet.
Umsatz:	2001 erreichte der kettenweite Umsatz von Chick-fil-A und der angeschlossenen Restaurants fast 1,25 Milliarden USD.
Adresse:	5200 Buffington Road, Atlanta, GA 30349, USA
Telefon:	+ 1 404 765 8000
Fax:	+ 1 404 765 8942
E-Mail:	via Website
Website:	www.chick-fil-a.com

Verrückt nach Autos – verrückt nach Jesus

Einmal im Jahr treffen sich die leidenschaftlichsten Autofans der USA im großen Ballsaal des Beverly Hills Hotel. Das Ereignis ist Meguiars alljährliche Preisverleihung (Meguiars Award Dinner), bei der die Person geehrt wird, deren Aktivitäten einen bedeutenden Einfluss auf das Hobby des Autosammelns hatten. Der Betreffende wird zur »Person des Jahres« erklärt. Dieses Event kommt in Autosammlerkreisen der Verleihung eines »Oscars« gleich. Der Gastgeber der Veranstaltung, Barry Meguiar, ist Vorstandsvorsitzender und Hauptgeschäftsführer des Unternehmens Meguiars Car Care Products. Barry liebt Autos – und er liebt Jesus Christus, der sein Erlöser und Herr ist. Aus diesem Grund hat er Meguiars zu einer Firma gemacht, die sich auch bemüht, den Namen Jesus Christus in ihren geschäftlichen Aktivitäten positiv zu repräsentieren.

Barry – der Automobil-Enthusiast

➔ Zusätzlich zu seiner Verantwortung für die Firma ist Barry einer der herausragenden Sprecher für wirkliche Autobegeisterte geworden. Barry ist ein regelmäßiger Gast bei Radio-Talkshows in ganz Amerika mit dem Thema »Auto«, und er hat regelmäßig Beiträge im Programm »Motor Trend Radio«, das jeden Samstag und Sonntag landesweit ausgestrahlt wird. Weiterhin ist Barry Gastgeber in seinem eigenen Fernsehprogramm »Car Crazy«, das eines der beliebtesten Programme im Kabel-TV-Netz »Speed Channel« ist. Des Weiteren hat er sein eigenes Radio-Sendenetz »Meguiars On Air« aufgebaut, das live von den wesentlichen Ereignissen für Automobil-Enthusiasten berichtet.

»Car Crazys« lebhafte Interviews mit Prominenten, Enthusiasten und anerkannten »Autosüchtigen« sind beliebt, denn sie geben den Zuschauern Einblicke in das Leben der Leute, die hinter den großen Auto-Storys stehen. Bisher wurden in den Sendungen Gäste vorgestellt wie Jay Leno, der Moderator der Tonight Show im Fernsehen, der Großverleger Robert E. Petersen, der frühere Gewinner von Indianapolis 500, Parnelli Jones; Bob Lutz, der Vorstandsvorsitzende von General Motors, und Dutzende von Auto-Berühmtheiten aus dem In- und Ausland.

Wie weit das Engagement von Meguiars im Automobil-Sektor geht, wird daran klar, dass seine Firma jedes Jahr mehr als 750 Autoausstellungen und Veranstaltungen in aller Welt unterstützt und sponsert. Zusätzlich unterstützt Meguiars jährlich mehr als 1.500 Autoclubs. Auf fast jeder Autoausstellung und in fast jedem Automuseum in den USA wird man Produkte von Meguiars finden, die dazu benutzt werden, die preisgekrönten Automobile zu pflegen und ins rechte Licht zu rücken.

Meguiars, Inc.

➔ Bis zur Mitte der siebziger Jahre wurden Meguiars-Produkte nur von Profis benutzt. Erst unter der Führung von Barry etablierte sich Meguiars als die angesehenste und meistverkaufte Marke für Autowachs-Produkte im Massenmarkt der Vereinigten Staaten.

Gleichzeitig baute Barry kontinuierlich und weltweit den Profi-Sektor von Meguiars weiter aus; inzwischen existieren Niederlassungen in Paris, London, Sydney, Toronto, Tokio, Mexico City, Dubai und Johannesburg. Sämtliche Geschäfte außerhalb der Vereinigten Staaten werden über den internationalen Hauptsitz in Hong Kong abgewickelt. Meguiars Produkte werden von den meisten führenden Automobilherstellern benutzt und empfohlen, darunter General Motors, Chrysler, BMW und Mercedes-Benz.

Das Bekenntnis zu höchster Qualität ist in den hundert Jahren des Bestehens der Firma immer die treibende Kraft gewesen. Die Lacktechniker bei Meguiars arbeiten Hand in Hand mit den weltweit führenden Autolack-Produzenten, Automobilherstellern, Autohändlern, Karosseriewerkstätten und Autopflegemittelhändlern, um die Produkte benutzerfreundlich und auf dem aktuellen Stand der Forschung zu halten. Meguiars ist Berater der meisten führenden Autohersteller der Welt bezüglich Lackqualität und Fragen der Lackausbesserung.

Das Unternehmen wurde 1901 als Familienunternehmen gegründet. Der Gründer, Frank Meguiar junior, verpflichtete sich bereits, Produkte in hervorragender Qualität zu liefern, als er noch Flasche für Flasche Möbelpolitur unter Zuhilfenahme eines Schneebesens von Hand zu Hause herstellte. Durch die Mithilfe seiner Kinder gelang es ihm schließlich, abends genügend Produkte herzustellen, um die Aufträge des nächsten Tages zu erfüllen und so für Lebensmittel bezahlen zu können. Als Frank Meguiar junior 1950 verstarb, führten seine drei Söhne Maurice, Malcolm und Kenneth, die seine Geschäftpartner waren, die Firma auf eine neue Ebene. Ihr jeweiliges Geschick und ihre jeweiligen Stärken ergänzten sich in den Bereichen Verkaufsmanagement, Produktentwicklung und Produktion. Es war eine perfekte Partnerschaft. Durch ihre Anstrengungen und ihre Führungskraft gedieh das Unternehmen in der zweiten Generation. Auch heute noch ist die Firma Eigentum der Familienmitglieder – inzwischen in der dritten und vierten Generation. Als sich Veranstaltungen für Autoenthusiasten in den sechziger Jahren verbreiteten, begannen immer mehr Besucher zu begreifen, dass es der Gebrauch von Meguiars Polituren war, der den ausgestellten Autos den strahlenden letzten Schliff verliehen hat.

Immer mehr Verbraucher fingen an, ihre Händler zu bitten, Meguiars Produkte ins Sortiment aufzunehmen. Veranlasst durch die Nachfrage dieser begeisterten Fans stellte die Familie 1973 dem allgemeinen Massenmarkt offiziell Meguiars als Marke für »Produkte rund ums Auto« vor.

Barry – der Jesus-Enthusiast

➔ Barry Meguiar, geboren und aufgewachsen in Pasadena, Kalifornien, schloss das Pasadena Nazarene College ab und zog 1969 mit seiner Familie und Meguiars, Inc. nach Irvine, Kalifornien, um. Er stellt die dritte Generation von Meguiars dar, die im Familienunternehmen arbeiten. Er begann schon während der Sommerferien in der Herstellung zu arbeiten, als er noch zur Grundschule ging. Während seiner High-School- und College-Jahre wechselte Meguiar in die Buchhaltung über, ging dann nach seinem College-Abschluss in die Verkaufs- und Marketing-Abteilung und wurde 1979 zum Chef des Unternehmens bestellt.

Trotz seines Engagements für das Unternehmen und für Menschen, deren Hobby das Auto ist, hat Meguiar eine noch größere Leidenschaft, die sich ganz und gar vom Bereich des Automobils abhebt. Seine Passion ist es, jeden mit Jesus Christus bekannt zu machen, der danach fragt. Er ergreift jede Gelegenheit, das Evangelium zu verkünden, sei es durch sein Unternehmen, seinen Umgang mit Automobil-Sammlern oder einfach bei alltäglichen Aktivitäten.

Alle Mitglieder seines Führungspersonals sind Christen, die sich regelmäßig treffen, um für das Unternehmen und die Bedürfnisse ihrer Angestellten zu beten. Meguiar hebt einen Wert hervor, der das Unternehmen im Innersten zusammenhält: »Gott in allem zu ehren, was man tut.« Das eigentliche Motto des Unternehmens sei Sprüche 3, 5-6: »Verlass dich auf den Herrn von ganzem Herzen, und verlass dich nicht auf deinen Verstand, sondern denke an ihn in allen deinen Wegen, so wird er dich recht führen.«

Meguiar beschreibt sich selbst als »Kirchenmenschen«. Er wurde in eine Familie hineingeboren, deren Leben sich um die Teilnahme am Leben ihrer Gemeinde drehte. Sein Vater diente 83 Jahre in derselben Gemeinde und lehrte Barry, in seinen Kirchenaufgaben gewissenhaft zu sein. Später wuchs Barry national und international in kirchliche Aufgaben hinein, in denen er sich mit internationaler Missionsarbeit, Laienverkündigung und Verwalterämtern befasste. Er musste jedoch feststellen, dass jemand ein guter Mann der Kirche sein kann, ohne notwendigerweise ein guter Jünger Christi zu sein. Auf seinen Reisen durchs Land bemerkte er, dass diejenigen, die in der Gemeinde das höchste Ansehen genießen, oft schlicht und einfach die sind, die am längsten da sind, das meiste tun oder das meiste Geld geben. Meguiar beobachtete, dass jemand all dies tun kann und trotzdem geistlich kalt ist. Er schloss daraus, dass das, was jemand tut, nicht unbedingt auch immer den inwendigen Menschen *(inner man)* widerspiegeln muss.

»Geschäftsleute tragen die Verantwortung, das Evangelium in ihr Arbeitsumfeld zu bringen«, betont Meguiar. »Kirche außerhalb der eigenen vier Kirchenwände zu sein – das ist der Schlüssel. Hinzu kommt die Gefahr, sich so auf die Arbeit innerhalb der Kirche zu konzentrieren, dass man vergisst, außerhalb der Kirche ein ›Menschenfischer‹ zu sein – in der Firma und im Gemeinwesen. Wir müssen uns für die geistlichen Bedürfnisse derer sensibilisieren, die uns tagtäglich umgeben. Sie sind unser Missionsfeld.«

Meguiar findet jede Woche Gelegenheiten, über den Herrn zu erzählen. Angestellte bitten ihn oft: »Würden Sie wohl für mich beten?«, oder: »Würden Sie für meine Schwester beten?« Und er betet mit ihnen oder für sie. In diesen Momenten hat eine solche Gelegenheit absoluten Vorrang vor allem anderen – die berufliche Aufgabe eingeschlossen. Und solche Gelegenheiten seien immer der Höhepunkt seines Tages. Wenn einzelne Menschen geistliche Hilfe und geistlichen Rat benötigen, »... verabrede ich mich mit ihnen zu einem Folgetreffen. Bevor ich sie wiedersehe, gehe ich in Gottes Wort und auf meine Knie. Dann setze ich mich an meinen Computer und formuliere auf die Bibel bezogene Wege, die sie aus ihren Problemen herausführen werden. In logischer Abfolge nenne ich jeden Punkt, liste die relevanten Bibelstellen auf und zitiere dann den Text jeder Stelle. Wenn ich sie dann treffe, lesen wir zusammen diese Gedanken und Bibelstellen durch. Dann bitte ich sie, für die beiden folgenden Wochen die Verse immer wieder zu lesen und darüber zu meditieren. Nur Gottes Wort kann eine Lebensveränderung bewirken.«

Meguiar stellt fest: »Jeden Morgen, wenn ich aufwache, erinnere ich mich an die Frage, die Jesus an Petrus stellte, und wende sie auf mich selbst an: ›Liebst du mich mehr als deine Arbeit? Dann weide meine Schafe.‹ Ich sage dem Herrn, dass ich zur Verfügung stehe. Dies ist für mich jeden Tag die höchste Priorität. Ich liebe meine Arbeit. Ich habe eine spannende Aufgabe. Ich habe großartige Leute um mich herum. Ich bin über alle Maßen gesegnet. Aber all dies nennt die Bibel Holz, Heu und Stroh. Wenn ich im Himmel ankomme, wird es keine Rolle spielen, wie viel Flaschen Autowachs wir verkauft haben. Was wichtig sein wird, ist, in welcher Weise wir am Leben anderer Menschen Anteil genommen haben und ob wir ihnen vom Herrn erzählt haben oder nicht.«

Er passt die Methode, um geistliche Dinge in eine geschäftliche Unterredung einfließen zu lassen, der jeweiligen Situation an. Aber er beschreibt sie gern mit einem Ausdruck aus der Anglersprache, nämlich »chumming« (eine bei der Hochseefischerei in den USA beliebte Lockmethode). Er wirft einen oder zwei Gedanken aus, z. B. etwas, was sein Pastor gesagt hat, vielleicht eine Illustration oder einen Witz. »Dies signalisiert meinem Gegenüber automatisch, dass ich Christ bin. Wenn sie auch Christen sind, reagieren sie sofort und fragen, in welche Gemeinde ich gehe. Wenn sie nicht darauf eingehen, sagt mir das, dass sie keine Christen oder ›Pro-forma-Gläubige‹ sind.«

Meguiar fasst seine Überzeugungen so zusammen: »Wir in der Kirche müssen mit offenen Armen Kontakt suchen, um die Kirche und die Botschaft des Evangeliums hinaus auf den Marktplatz zu bringen. Es bedeutet, unseren Glauben zu kommunizieren – gegenüber unseren Angestellten, unseren Kunden, unseren Lieferanten und sogar gegenüber den Gelegenheitsbekanntschaften unseres Lebens. Es bedeutet, Kirche außerhalb ihrer Mauern zu sein.«

Trotz des Erfolgs seines Unternehmens beschreibt Meguiar seine »Philosophie«, den Glauben an Christus zu teilen, auf folgende Weise: »Mich treibt die Tatsache an, dass die Menschen, die wir in unserem Unternehmen beschäftigen, wichtiger sind als die Produkte, die wir herstellen. Um die Handlungsprinzipien für Meguiars zu formulieren, schaue ich in die Heilige Schrift. Nicht nur glaube ich, dass Christsein wichtig ist, um erfolgreich zu sein, sondern ich habe auch erkannt, dass es außerhalb dessen keinen wahren Erfolg gibt. Nur langsam habe ich Gottes Absicht begriffen, dass ich das geistliche Leben anderer Menschen beeinflussen soll – und zwar über Jahre hinweg. Zuerst habe ich ein bisschen damit experimentiert, anderen von meinem Glauben zu erzählen. Als ich aber merkte, dass dies einen positiven Effekt hatte, wurde ich mit meinem Zeugnis mutiger. Meine christlichen Geschäftspartner fingen ebenfalls an, die Ohren zu spitzen, als sie sahen, dass ich die Freiheit hatte, über das Evangelium zu sprechen. Wir stehen in einem ständigen Austausch darüber, dass biblische Prinzipien doch sehr praxisrelevant und auch notwendig bei der Steuerung eines Unternehmens sind, das einerseits Einfluss im Markt hat – und andererseits Einfluss auf das Leben der Menschen.«

Für Jesus Christus einzustehen, betont Meguiar, bedeutet mehr, als die Worte des Evangeliums zu sprechen, wenn sich dazu die Gelegenheit ergibt. »Es ist auch wichtig sicherzustellen, dass die gesagten Worte von den eigenen Handlungen unterstützt werden. Das alles beeinflusst unsere Behandlung der Mitarbeiter, Lieferanten und Kunden. Wir bestehen auf ein Höchstmaß an Integrität in allem, was wir tun. Wir sind ein wachsendes Unternehmen. In den letzten fünf oder sechs Jahren sind unsere Verkaufszahlen jeweils um 20 bis 30 Prozent gestiegen. Aber wir würden nie und nimmer das Wachstum unseres Unternehmens mit Techniken stimulieren, die unsere Integrität aufs Spiel stellen. Wir bezahlen pünktlich unsere Rechnungen. Wir behandeln unsere Lieferanten fair. Wir sagen in unseren Verkaufsmaterialien und auf den Verpackungstexten die Wahrheit über unsere Produkte. Es ist unser Ziel, wenig zu versprechen und viel zu halten *(Our goal is to under promise and over deliver).*«

Meguiar findet es wertvoll, jemandem verantwortlich zu sein und die Unterstützung durch andere Gläubige zu haben. »Ich umgebe mich mit christlichen Managern und Beratern, die nicht nur fundierte fachliche Ansichten haben, sondern auch eine starke geistliche Betrachtungsweise. In allem, was ich tue, finde ich Gelegenheiten zum geistlichen Dienst. Wir nehmen an einer kleinen Bibelstudiengruppe teil, denn es ist so wichtig, sich jeden Tag Zeit zu nehmen, um Gottes Wort zu lesen und zu beten. Jeden Tag brauchen wir sein tägliches Brot, sonst werden wir schwach. Gott hat mich mit einer guten Gesundheit und einer talentierten Belegschaft gesegnet, die mir hilft, mein Geschäft zu führen. Unsere Radio- und Fernsehaktivitäten haben mir eine größere Bekanntheit und dadurch mehr Gelegenheiten als je zuvor verschafft, die Leben vieler Menschen durch das Evangelium von Jesus Christus zu verändern. Ich glaube fest daran, dass der produktivste Teil meines Lebens erst jetzt vor mir liegt.«

Was machen Barry Meguiar und Meguiars, Inc., um das Evangelium in der Geschäftswelt zu verbreiten?

- Die Führungskräfte von Meguiars, Inc. treffen sich regelmäßig, um für das Unternehmen und die Bedürfnisse einzelner Angestellten zu beten.
- Meguiar betet oft persönlich für Menschen, die einem Wunsch nach geistlicher Hilfe und Orientierung Ausdruck verleihen. Er legt dabei besonderen Wert darauf, was die Bibel in Bezug auf ihre jeweiligen Umstände lehrt.
- Während normaler geschäftlicher Unterredungen schließt Meguiar Bemerkungen ein, die auf geistliche Bezüge hinweisen, um Menschen mit seinem eigenen Glauben und Engagement bekannt zu machen.
- Die Handlungsgrundsätze des Unternehmens basieren auf den Lehren der Heiligen Schrift.
- Meguiar und seine Belegschaft legen Wert auf Integrität in allem, was sie tun, wie zum Beispiel Rechnungen pünktlich zu bezahlen, Lieferanten fair zu behandeln und ihre Produkte wahrheitsgemäß darzustellen. Sie haben erkannt, dass ihre Handlungen ihren Worten entsprechen müssen, wenn sie möchten, dass man ihnen glaubt.
- Er empfiehlt auch eine geistliche Rechenschaftspflicht gegenüber anderen Gläubigen *(spiritual accountability with other believers).*

FIRMENPROFIL

Name:	Meguiars, Inc
Gründung:	1901
Mitarbeiter:	200
Umsatz:	Genaue Umsatzzahlen liegen nicht vor, aber das Unternehmen ist in 41 Nationen aktiv, und die Produkte werden in Tausenden von Einzelhandelsläden in den gesamten USA sowie in Europa, Australien, Asien und Südafrika verkauft.
Branche:	Autopflegemittel
Produkte:	Autopflegemittel, wie Reinigungspräparate, Polituren, Wachspräparate, Pflege- und Schutzmittel für Autos – auch für Boote, Züge, Flugzeuge und für den Haushalt.
Adresse:	17991 Mitchell South, Irvine, CA 92614, USA
Telefon:	+ 1 949-752-8000
Fax:	+ 1 800-862-8197
E-Mail:	cbayless@meguiar.com
Website:	www.meguiars.com

Das Verwaltungsgebäude der Meguiars, Inc.

Wie man eine familienfreundliche Firma baut

Als Peter M. Ochs 1968 im Alter von 25 Jahren nach Südkalifornien umzog, hatte er einen Job, ungefähr 3.000 USD an Ausbildungsschulden, ein neues Haus in Huntington Beach, das er gerade im Begriff war zu kaufen, eine zweijährige Tochter und eine schwangere Frau. Seine finanziellen Verpflichtungen waren erheblich, aber er war zuversichtlich, für diese Herausforderung gerüstet zu sein. »Ich war bereit, die Welt aus den Angeln zu heben, und arbeitete für eine großartige Firma. Ich hatte einige wunderbare Chancen, arbeitete hart, aber vor allem – Gott war gnädig. Im Jahr 1975 wurde ich Vorstandsvorsitzender und war Minderheitsaktionär einer Wohnungsbaufirma, die hier im Kreis in Privatbesitz war. Dann im Jahr 1981 verließ ich diese Firma und begann mein eigenes Unternehmen, das heute den Namen ›The Fieldstone Group of Companies‹ trägt«, erklärt Ochs.

»Der Grund für meinen Weggang war einfach: Gott rief mich zu dem Zeitpunkt heraus, obgleich eine tiefe Rezession vorherrschte. Ich hatte keinerlei Probleme in der Firma, als ich sie verließ. Es hatte nichts mit sich neu bietenden Gelegenheiten zu tun. Es war einfach die Zeit da – Gottes Zeit – und er machte mir das klar.«

»Zuerst stellten wir einen Geschäftsplan auf. Man muss das tun, bevor die Banken bereit sind einem Geld zu geben; also machten wir das als Allerersten. Wir setzten uns das Ziel, in den ersten fünf Jahren 2.700 Häuser abzuliefern. Die Banken akzeptierten das und gaben uns das Geld. Im ersten Jahr jedoch stellten wir lediglich 62 Häuser fertig und lagen damit nicht gerade im Plan. Aber am Ende der fünf Jahre hatten wir unsere Geschäftsziele um ein Prozent übertroffen (wir hatten insgesamt 2.727 Häuser gebaut). Gott schenkte uns viel Wohlwollen. Wir wuchsen schnell und wurden sehr profitabel. Bis zu den späten 80er Jahren lagen wir so ungefähr innerhalb der fünf Spitzen-Baugesellschaften in Südkalifornien, gemessen am Geschäftsumfang. In unserem besten Jahr machten wir mehr als 350 Mio. USD an Verkäufen, eine tolle Erfolgsstory.«

»Während dieser ersten Jahre arbeiteten wir hart daran, Unternehmenswerte zu entwickeln – denn wenn Sie Entscheidungen zu treffen haben und treffen sie im Einklang mit Ihren Werten, werden Sie niemals kritisiert. Ein Maßstab für unseren Erfolg im Bereich der Werte (im Gegensatz zum Finanziellen) war 1995. Es war ein schlimmes Jahr, in dem wir in drei Wellen Entlassungen vornehmen mussten. Fast alle unserer Leute, die arbeitslos wurden, verstanden, dass das Unternehmen gezwungen war, dies zu tun. Es kam nie die Frage auf, ob die Firma etwas Unangemessenes tat. Zum anderen hatten die Betroffenen den Eindruck, dass dies in einer behutsamen und umsichtigen Art gemacht wurde, die in Übereinstimmung mit unseren Unternehmenswerten stand. Wir lebten für sie die Werte aus, sogar im Zuge des Kündigungsprozesses. Die meisten von ihnen kommentierten: ›Wir hoffen, dass wir das, was wir hier gelernt haben, mitnehmen und auf unserer nächsten Arbeitsstelle anwenden, wo auch immer das sein mag. Denn wir glauben, dass dies der richtige Weg ist, eine Firma zu führen!‹«

Die Fieldstone Gruppe

→ Die Fieldstone Gruppe baut in Süd-Kalifornien und dem gesamten Westen der USA Eigenheime, die bereits Auszeichnungen erhalten haben. Die Unternehmensmoral repräsentiert Werte hoher Integrität, die auf biblischen Prinzipien beruhen. Ihr Mission Statement ist es, »ein exzellentes Vorbild im Bereich des Eigenheimbaus zu sein, bei dem Menschen zusammenarbeiten, die sich verpflichtet haben, ihren Kunden einen Gegenwert und der Gesellschaft einen Dienst zur Verfügung zu stellen.«

Eine nicht nach Prioritäten geordnete Auflistung der Werte, der die Fieldstone Gruppe folgt, sähe so aus:

- herausragende Qualität in allem, was wir tun
- ein Umfeld von Teamwork und Vertrauen
- Wertschätzung jedes einzelnen Mitarbeiters
- Verantwortung gegenüber unseren Eigenheimkäufern
- die Wichtigkeit Gewinn bringender geschäftlicher Aktivitäten
- Integrität in der Führung unseres Unternehmens

Was die Kundenperspektive dieser großen Baugesellschaft angeht, so ist es ihre Eigentümlichkeit, sowohl Käufer als auch Angestellte als »Kunden« anzusehen. Speziell im Hinblick auf die Angestellten des Unternehmens hat Ochs innovative Elemente einer mitsprachegesteuerten Unternehmensführung eingeführt, und er empfindet einen biblischen Auftrag von Gott, mit Fieldstone ein »familienfreundliches Unternehmen« zu bauen – als Frucht seines Weges mit Jesus Christus.

Als Gründer und Vorsitzender der Fieldstone Gruppe erhielt Ochs zahlreiche Auszeichnungen, u. a. »Bauunternehmer des Jahres« *(»Builder of the Year«)* für die Vereinigten Staaten durch die Zeitschrift »Professional Builder«. Höchst wichtig ist auch, dass

Ochs einen starken christlichen Einfluss auf das Baugewerbe hat. Ochs sagt, trotz des generellen finanziellen Erfolges habe er immer großen Wert darauf gelegt, eine werteorientierte, familienfreundliche Firma zu sein, und er weist darauf hin, dass dieser Prozess laufend weitergeht. Er gibt verschiedene Beispiele:

Eins bezieht sich auf eine allein erziehende Mutter, die im Anschluss an eine schwierige Scheidung mit ihrer Tochter nach Kalifornien gezogen war. »Sie fing vor einigen Jahren an, für uns zu arbeiten. Nachdem sie für eine kurze Zeit in der Firma war, lud jemand sie zur Kirche ein. Heute ist sie in einem Programm für Alleinstehende sehr aktiv und tut dies mit großer Begeisterung. Kürzlich schickte sie mir eine Karte, auf der sie schrieb: ›Nochmals ganz herzlichen Dank dafür, dass Sie die Werte und die Vision für dieses wunderbare Unternehmen gesetzt haben. Ich habe im Bereich der Hochtechnologie, in der Rechtssprechung und in Großunternehmen gearbeitet; dies ist bei weitem der beste Ort, an dem man sein kann. Ich weiß es wirklich zu schätzen, die Chance zu haben, hier zu arbeiten, zusammen mit meinen Kollegen zu wachsen, und ich fühle mich als Teil einer erweiterten Familie. Welch einen großen Segen haben Sie mit uns allen geteilt. Danke Ihnen, Peter, und möge Gott Sie und Ihre Familie weiterhin segnen – und alles, was Sie unternehmen!‹«

Das zweite Beispiel handelt von einem Mann, der die Fieldstone Gruppe verließ, um eine andere Arbeitsstelle anzunehmen. Er schickte dieses E-Mail an jeden Mitarbeiter in der Firma: »Ich möchte mir einen Moment Zeit nehmen, um jedem zu danken, der mir in den vergangenen sieben Jahren geholfen hat, und um goodbye zu sagen. Meine Zeit bei Fieldstone war im positiven Sinn herausfordernd und befriedigend. Was ich vor allem im Gedächtnis behalten werde, sind diese ganz besonderen Menschen in dieser Firma, die mich auf dieser Reise unterstützt haben. Ich gehe weg im Bewusstsein, dass kein einziges anderes Unternehmen in der Welt so viele herausragende Menschen beschäftigt. Die besten Wünsche für euch alle.«

Ein weiteres Beispiel, so Ochs, war ein Mann namens Mike, der für fast zehn Jahre ein Fieldstone-Angestellter war. »Mike verließ Südkalifornien im Jahr 1995, um weiter Karriere zu machen und in Colorado ein neues Umfeld für seine Familie zu finden. Er war ungefähr viereinhalb Jahre weg gewesen, als er anrief und von Dingen erzählte, die er in seinem Leben vermisste. Der Schlüssel für Mike war, dass er sich sehr nach seinen Freunden bei Fieldstone sehnte. Seine Beziehung zu seiner alten Firma hatte für ihn und für seine Familie einen hohen Stellenwert. Nach einigen Gesprächen mit mir entschloss er sich, nach Kalifornien zurückzukehren, und wir haben ihn wieder eingestellt.«

Die Eröffnung eines Neubaugebietes in San Diego, Kalifornien, illustriert ganz aktuell Ochs' Firmenphilosophie. »Es war ein enormer Erfolg. Es gab dort Leute, die zehn Tage lang campten. Fünf oder sechs Fernsehsender tauchten auf, um Interviews zu machen, und das Ereignis wurde in den lokalen und landesweiten Nachrichten übertragen – eine erstaunliche Geschichte, die an die 80er Jahre erinnerte. Der Gebietsmanager des Projektes war sehr begeistert und hinterließ mir eine Nachricht auf dem Anrufbeantworter, die ich am darauf folgenden Montag erhielt. Er sprach von dem Erfolg und sagte dann: ›Ich möchte, dass Sie wissen ... wir hätten diesen Erfolg nicht gehabt, wenn es Jim nicht gegeben hätte, unseren Baustellenleiter, denn Jim hat in diesen vergangenen Wochen Wunder vollbracht. Er hat Berge versetzt. Er hat Ordnung in das Chaos gebracht. Er hat den Weg mit der Stadtverwaltung geebnet. Er hat dafür gesorgt, dass diese Musterhäuser fertig wurden. Er hat uns an den Punkt gebracht, dass wir für die Eröffnung das Projekt beendet hatten.‹ Und dann sagte er: ›... und Susie, unsere Verkäuferin auf der Baustelle, fände es wahrscheinlich ganz toll, wenn Sie sie mal anrufen würden – Sie sollten Ihr vielleicht gratulieren zu ihrem Beitrag zu dieser großen Anstrengung. Sie macht ihre Arbeit wirklich gut.‹ Für mich stellt dieser Anruf die Werte dar, die unsere Organisation kontrollieren.«

Wie gelingt es einem Unternehmen, so fest auf biblische Werte gegründet zu sein? Ochs gibt zu: »Wir haben eine lange Zeit benötigt. Wir begannen das Unternehmen im Jahr 1981. Speziell mit dem Werteprozess haben wir 1983 angefangen. Es ist jetzt fast 20 Jahre später. Du möchtest nicht 20 Jahre warten, bevor du anfängst zu sehen, dass etwas passiert; also, hier sind vier Dinge, von denen ich glaube, dass jeder sie tun sollte:

» Hol Hilfe. «

Sprüche 24, 6 sagt: ›Deshalb zieh nicht in den Krieg, ohne zuvor weisen Rat einzuholen; der Sieg hängt von der Zahl der Ratgeber ab.‹ Von Mitte der 70er Jahre bis zu dem Zeitpunkt im Jahre 1995, als ich ein Sabbatjahr in Spanien begann, gehörte ich einer Bibelgesprächsgruppe von fünf Personen an. Wir trafen uns jeden Freitag um 6.30 Uhr morgens für zwei Stunden. Wir besprachen Gottes Wort, berichteten, was in unserem Leben ablief, und gaben uns gegenseitig Rat und Gebet. Dann gingen wir auseinander und zu unseren Geschäften. Diese Gruppe hatte einen enormen Einfluss auf mein geistliches Wachstum. Es gibt nichts, was man vergleichen könnte mit einer Gruppe von Menschen, die dir nahe sind, die dich lieben und deren Leben sich an deinem reibt. Nichts ist vergleichbar mit dem, das solch eine Gruppe machen kann, um über längere Zeit hinweg Veränderung in dein Leben zu bringen. Heute habe ich eine neue Bibelgesprächsgruppe von drei Männern, und eine Anzahl von Personen, die ich regelmäßig um Rat frage. Dies ist mir für mein eigenes Leben sehr wichtig.«

»Eingeschlossen in ›Hilfe holen‹ ist, deinen Ehepartner zu konsultieren. Meine Frau ist einer meiner besten Ratgeber, und über die

Jahre habe ich sie oft gebeten, mir beim Durchdenken geschäftlicher und persönlicher Angelegenheiten zu helfen. Das passiert nicht alles auf einmal und ist auch nicht gerade immer ein leichter Weg. Es brauchte schon eine Menge an Engagement auf meiner Seite, um bereit zu sein, mir die Zeit zu nehmen, ihr die Situationen in der Firma zu erklären, ihr etwas darüber beizubringen, wie ein Geschäft funktioniert, und den Willen zu haben, ehrlich zu sein und Probleme aufzudecken, mit denen ich kämpfte. Aber es bedurfte auch eines großen Engagements auf ihrer Seite, einfach nur ein guter Zuhörer zu sein, weil ich nämlich gelegentlich endlos lang über diese Situationen im Unternehmen reden konnte.

» Kenne Gottes Wort. «

Du kannst keine Mahlzeit zubereiten, ohne das Rezept zu lesen. Gottes Wort ist praktisch. Es ist pointiert. Es ist anwendbar auf jede Situation, der du begegnest. Für jemanden im Geschäftsleben würde ich besonders empfehlen, die Sprüche zu studieren. Es ist ein mächtiges Buch. Sprüche 24, 32 kommt zum Kern. Es fängt mit den Worten an: ›Als ich das sah, nahm ich's zu Herzen; ich schaute und lernte daraus.‹ Genau so löst du Probleme. Jedes Mal, wenn ich eine Situation beobachte und mir dann Zeit nehme, sie zu durchdenken, ziehe ich daraus eine Lehre. Ich lerne die Anwendung und lerne, was zu tun ist. Es ist ein großartiger Vers fürs Leben und fürs Geschäft. Zum Beispiel, wie verhält es sich denn mit den kleinen »VERKAUFT«-Hinweisen, die auf die Werbeschilder vor den Häusern aufgeklebt werden, obwohl sie tatsächlich überhaupt noch nicht verkauft sind? In Sprüche 11, 1 steht: ›Falsche Waage ist dem Herrn ein Gräuel; aber ein volles Gewicht ist sein Wohlgefallen.‹ Das zu tun ist unehrlich. Es ist Täuschung. So, da haben wir die Antwort, kristallklar. Wir machen das nicht. Wenn wir nicht verkauft haben, sehen Sie auch keine Hinweise auf unsern Schildern. Noch mehr: Wenn Sie jemals einen solchen Hinweis auf einem Schild sehen und es gibt keinen Verkauf, wird dieser Verkäufer nicht bei uns alt werden. Unsere Leute wissen das alle.

» Kenne deine Werte. «

Stelle die Werte fest, denen du im Geschäftsleben folgen willst. Schreibe sie auf. Wenn du das Sagen hast, ist es vielleicht leichter. Aber wie dem auch sei, du kannst dein Managementteam zusammentrommeln, ein Prozedere entwickeln, Werte formulieren, kleine Karten als Erinnerung herstellen, Plaketten machen, Prämien erstellen und sie verteilen und darüber reden. Aber am wichtigsten ist es, über die Auswirkungen der Werte zu sprechen. Frage dich: ›Welches sind meine Werte? Was sind die drei oder vier kritischen Dinge für mich in meinem geschäftlichen Leben, an denen ich auf jeden Fall festhalten will?‹ Du kannst nicht an 20 Sachen gleichzeitig festhalten. Vielleicht gibt es ja 20 großartige Sachen, die es wert sind hochgehalten zu werden, aber keiner kann 20 Sachen im Kopf behalten. Was sind die drei oder vier, an die du denken kannst, an denen du festhalten kannst? Und wo ist deine Gruppe von Leuten, die dir helfen können, das alles durchzubuchstabieren, und die dich in die Verantwortung nehmen, es in deinem Geschäftsleben auch zu tun?

» Lebe diese Werte aus. «

Wenn du in einem nichtchristlichen Umfeld agierst, denke daran – du bist berufen. Als Nachfolger Christi sind wir alle berufen – Salz und Licht zu sein. Du kannst das nicht erfüllen, wenn du deine Umwelt nicht wissen lässt, wofür du stehst. Wenn die Bibel über diese Idee redet, sagt sie: ›Versteckt euer Licht nicht unter einem umgestülpten Gefäß! Stellt es lieber auf einen Lampenständer und lasst es für alle leuchten.‹ (Matthäus 5, 15) Mit anderen Worten, was nützt es, wenn du ein netter Mensch bist, aber keiner weiß, warum? Gott erwartet von uns, dass wir die Leute wissen lassen, was wir glauben und warum und wer wir als Christen sind. Es geht ja nicht darum, das den Leuten um die Ohren zu schlagen oder es ihnen in den Rachen zu stopfen. Wir sollen Licht sein, das die Menschen anzieht, das sie zu Christus hinzieht. Sei stolz auf Jesus Christus. Sei bereit, über ihn auf sensible Art und Weise zu sprechen!

»In unserem Unternehmen veranstalten wir Bibelstudien. Wir beten vor Management- und Vorstandsversammlungen, aber die Bibeltreffen finden immer außerhalb der Arbeitszeit statt. Die Gebetszeiten sind immer freiwillig und finden vor den offiziellen Anfangszeiten der Konferenzen statt. Von den Angestellten wird nicht erwartet, dass sie teilnehmen. Unsere Haltung ist: Wenn sie auftauchen, prima. Wenn nicht – auch gut. Wir haben eine Menge Christen, die bei uns arbeiten, aber auch eine Menge Nichtchristen. Und wir möchten auf keinen Fall, dass Nichtchristen sich unwohl fühlen oder sich als Mitarbeiter zweiter Klasse vorkommen, denn das sind sie auf keinen Fall. Wir haben auch viele bei uns, die zu Christus gekommen sind oder ihr Leben ihm neu übergeben haben, während sie bei uns beschäftigt waren. Das ist eine wunderbare Freude. Also, die Sache ist zu erkennen, dass man der Sache dienen kann, ganz egal, wo man ist, und das ist es, wozu Gott einen aufruft. Realistisch betrachtet steht jeder von uns im christlichen Vollzeitdienst – dazu muss man nicht innerhalb eines offiziellen christlichen Dienstes ein Amt bekleiden.«

Was machen Peter Ochs und The Fieldstone Group, um das Evangelium in der Geschäftswelt zu verbreiten?

- Ochs sagt, er strebt danach, Fieldstone zu einem »familienfreundliches Unternehmen« zu entwickeln, das sich von Gott berufen fühlt.
- Seit mehr als 20 Jahren dienen biblische Werte als Fundament für die Art und Weise, in der die Fieldstone-Gruppe Geschäfte mit der Bauindustrie betreibt.

- Freiwillige Bibelstudiumstreffen für Fieldstone-Angestellte finden wöchentlich statt und stehen jedem offen. Gebet ist ein üblicher Beginn bei Management- und Vorstandsversammlungen.
- Um Hilfe bei der Pflege seiner persönlichen Beziehung zu Gott zu erhalten, trifft sich Ochs regelmäßig mit einer Rechenschaftsgruppe (»accountability group«), die für ihn Gebet und Rat bereit hält.
- Ochs und sein Führungsteam kommunizieren ihren Glauben an Christus gegenüber anderen in einer sensiblen und angemessenen Weise, und erläutern, wie ihr Glaube ihre Handlungen steuert.

FIRMENPROFIL

Name:	The Fieldstone Group
Gründung:	1981 durch Peter M. Ochs
Mitarbeiter:	über 200
Umsatz:	250 Mio. USD
Branche:	Bauindustrie
Produkte:	Eigenheime, Eigentumswohnungen
Adresse:	14 Corporate Plaza, Newport Beach, CA 92660, USA
Telefon:	+ 1 949-640-9090
Fax:	+ 1 949-721-9652
E-Mail:	corporate-ocm@fieldstone-homes.com
Website:	www.fieldstone-homes.com

Das Verwaltungsgebäude der Fieldstone Group.

Führen durch Dienen

Bis zum Beginn des Jahres 1985 hatte Rodger Piersant seine ServiceMaster-Franchisebetriebe in Chattanooga, Tennessee, zum preisgekrönten Spitzen-Verkaufsbetrieb der Gruppe gemacht. Auf Kongressen aller Besitzer von ServiceMaster-Gebäudeinstandhaltungs-Servicefirmen in den USA und Kanada genoss er Anerkennung für seine Leistungen. Und dennoch – als ihm eine Vollzeitstelle bei einem evangelikalen Dienst angeboten wurde, der sich dem Ziel verschrieben hatte, junge Leute aus Alkohol- und Medikamentenmissbrauch herauszuführen, betrachtete er dies als eine »Beförderung«. Nachdem er vier Jahre vorher durch eine Straßenevangelisation sein Leben an Jesus Christus übergeben hatte, dachte Piersant: »Obwohl ich (im Geschäftsleben) Erfolg habe, kann es nichts Großartigeres geben, als hauptberuflich dem Herrn zu dienen.« Also verkaufte er seine Franchise-Betriebe und widmete fast 15 Jahre dem, was er »vollzeitlichen Dienst« nennt – darin enthalten 12 Jahre als Vorstandsvorsitzender und Geschäftsführer von Projekt 714 (benannt nach 2. Buch der Chronik 7, 14), das später umbenannt wurde in Students Taking a Right Stand (STARS) (etwa: »Studenten beziehen eine richtige Position«), und zwei Jahre als Berater für Parachurch Ministries im Namen einer christlichen Stiftung.

Dann, im Jahre 1998, begann er zu spüren, dass Gott ihn möglicherweise in das weltliche Arbeitsleben zurückführen wollte. Er hatte davon gehört, dass Menschen *in* den Dienst berufen wurden, aber war es möglich, aus dem Dienst *heraus*gerufen zu werden? Er hatte Schwierigkeiten mit dieser Idee, bis er zu dem Schluss kam, dass er ja nicht den geistlichen Dienst verlassen, sondern lediglich den Kontext seines Dienstes wechseln würde. »Also, es begann vor ungefähr 10 Jahren, als ich erkannte: Letztendlich ist es nicht so wichtig, was ich für Christus *tue*, sondern wer ich für Christus *bin*«, erläutert Piersant. »Dieses Verständnis begann, die meisten meiner Entscheidungen zu durchdringen.«

Im Jahre 1999 sprach ihn ein Freund darauf an, die Geschäftsführung von DisplayCraft in Dalton, Georgia, zu übernehmen, die Werbehilfen für die Verkaufsräume der Bodenbelagsbranche herstellen. »Er erzählte mir, er wolle jemanden mit christlichem Glauben am Ruder haben, jemand, der dieses Unternehmen und diese Menschen voranbringen könnte, in die ›richtige Richtung.‹ Er war höchst interessiert daran, jemanden zu finden, der einem dritten, jüngeren Partner als Mentor dienen könnte, und er meinte, meine Überzeugungen und Ausbildung seien genau das, was die Umstände erforderten. Als er das sagte, vernahm ich den Ruf, die Richtung meines Dienstes zu ändern. Als Berater kam ich mir mehr und mehr vor wie ein Kapitän, der einen Schreibtisch steuerte, indem ich geistliche Führungskräfte zwar beriet, was sie tun sollten, es aber selber nicht tat. Dies nun war eine Gelegenheit, das Ruder eines Schlachtschiffes zu übernehmen und meine Begabung als Leiter effizienter zu nutzen – und ich ergriff sie.«

Piersant nahm diese Position zum Beginn des darauf folgenden Jahres ein und ist seither in ihr aufgegangen. Zwar sieht er sich Herausforderungen gegenüber, die anders sind als die, mit denen er es bei evangelikalen gemeinnützigen Organisationen zu tun hatte, aber er ist begeistert davon, als ein »Repräsentant Christi in einem nichtchristlichen Umfeld« zu dienen. Er bemerkt: »Im vollzeitlichen Dienst denkt jeder um einen herum angeblich genauso so wie man selbst, und man glaubt und verhält sich ähnlich. Aber in einem Meer von Nichtgläubigen ist es eine Herausforderung, Entscheidungen so zu treffen, dass sie von ihnen als gerecht und zur Ehre Gottes gemacht (an)erkannt werden.«

DisplayCraft, Inc.

➔ DisplayCraft wurde 1981 gegründet und zum Ende des Jahres 1999 verkauft. Piersant, ein Minderheitsaktionär und aktiver Managementpartner in diesem Fabrikationsunternehmen, übernahm die Stellung des Vorstandsvorsitzenden und Geschäftsführers im Januar 2000. Seitdem erlebt er die Firma auf einem Achterbahnkurs von Erfolg und Krise, der im Wesentlichen dem Schicksal der Teppich- und Bodenbelagsindustrie folgt, die die Firma bedient. In Piersants erstem Jahr verzeichnete DisplayCraft einen Bruttoumsatz von 6,7 Mio. USD, aber die letzten drei Quartale des Jahres 2001, so sagt er, waren sehr rückläufig und brachten einen Verkaufsrückgang von insgesamt 20 %. »Der Erfolg in der Teppichindustrie war, wie in fast allen Herstellungsbranchen, sehr gedämpft. Wir behielten alle unsere Kunden, aber sie bestellten nicht, da sie keinen Bedarf für unsere Produkte hatten.« Das Ergebnis war die notwendige Kündigung von mehr als der Hälfte der Arbeiter, deren Zahl von 81 im Jahr 2000 auf nur 39 zum Ende von 2001 fiel. »Das war sehr schmerzhaft, aber wir waren entschlossen, im Glauben zu handeln und die Einschnitte in einer Weise zu machen, die Gott die Ehre geben würde«, sagt er. »Dies bedeutete, dass wir uns bemühten, diejenigen Leute bei uns zu behalten, die am längsten bei uns gearbeitet hatten, denn sie hatten am meisten in unser Unternehmen investiert. Wir wussten, dass die neueren Mitarbeiter von DisplayCraft die Situation leichter würden überwinden können.

»Typisch im Geschäftsleben ist die leichte Lösung, nämlich die am höchsten bezahlten Leute zuerst von der Gehaltsliste herunterzubekommen, aber wir haben versucht, keine willkürlichen, eigennützigen Entscheidungen zu treffen. Wir leiten den Betrieb gemäß der Philosophie des ›Führens durch Dienen‹ *(servant leadership)*, und um dies umzusetzen, müssen wir zuerst bestmöglich an die Interessen unserer Mitarbeiter denken, denn ihr Leben und das ihrer Familien sind in der Schwebe.« Im Jahr 2002 erholte sich der Markt, und DisplayCraft scheint auf sein erfolgreichstes Jahr aller Zeiten zuzusteuern, in dem der Umsatz auf 8 Mio. USD zugeht. Die Belegschaft wurde wieder auf mehr als 100 Personen mit verschiedenstem ethnischen Hintergrund erhöht. »Es war ein solides Jahr«, kommentiert Piersant. »Wir waren in der Lage, einige der gekündigten Mitarbeiter wieder einzustellen, aber viele hatten bereits andere Arbeitsstellen gefunden, sodass wir eine Menge neuer Mitarbeiter anlernen mussten.«

Führen durch Dienen

➔ »Führen durch Dienen« ist das Herzstück der Piersant'schen persönlichen und Managementphilosophie, wobei ihn dieses Konzept bereits zu einem frühen Zeitpunkt seiner Karriere prägte. »Als ich 23 war, fing ich an, bei ServiceMaster zu arbeiten. Ich war zu dem Zeitpunkt kein Nachfolger Christi, aber jetzt weiß ich, dass Gott mich in seiner Vorsehung dorthin platzierte. Die Gründer von ServiceMaster (Marion Wade, Ken Hanson und Ken Wessner) waren wirkliche Pioniere in Sachen ›dienender Führungsstil‹ und im Streben, christliche Prinzipien auf die Arbeitssituation anzuwenden. Sie taten das lange, bevor es populär wurde (durch Bücher, Artikel in Zeitschriften und Zeitungen sowie Seminare). Sie machten klar, dass sie berufen waren, Christus im Geschäftsleben zu dienen. Hanson und Wessner waren die Geschäftsführer, als ich bei Service-

Master war, sie wurden zu meinen Mentoren und revolutionierten damit jede Führungsgelegenheit, die ich seitdem hatte. Heute gibt es nicht viele ›dienende Führungspersönlichkeiten‹ am Ruder von Unternehmen. Bei den großen Forderungen, die die Aktionäre an Unternehmen - und deren Führer – stellen, sind nur wenige in der Lage, der Unerbittlichkeit dieser Erwartungen gerecht zu werden und gleichzeitig ›dienende Führer‹ zu sein. Aber ich glaube, dass eine christliche Führungskraft per Definition eine dienende Führungskraft sein muss. In der Schrift sehen wir das Beispiel, wie Jesus die Füße seiner Jünger wäscht. Der König des Universums geht auf die Knie, mit einer Schüssel, und wäscht die Füße seiner Leute – wenn dies nicht das Beispiel schlechthin ist für Führung durch Dienen, dann gibt es keine Beispiele.«

Piersant glaubt, es gibt einen Bedarf an »... einer mutigen Gemeinschaft von Männern und Frauen, die an Christus glauben und die sich der Idee verschreiben, die biblischen Prinzipien von Führen durch Dienen von den Rudern ihrer Unternehmen aus anzuwenden. Wir brauchen Leute, die ›hin und weg‹ sind *(sold out)*, die entschlossen sind, Modelle zu schaffen, sodass andere davon lernen können – und folgen.«

»Wohl wahr, Führen durch Dienen kann kostspielig werden«, sagt er. »Es kostet Sie vielleicht etwas Geld. Es wird Ihnen abverlangen, dass Sie mehr und mehr von dem abgeben, was Gott Ihnen gegeben hat, dass Sie mehr Ihre Finanzen ›ver-zehnten‹, und weitere Opfer anderer Art. Aber wenn Sie nach den Prinzipien leben, die Jesus uns gelehrt hat, ein Führer zu sein, der dient, werden Sie gemäß Gottesreich-Maßstäben höchst erfolgreich sein.«

Nur Wochen, bevor Piersant diese Ideen diskutierte, hatte er ein Seminar über »Führen durch Dienen« für ein Unternehmen in Chattanooga, Tennessee durchgeführt. »Der Geschäftsführer des Unternehmens war ebenfalls gläubig, aber einige der Manager, die an dem Seminar teilnahmen – darunter einige in ihren Mitzwanzigern

– waren ungeübt in der Umsetzung der formalen Herrschaft eines dienenden Führungsstils. Für sie war diese Idee ein brandneues Konzept. Für sie war es wirklich neu, aber ich bemühe mich seit 28 Jahren, es in die Praxis umzusetzen, länger also, als einige der Männer lebten.«

Er hofft, dass das Ergebnis des Seminars sich als mehr herausstellt als lediglich ein Austausch von interessanten Informationen. »Mein Ziel war es, Samen zu säen in eine neue Generation von Managern hinein«, betont er. »Ich wollte ihnen nahe bringen, dass es bei einem dienenden Führungsstil nicht darum geht, schnell aufzusteigen, sondern radikal anders zu sein in der Art und Weise, wie man Entscheidungen trifft und wie man Menschen behandelt – das eigene Führungsteam, die Angestellten, die Lieferanten und Kunden.

»Mir war völlig klar an dem Tag, dass einige Leute im Raum vielleicht keine Christen waren, aber ich erläuterte, dass die Prinzipien des dienenden Führens nur dann zur vollen Wirkung kommen, wenn sie aus einer Glaubensperspektive heraus angewendet werden. Man kann es auch aus einer weltlichen oder eigennützigen Perspektive heraus tun und immer noch Vorteile daraus ziehen, aber als Führungsperson wird man völlig unerfüllt sein – weil man nicht die Freude erlebt, anderen zu helfen, all das zu erlangen, was Gott für sie bereithält.«

Um ihnen verstehen zu helfen, was einen dienenden Führungsstil ausmacht, gab Piersant der Gruppe eine dreiteilige Aufgabe, die zu erfüllen war, bevor er ein Fortsetzungsseminar begann. Jeder Schritt war so gestaltet, dass er die Teilnehmer dazu bringen sollte, sich auf andere Menschen zu konzentrieren statt auf sich selbst und die eigenen Ziele, nämlich:

- Persönlich für jede Person, die unter ihrer Führung stand, eine »Geschichte der Beschäftigung« *(employment history)* anzufertigen (statt diese Sache die Personalabteilung erledigen zu lassen).

- Ein spezielles, persönliches Merkmal – gut oder schlecht – im Leben jedes Mitarbeiters zu identifizieren und diesem Aufmerksamkeit zu schenken – wie zum Beispiel der sportliche Erfolg eines Kindes, eine chronische Krankheit oder ein besonderes Bedürfnis.
- Drei persönlichkeitsentwickelnde Aktivitäten mit einer ihnen unterstellten heranwachsenden Führungskraft zu unternehmen; Dinge, die dieser Person über die folgenden Wochen hinweg helfen würden, sich beruflich weiterzuentwickeln.

Piersant beeilt sich festzustellen, er sei kein »Experte« in Sachen Führen durch Dienen. »Ich sehe mich als einen erfahrenen, praxisbezogenen Handwerker. Aber ich stehe im Berufsleben an der Front und forciere es und helfe dabei auch anderen, zu Ergebnissen zu kommen. Als Mr. Wade Chef von ServiceMaster war, sagte er immer zu jedem: ›Wenn du es nicht lebst, glaubst du es nicht.‹ Ich habe meinen Leuten im Büro gesagt, dass sie mich darauf hinweisen dürfen, wenn ich nach den Prinzipien nicht lebe, denen zu folgen ich anderen nahe lege.«

»Im Grunde zeigt dienendes Führen mehr Wirkung, wenn es in Aktion gezeigt wird, als wenn es theoretisch vermittelt wird. Wie der heilige Franziskus sagte: ›Predige fortwährend das Evangelium ... und falls nötig, gebrauche Worte dazu.‹«

Piersant besteht darauf, dass der dienende Führungsstil die grundlegende Prämisse ist, an der sich alle seine Manager auszurichten haben. »Ich habe unsere sämtlichen Manager darin trainiert und betont, wir müssen unseren Leuten dienen und uns um sie kümmern. Ich mache unser Management hierfür im höchsten Maße verantwortlich, und wir haben Manager ausgewechselt, die nicht bereit waren, dieser Philosophie zu folgen. Ich bin überzeugt davon, dass unser Unternehmen blühen wird, wenn wir unseren Kunden und Mitarbeitern dienen.« Seine Rolle als Geschäftsführer und Vorsitzender von DisplayCraft reflektierend, erläutert er: »Als Manager bin ich dafür verantwortlich, die Ziele des Unternehmens zu erreichen, und zwar mit den Menschen und Einrichtungen, die ich im Unternehmen vorfinde, und den Ressourcen, die dem Unternehmen zur Verfügung stehen. Als Vorsitzender trage ich zusätzlich Verantwortung dafür, die Mission zu bewahren, die Vision zu setzen, die Führer zu führen und mich zu den Ergebnissen zu bekennen. Und als Mann des Glaubens bin ich verantwortlich dafür, all dies zu tun und dabei meine Manager so zur Entfaltung und Reife zu bringen, dass sie mich ersetzen können – ohne dass ich mir auch nur eines dieser Dinge anrechnen würde. Darum geht es beim Führen durch Dienen.«

»Die schwierigste Sache, die ich als Manager zu tun habe, ist immer und überall fair zu sein. Jeder kann schummeln und so seine Ziele erreichen. Viel schwerer ist es, fair zu Kunden und Mitarbeitern zu sein; dazu braucht es Zeit, Geduld – und Glauben. Die zweitschwierigste Sache ist es, seine Glaubwürdigkeit zu behalten. Einen Kurs zu bestimmen, bedeutet, dass ihm auch gefolgt wird. Versuchen Sie das mal, wenn keiner an Sie glaubt!«

Piersant sagt, in die Geschäftswelt zurückzukehren habe seinen Enthusiasmus für die Arbeit neu entfacht und ihm eine neue Vision dafür gegeben, wie Gott entschiedene Gläubige dazu benutzen kann, andere mit der guten Nachricht von Jesus Christus zu erreichen. »Es war eine Möglichkeit, wieder Anschluss zu bekommen, meinen Weg mit Christus wieder in einen Geschäftskontext einzubringen. Ich geriet etwas unter Beschuss, weil ich meine Rolle im Vollzeitdienst verließ, aber seit ich bei DisplayCraft bin, habe ich gemerkt: Dies ist genau so ein hartgesottener Dienst wie alles andere, was ich jemals gemacht habe. Wir haben Mitarbeiter und viele ungläubige Kunden, also – es gibt da nicht viele ›sichere Bereiche‹. Aber ich habe wunderbare Gelegenheiten, auf höchster Ebene unseres Unternehmens meinem Glauben Ausdruck zu verleihen, und ich habe tatsächlich einen Einfluss auf das Leben der Menschen. Ich stehe nicht mehr am Spielfeld-Rand und erzähle christlichen Organisationen, wie sie besser werden können. Ich spiele wieder mit – und ich habe das gebraucht, um mich in meinem eigenen Weg mit dem Herrn wieder nützlich zu fühlen. Ich habe einen ganz wertvollen 32-jährigen Partner, den ich sehr respektiere, und ich bin hoch erfreut, ihm wachsen helfen zu können. Er ist talentiert und ein schneller Lerner; sein Mentor zu sein hält mich auf Trab – und hält mich bescheiden! Er ist der ›Spiegel vor meiner Nase‹ in Bezug auf meine Umsetzung von dienender Führung.«

Piersant sagt, er bedauere nicht die Jahre, die er im Vollzeitdienst verbracht habe. »Ich war sehr gesegnet, einen einflussreichen geistlichen Diensten gehabt zu haben, aber als ich ServiceMaster verließ, erkannte ich nicht, welch eine ideale Plattform für geistlichen Dienst ich hinter mir ließ. Als Nachfolger Christi können wir uns in die Idee der ›Berufung‹ verheddern – die Vorstellung, der Vollzeitdienst sei irgendwie göttlicher als Zelte machen. Aber ehrlich gesagt, glaube ich, dass alle Dienste in Gottes Augen den gleichen Wert haben. Es sind die Menschen innerhalb der Berufung, an denen er interessiert ist, nicht die Adresse, wo du arbeitest oder wer dein Gehalt bezahlt.«

Was machen Rodger Piersant und DisplayCraft, Inc. anders, um das Evangelium in der Geschäftswelt zu verbreiten?

- Das Unternehmensziel, »Gott in allem zu ehren, was wir tun«, ist an exponierter Stelle in der Mitte der Fabrikationsanlagen der Firma zu lesen und ist zentraler Bestandteil des Mission Statements des Unternehmens.
- Freiwillige Bibelstudien werden jeden Mittwoch angeboten, für Produktionsmitarbeiter um 11.30 Uhr und für Angestellte im Management um 12.00 Uhr mittags.
- Piersant lädt Angestellte und andere Personen, die mit dem Unternehmen verbunden sind, regelmäßig zu Evangelisations-

veranstaltungen ein, die maßgeschneidert für Geschäftleute und Freiberufler sind.

- Er hat bei zahlreichen Gelegenheiten seinen persönlichen Glauben an Jesus Christus gegenüber Gruppen von Geschäftsleuten bezeugt. Auch führt er gelegentlich Seminare über »Führen durch Dienen« durch, wobei sein Material auf biblischer Lehre basiert.
- Unter Würdigung der Tatsache, dass die Verkündigung der guten Nachricht von Jesus das Bewusstsein von physischen wie spirituellen Bedürfnissen der Menschen einschließt, hat DisplayCraft das allgemeine Einkommen der Mitarbeiter innerhalb von zwei Jahren um 29 % gesteigert, verschiedene andere zusätzliche Leistungen für die Mitarbeiter eingeführt und die Bedingungen am Arbeitsplatz verbessert.

Das Firmengebäude von DisplayCraft, Inc.

FIRMENPROFIL

Name:	DisplayCraft, Inc.
Gründung:	1981
Mitarbeiter:	Mehr als 100 Handwerker und Arbeiter
Kunden:	Produziert jährlich mehr als 200.000 Displays für 119 Kunden in den USA und Europa.
Umsatz:	Mehr als 7 Mio. USD pro Jahr
Branche:	Bodenbelagsindustrie
Produkte:	Hersteller von permanenten Verkaufsraum-Displays und Einbauten für den Einzelhandel der Teppichindustrie.
Adresse:	233 Brickyard Road, P.O. Box 3894, Dalton, GA 30719, USA
Telefon:	+ 1 706 277 2209
Fax:	+ 1 706 277 9274
E-Mail:	info@displaycraftinc.com
Website:	displaycraftinc.com

Mein Unternehmen gehört Gott

Es war mitten in einem der ersten von Stanley Tams Geschäftsprojekten, als er seine lebensverändernde Begegnung mit Jesus Christus hatte. Er lebte damals während der Wirtschaftskrise mit seiner Familie in Ohio. Im Jahre 1933 hatte der junge Stanley gerade die High School abgeschlossen und verkaufte von Tür zu Tür allerlei Produkte für den Haushalt. Von einer dieser Verkaufstouren kam er mit sehr viel mehr zurück, als er erwartet hatte. »Eines Tages klopfte ich an die Tür eines Hauses, und die Frau eines Farmers bat mich herein. Zwei Stunden lang sprach sie über Jesus Christus. Als ich die Farm verließ, war ich tief berührt. Ich konnte mich einfach nicht davon losreißen. Ich war davon überzeugt, dass sie diese Art von spirituellem Leben besaß, das ich haben wollte. Sechs Wochen später nahm ich Christus als meinen Heiland und Herrn an«, erinnert sich Tam. »In der ersten Zeit erlebte ich Momente des Zweifels und der Frustration, aber als ich begann, Gottes Wort zu studieren, begannen diese Zweifel zu verblassen. Ich fing an, Christus in simplen Dingen zu vertrauen.«

Zu diesen »simplen Dingen« gehörte auch, wie er wohl Erfolg in seinem Beruf haben könnte. Er hatte gesehen, wie sich seine Eltern mit der gnadenlosen finanziellen Not der Wirtschaftskrise in den 30er Jahren abquälten. Als Resultat davon war er entschlossen, im Geschäftsleben zu bestehen, um nie wieder vor solch schrecklichen

Umständen zu stehen. Auf der Suche nach neuen Geschäftsideen erfuhr Tam von einer innovativen Methode, Silber aufzuarbeiten, das im fotografischen Prozess anfiel.

Er fand heraus, dass die Eastman Kodak Company jede Woche zwanzig Tonnen Silber verbrauchte, um fotografische Filmemulsion herzustellen, wovon bis zur vollen Entwicklung des Films 80% wieder ausgespült wurden. Als er von einem Mann in Cleveland, Ohio hörte, der ein Gerät zur Wiederaufbereitung von Silber erfunden hatte, setzte sich Tam mit dem Erfinder in Verbindung und handelte einen Vertrag aus, der ihm gegen Zahlung eines Erfinderanteils das Recht gab, die Geräte zu bauen und in Fotostudios aufzustellen.

»Im Jahre 1936 nahm ich die Idee auf und startete mit großen Erwartungen. Ich kam in Kontakt mit Fotolabors, aber der Vertrieb wurde kostspieliger als die Produktion. Enttäuscht entschloss ich mich, die Sache aufzugeben. Also packte ich meine paar Sachen und machte mich auf den Weg zurück in meine Heimatstadt Lima in Ohio«, erinnert sich Tam.

In der Nähe von Columbus, Ohio, jedoch entdeckte er, dass Gott an seinem Geschäft interessiert war. »Auf der Fahrt nach Hause passierte eine unglaubliche Sache. Der Herr schien zu sagen: ›Stanley, es braucht keine Enttäuschung zu sein. Du musst nicht Pleite gehen.‹«

Es folgte eine kurze Debatte zwischen Tam und seinem Herrn, bei der Tam vorbrachte, er habe nicht genügend Kapital, um sein Geschäft zum Erfolg zu bringen. Er spürte, dass Gott ihm sagte, es käme nicht auf Geld an, sondern auf Glauben. Tam bestand darauf, Glauben zu haben, aber wieder schien Gott in sein Herz zu sprechen: »Genug Glauben, um mir dein Geschäft zu übergeben? Um es mich für dich steuern zu lassen?« Am Rande des Misserfolges war Tam nicht gerade an einem Punkt, wo er groß argumentieren konnte. Er antwortete: »Nimm mein Geschäft, Herr, und wenn du es zum Erfolg führst, werde ich dich in jeder mir möglichen Weise ehren, ich verspreche es!« Dies hat sich als die beste geschäftliche Transaktion herausgestellt, die er je gemacht hat.

Zahlreiche christliche Geschäftsleute haben ihre Unternehmen Jesus Christus gewidmet, indem sie Mission Statements formulieren, die geistliche Ziele einschließen; indem sie biblische Prinzipien als bindend für ihre geschäftlichen Handlungen erklären und indem sie einen Teil des geschäftlichen Gewinns für die Verkündigung bereitstellen. Tam jedoch hat ein solches Engagement allmählich immer weiter ausgebaut, bis er eines Tages im wörtlichen Sinne und vor dem Gesetz Gott zum Eigentümer seines Unternehmens machte.

Nachdem er das Silber-Wiedergewinnungsgeschäft zum Laufen gebracht hatte, fing Tam an, 10% seines Einkommens als Zehnten zu zahlen, und einige Jahre später fühlte er sich von Gott geleitet, seine Spenden auf 15% zu erhöhen. Als Nächstes dann begann der Prozess, der darin endete, dass er schließlich dem Herrn sein gesamtes Unternehmen übergab.

»Im Jahre 1940 fühlte ich mich ganz klar von Gott geleitet, ihn im wörtlichen Sinne zu meinem Hauptinhaber zu machen. Dies bedeutete, 51% meines Gewinns seinem Werk zukommen zu lassen«, erläutert er. »Das stellte damals immer noch keine große Summe dar, denn der Bruttoverkauf meiner Firma belief sich auf nur 12.000 USD pro Jahr, und ich verdiente lediglich ein Gehalt von 14 USD die Woche.«

Um wirklich Gott zum Mehrheitsinhaber zu machen, unterhielt Tam von 1940 bis 1952 eine eigen erklärte Stiftung und betrachtete diese als einen Vertrag zwischen Gott und ihm. Dann im Jahre 1952 gründeten er und seine Frau Juanita die Stanita Foundation (der Name entstand aus einer Kombination von Stanley und

Juanita), durch welche die Gewinne der Gesellschaft kanalisiert und zur Finanzierung der Mission in der Welt und in den USA weitergeleitet wurden.

States Smelting und U.S. Plastic Corporation

➔ Im Jahre 1954 jedoch spürte Tam, dass Gott ihn noch weiter führte. »Im Herbst 1954 sprach ich auf einer Erweckungsversammlung in Medellin, Kolumbien, als Gott mich auf übernatürliche Weise konfrontierte. Am Ende meines Vortrags fingen die Menschen in einer großartigen und spontanen Weise an, darauf zu reagieren, aber der Herr begann, direkt durch meine Gedanken zu mir zu sprechen. Er ließ mich wissen, es sei sein Wille, dass ich ihm mein Unternehmen völlig überschreiben und sein Angestellter werden solle. Also hörte ich am 15. Januar 1955 auf, Aktionär meiner beiden damaligen Unternehmen zu sein, sowohl bei der States Smelting and Refining Corporation als auch bei der United States Plastic Corporation.«

Das Eigentum an Anteilen wurde rechtmäßig der Stiftung übertragen. Tams andere Firmen – Tamco Industries und Industrial Safety Company – werden gemäß derselben Philosophie geführt. Als Ergebnis wurden viele Millionen Dollar gespendet, um dabei zu helfen, die Sache Christi in der ganzen Welt voranzubringen. Als er 1989 für einen Zeitschriftenartikel interviewt wurde, sagte Tam, die Unternehmen hätten in einem Jahr die erhebliche Summe von 1,7 Mio. USD in die Mission gegeben, und er formulierte das Ziel, jährlich »2 Mio. USD in die internationale Mission« zu investieren. Im Jahr 2001 überschritten die Spenden der Unternehmen zugunsten der Evangelisation die 3 Mio. USD-Marke.

Nach 63 Jahren Firmenleitung zog sich Tam 1999 aus den Unternehmen zurück und übergab das Tagesgeschäft an seinen Schwiegersohn Wesley Lytle, der im südamerikanischen Land Kolumbien von Missionarseltern aufgezogen worden war. Er teilt Tams geistliches und philanthropisches Engagement, und als Firmengründer nimmt Tam weiter an den Direktorenkonferenzen teil. Um das langfristige christusbezogene Vermächtnis der Unternehmen abzusichern, wurde eine weitere Vorsorge getroffen. Tam überschrieb 1977 das Geschäft an OMS International, einer global operierenden Missionsorganisation. »Ihnen gehört jetzt das Unternehmen, und Wesley führt es für sie. Sämtliche Gewinne werden über OMS abgewickelt«, betont Tam.

Schon seit Jahren koordiniert OMS International die Aktivitäten von Every Creature Crusades, einem global in 29 Ländern tätigen Evangelisationsdienst. Die Finanzierung wird vor allem durch die von Tam gegründeten Firmen sichergestellt. Das Werk sendet Teams von 2-6 Leuten aus, die der jeweiligen Kultur angehören und von Tür zu Tür gehen, um die gute Nachricht von Jesus Christus zu bringen und die Menschen zu abendlichen Evangelisationstreffen einzuladen. Sobald sich 25 oder mehr Menschen erstmal für Christus entschieden haben, wird eine neue Gemeinde gegründet, um ihre geistliche Entwicklung zu stützen. Allein im Jahre 2001, so Tam, seien mehr als 84.000 Menschen durch diese Missionsveranstaltungen zu Christus gekommen und 256 neue Gemeinden in Asien, Südamerika, Afrika und Europa gegründet worden.

»Viele Menschen haben wohl kein Verständnis dafür, wenn man so gut wie den gesamten Gewinn seiner Unternehmen verschenkt. Aber es ist vernünftig - wenn man erst einmal erkannt hat, dass die Seele eines Menschen das Wertvollste auf der ganzen Welt ist. Und wenn es wahr ist, dass nur spirituelle Dinge Ewigkeitswert haben, macht es Sinn, die Gewinne einer Firma dazu zu benutzen, andere für Christus zu gewinnen«, stellt Tam fest. »Jesus hat uns in Matthäus 6 gesagt, wir sollen ›unsere Reichtümer im Himmel sammeln‹, also besteht doch eigentlich der einzige Unterschied nur darin, wo wir unser Geld anlegen. Wie man so schön sagt: ›Du kannst es nicht mitnehmen‹, und das ist wahr – außer man macht eine Vorab-Überweisung (an den Himmel).« Er gibt zu, großzügig für Reich-Gottes-Projekte zu geben, habe auch einen sehr praktischen Zweck gehabt: »Ich habe schon immer Spaß daran gehabt, Geld zu machen, und Gott wusste das. Hätte er mich auf diesem Gebiet ungestört wirken lassen, hätte ich mich durchaus zu einem stolzen, materialistischen, selbstsüchtigen geistlichen Eigenbrötler entwickeln können. Indem er von mir forderte, den stärksten Antrieb meines Lebens ihm unterzuordnen, entfernte er einen vergiftenden Einfluss und ersetzte ihn durch einen inneren Frieden und eine innere Zufriedenheit, die ich sonst nie kennen gelernt hätte.«

Obwohl es immer die Hauptstoßrichtung der Tam-Unternehmen war, Geld zur Unterstützung von Gottes Werken bereitzustellen, hat er doch immer auch direkte Evangelisation im Blick gehabt. »1952 war ich in Korea, um in einer Reihe von Gemeinden zu sprechen«, erinnert er sich. »Während dieser Zeit schärfte mir der Herr Psalm 2, 8 ein: ›Bitte nur darum, und ich will dir die Völker zum Erbe geben und die Enden der Erde zu deinem Eigentum.‹ Es war mein Gebet, dass Gott mich in seiner Ernte gebrauchen würde. Und in dem Maße, wie ich verlorene Seelen mehr und mehr auf meinem Herzen hatte, ist auch mein Geschäft gewachsen, sodass ich in der Lage war, mehr zu tun.«

»Wir haben unser Geschäft auf die Basis des Versprechens in Matthäus 6, 33 gestellt: ›Trachtet zuerst nach dem Reiche Gottes und nach seiner Gerechtigkeit, so wird euch das alles zufallen.‹ Ich glaube nicht, dass es so etwas gibt wie einen Teilzeit-Christen; wir stehen alle im Vollzeitdienst. Jeder von uns muss Gott darum bitten, seine Berufung zu erkennen und einen Dienst daraus zu machen. Und wenn wir ihn darum bitten, wird er es tun.«

Tam beschreibt sich selbst als einen »Seelengewinner« *(soul winner)*, denn er verkündet als Geschäftsmann seit mehr als fünf Jahrzehnten unerschrocken die Wahrheit von Jesus Christus. Er hat mehr als 7.000 Mal gesprochen – in Gottesdiensten, bei Geschäftsleutetreffen, auf evangelistischen Veranstaltungen und in anderen Situationen. Für das Jahr 2002, im Alter von 87, wurde er immer noch mehr als 30 Mal als Sprecher angefragt. 1995 erreichte er ein anderes Ziel – nämlich zu mehr als einer Million Menschen über Christus zu sprechen.

Auch fügen die Unternehmen seit 61 Jahren jeder ihrer Aussendungen – Katalogversand und Lieferungen eingeschlossen – Evangeliums-Traktate und andere Literatur bei. Das Zeugnis, wie die Firma Gott übergeben wurde, erscheint auf der Innen-Umschlagseite jedes Katalogs. Dabei werden Antwort-Elemente für diejenigen beigefügt, die durch diese Botschaften eine Entscheidung für Christus treffen, und im Laufe einiger Jahre haben mehr als 1.000 Personen reagiert. Als Antwort sendet Tam jedem Einzelnen einen persönlichen Brief und ein Büchlein über geistliches Wachstum. Weiterhin wird jeder eingeladen, an einem Bibel-Fernkurs teilzunehmen, der von einer christlichen Radiostation gesponsert wird, und jeder erhält gleich die erste Lektion des Kurses.

Seit Jahren betreibt er auch mit großer Freude persönliche Evangelisation und nimmt jede Gelegenheit wahr, »eins-zu-eins« mit Menschen über Jesus Christus zu sprechen. »Ich bin ein Erntearbeiter«, sagt Tam. »Gott machte mir das im Jahr 1945 in einem Hotelzimmer in Chicago, Illinois, so klar wie meine Bekehrung. Von der Zeit an standen Seelen in meinem Leben an erster Stelle, und mein Geschäft an zweiter. Dem habe ich mich verschrieben und habe alles gegeben, was ich hatte. Wann auch immer ich jemandem begegne, frage ich immer danach, wo er geistlich steht.«

Trotz seines fortgeschrittenen Alters hat Tams Eifer, mit dem er anderen den Weg zu Christus weist, nicht nachgelassen. Als er sich 1999 aus seinen anderen Unternehmen zurückzog, zog er rund eine Meile weiter den Highway hinunter, kaufte ein Gebäude und gründete die Tam-O-Shanter Company, die hochwertige Möbel aus Walnussholz herstellt und verkauft. Vorne am Laden hängt ein Schild mit den Worten: »Suchen Sie Frieden in Ihrem Herzen? Die Antwort steht in der Bibel. Treten Sie ein, um eine kostenlose Bibel zu erhalten.« Wenn Leute sich auf das Schild beziehen, schenkt Tam ihnen die versprochene Bibel und spricht mit ihnen über ihre Beziehung mit Gott. Durch diese Unterhaltungen hat er mehr als 40 Menschen mit Jesus Christus bekannt gemacht und ihnen bei den ersten Schritten auf dem ewigen Weg mit ihm geholfen.

»Seit nunmehr 23 Jahren durfte ich daran teilhaben, wie durchschnittlich drei Personen pro Tag zu Christus kamen. In den letzten zwei Jahren ging diese Zahl auf ungefähr 1,5 pro Tag zurück, weil ich in meiner derzeitigen Arbeitsrolle nicht so viele Menschen treffe und nicht so viele Gelegenheiten habe zu reden. Aber es gibt keine größere Freude, als Menschen vom Erlöser zu erzählen. Ich habe das über die Jahre nachgezählt, und für einige mag sich das so anhören wie ›geistliches Skalp-Zählen‹. Hoffentlich aber nicht, denn ich weiß: Gottes Ziel ist es, dass niemand verloren gehen soll, und ich möchte ganz einfach daran teilhaben.«

Während Tam selbst für einen Nachfolger von Jesus Christus einen ungewöhnlichen Ansatz gewählt hat, um ein Unternehmen zu führen, meint er nicht, jeder solle es nun genau so machen wie er. »Ich muss betonen, ich glaube nicht, dass mich jemand als Vorbild benutzen sollte. Ich muss Stanley Tams Leben führen und dabei den Anweisungen gehorchen, die mir Gott meinem Eindruck nach gibt. Andere müssen ihr Leben leben und dabei in gleicher Weise gehorsam gegenüber den Prioritäten sein, die Gott für sie setzt.«

Was machen Stanley Tam und die U.S. Plastic Corporation und deren Schwesterunternehmen, um das Evangelium in der Geschäftswelt zu verbreiten?

- Stanley Tams Unternehmen steuern jährlich mehr als 3 Mio. USD für internationale Missionsgesellschaften bei.
- Seit mehr als 60 Jahren fügen die Unternehmen ihren Katalog- und Warenaussendungen evangelistische Schriften bei. Im Jahr 2001 wurden mehr als 153.000 Aussendungen getätigt.
- Ein riesiges Schild auf dem Gelände der U.S. Plastic Fabrik, für Autofahrer auf der Autobahn 75 in Nord-Ohio leicht zu sehen, verkündet allen Vorbeifahrenden: »Christus ist die Antwort.«
- Der Internet-Auftritt des Unternehmens schließt Mr. Tams Zeugnis ein, und in einem Abschnitt mit der Überschrift »Sie sind eingeladen, ... einen weiteren Schritt mit Gott zu gehen«, wird erklärt, wie ein Mensch sein Leben Jesus Christus übergeben kann.
- Mr. Tam hat bisher über 7.000 Mal gesprochen und sein persönliches Zeugnis von Jesus Christus in Gemeinden, vor Geschäftsleute-Gruppen und bei anderen Gelegenheiten gegeben.
- Mitglieder des Führungsteams der Firma treffen sich wöchentlich zum Gebet und zur Ermutigung im Glauben. Bei der alljährlichen Weihnachtsfeier berichtet jemand, was es heißt, Christus sein Leben zu widmen, und es wird den Angestellten und Gästen Gelegenheit gegeben, ihm als Erlöser und Herr ihr Leben zu übergeben.
- Er hat verschiedene Bücher geschrieben, darunter God Owns My Business (Auflage mehr als 400.000), God's Woodshed und Every Christian A Soul Winner, um Gläubige herauszufordern, im Namen Christi auf andere zuzugehen. Sein neuestes Buch, *Stanley Tam's Incredible Adventures With God*, erschien im Jahr 2002.

FIRMENPROFIL

Name:	U.S. Plastic Corporation
Gründung:	1936 durch Stanley Tam
Mitarbeiter:	80 Menschen sind bei den fünf Unternehmen angestellt, die Stanley Tam gegründet hat – das größte ist U.S. Plastic. Die anderen Unternehmen sind Industrial Safety Company, Tamco Industries, States Smelting and Refining Corporation, und Tam-O-Shanter Manufacturing Company.
Umsatz:	Die Unternehmen erreichen zusammen einen Umsatz von mehr als 30 Mio. USD jährlich.
Branche:	Plastikindustrie
Produkte:	U.S. Plastic produziert und vermarktet 15.000 Plastikprodukte, darunter die bekannten Rubbermaid-Haushaltsprodukte.
Adresse:	1390 Neubrecht Road, Lima, OH 45801, USA
Telefon:	+1 419-228-2242
Fax:	+1 419-228-5034
E-Mail:	usp@usplastic.com
Website:	www.usplastic.com

Das Firmengebäude der U.S. Plastic Corporation.

Mit Gottes Prinzipien
am Konkurs vorbei

Es ist zehn Uhr abends in Kolumbiens Hauptstadt Bogotá. Wie aus dem Nichts erscheinen sieben mit Pistolen bewaffnete Banditen und überfallen das Haus von Hans Peter Müller. Dort halten die Schurken ihn, seine Frau Betty und die drei Kinder sowie eine Nachbarsfamilie bis fünf Uhr morgens gefangen. »Das war das schlimmste Erlebnis, das mir widerfahren ist, seit ich in Kolumbien bin. So etwa zwei Monate vor diesem Ereignis las ich zufällig das Buch der Prediger und das Kapitel 7,17 erregte meine Aufmerksamkeit: ›Sei aber nicht gewissenlos und unvernünftig! Warum willst du sterben, bevor deine Zeit gekommen ist?‹ Sogleich kam dieser Vers in mein Bewusstsein, ich sah zu meiner Frau Betty und den Kindern hin und verstand, dass nicht Weisheit, sondern Demut am Platze war. Auch wenn diese sieben Stunden eine nervenzerreißende Zeit für uns waren, so wurde meine Familie doch nicht behelligt. Meine Familie blieb relativ ruhig, waren wir doch auf diesen Vorfall vorbereitet, während die Pistolenmänner vor Nervosität fast zerplatzten. Als diese die Spannung nicht mehr aushielten, stahlen sie unsere Wertsachen und fuhren mit unserem Wagen davon.«

Neben den Gefahren für Leib und Leben sehen sich die Bürger und Geschäftsleute Kolumbiens immer wieder den Folgen der labilen politischen und wirtschaftlichen Ordnung ausgesetzt, weil die Guerilla täglich Geschäftsleute und Bauern erpresst und entführt.

Nachdem der konservative Präsident Andrés Pastrana im August 1998 einen Friedensplan angekündigt hatte, der die Übergabe eines Landstrichs von der Größe der Schweiz an die Guerilla einschloss, brach die Wirtschaft Kolumbiens zusammen. Das hatte fatale Folgen für viele Firmen. Auch für Hans Peter Müllers Firma, die Arotec Colombiana S. A., war das ein schlimmer Schlag, der das Unternehmen vor den Konkurs stellte ...

Wachstum und Bestand trotz heftiger Konjunkturschwankungen

➔ Die Firma Arotec wurde im Jahre 1979 mithilfe der Arotec Brasilien in Bogotá von Hans Peter Müller gegründet. Er fing damals mit dem Verkauf von Messinstrumenten an, die in Argentinien und Brasilien hergestellt wurden, aber wegen der unstabilen Währungen dieser beiden Länder verzeichneten die Preise zeitweise sehr große Ausschläge nach oben und unten. Während dieser schwierigen Anfangsjahre erhielt Hans Peter Müller wiederholt Unterstützung durch Edmond Darbellay, dem Direktor der Arotec in Brasilien und durch Jesus Antonio Gomez, den Leiter der Aro in Argentinien. »Sie waren mir eine wertvolle Hilfe, um an neue Werksvertretungen zu kommen.« In dieser Zeit wurden die Grundlagen gelegt, sodass Arotec in Kolumbien bis heute die vollständigste Palette von Produkten der besten Fabrikanten aus Europa, den USA und Japan für die Materialprüfung und -forschung anbieten kann.

Im Jahre 1985, als die Regierung die Importe sehr einschränkte, wurden bereits sechs Mitarbeiter beschäftigt. Dennoch überlebte Hans Peter Müllers Unternehmen diese erste Krise. Damals erlangte die Arotec in Kolumbien ihre Unabhängigkeit von der Firma in Brasilien. Arotec wurde auch im Ausland bekannt, sodass neue Vertretungen auf anderen Gebieten dazukamen. Mit zunehmender Komplexität der Geräte wurden auch höhere Anforderungen an die

Mitarbeiter gestellt. Das erforderte die Einstellung neuer Verkaufsingenieure gegen Ende der achtziger Jahre. Die Anzahl der Angestellten wuchs sehr schnell und im Jahre 1998 waren es 39 Mitarbeiter. Die große Zahl der Firmenzusammenschlüsse Anfang der neunziger Jahre brachte auch für Arotec eine gewisse Instabilität. Sie verlor die Vertretungen einiger Firmen und gewann andere hinzu. »Im Nachhinein haben wir festgestellt, dass die meisten Fusionen aber zu unserem Vorteil ausgefallen sind.«

Der 1998 zugunsten der Guerilla ankündigte Friedensplan führte zum Kollaps der Wirtschaft in Kolumbien, weil viele Geschäftsleute diesem kein Vertrauen schenkten. Die Verkäufe der Arotec gingen schlagartig um 50 % zurück. »Wir waren für eine solche Situation überhaupt nicht vorbereitet und mussten die Zahl der Angestellten von 39 auf 23 reduzieren. Zudem zog sich die Armee im Jahr 1999 von einem Kaufvertrag mit uns zurück, nachdem wir die Geräte von 250 000 USD bereits exportiert hatten. Meine Schwägerin, die eine ausgezeichnete Finanzberaterin ist, teilte uns mit, dass die Firma kaufmännisch gesehen Konkurs ist.« Trotz der hoffnungslosen Situation und Bankzinsen, die bis zu 70 % anstiegen, bewarb sich die Arotec aufgrund eines neu geschaffenen Gesetzes um eine Umstrukturierung der Schulden, wodurch die Finanzen gestärkt werden konnten. Der Konkurs konnte gerade noch abgewendet werden.

Das Unternehmen repräsentiert heute in Kolumbien namhafte Hersteller von Produkten für die Materialprüfung.

Unternehmensführung auf biblischer Grundlage in einem korrupten Umfeld

➔ Hans Peter Müller wurde 1942 in Othmarsingen bei Aarau in der Schweiz geboren. Aufgewachsen in einem gläubigen Elternhaus, hatte er dennoch Schwierigkeiten mit der Bibel, weil er das

Leben nach ihr in der reformierten Dorfkirche nicht finden konnte. Seine Berufsausbildung schloss er mit dem Maschinenbauingenieur-Studium ab und arbeitete zuerst als Verkaufsingenieur für eine Maschinenfabrik. Aufgrund seiner Kompetenz erhielt er im Laufe der Zeit von anderen Schweizer Firmen einige sehr verlockende Angebote, die er aber stets ausschlug. »Mein Arbeitgeber wollte mich dann aus Dank für meine Treue als Leiter einer Pumpenfabrik nach Buenos Aires, Argentinien, schicken. Weil diese Firma aber kurzerhand verkauft wurde, bin ich stattdessen 1972 nach Kolumbien gekommen, um dort meine Heimatfirma zu vertreten.« Drei Jahre später wagte Hans Peter Müller dann den Schritt in die Selbstständigkeit.

Etwa die Hälfte aller Geschäfte schließt Arotec mit der Öffentlichen Verwaltung ab. Der Staat und die Wirtschaft in Lateinamerika sind bekannt für ihr korruptes Verhalten. »Wir haben es geschafft, eine Vertrauensbasis herzustellen, um Verträge abschließen zu können, indem wir gute Preise, Beratung und Qualität anbieten. Es besteht immer die Versuchung, die Geschäfte zu erkaufen, diese aber trotzdem zu gewinnen, ist nur mit Fleiß und einem großen Gottvertrauen möglich.«

» Vertrauen in Gott ist: über die Wirklichkeit hinauszusehen. «

Beim Zusammenbruch der Wirtschaft Kolumbiens im Jahr 1998 stand Hans Peter Müller als Direktor und Hauptinhaber der Arotec praktisch vor einer aussichtslosen Situation. »Wieder haben wir durch das Vertrauen in Gottes Willen und die durch den Glauben gestärkte Entschlusskraft die Arotec am Leben erhalten können. Wir beteten in der Firma und baten um Weisheit. Als Ingenieur wusste ich sehr wenig über volkswirtschaftliche Zusammenhänge und hatte auch eine gewisse Unsicherheit in der Geschäftsführung aus biblischer Sicht.« Auch diesmal bekam Hans Peter Müller wieder übernatürliche Hilfe, und zwar von einer ganz unerwarteten Seite. In einem, so wie er es nennt ›divine appointment‹ kam aus ›Zufall‹ der Amerikaner Barry Conner, ein überzeugter Christ und sehr erfolgreicher Geschäftsmann, in sein Büro. Zur Erweiterung von Hans Peter Müllers Wirtschaftskenntnissen sandte dieser ihn an das Acton Institute und an die Foundation of Economical Education. In diesen beiden Instituten lernte er nicht nur die Wirtschaftskunde kennen, sondern auch Grundlegendes über das Wirtschaften aus biblischer Sicht. Auf diese Weise überwand Hans Peter Müller die Krise seiner Firma und erlebte gleichzeitig eine intensive Studienzeit. »Ich muss meinen beiden Schwägerinnen Fabiola für ihre Dienste im Controlling und Elvira, welche in meiner Abwesenheit die Verwaltung übernommen hat, sowie meiner Frau Betty für ihre Hilfe und Gottvertrauen danken. Die drei Schwestern machten es auch möglich, dass ich mitten in der Krise einen einmonatigen Führerschaftskurs in dem Haggai Institut in Mauy besuchen konnte. Es war so schön zu beobachten, wie trotz der immensen Spannungen Friede vorhanden war.«

Immer auf der Suche nach der Wahrheit studierte Hans Peter Müller neben der Berufstätigkeit die anthroposophische Lehre Rudolf Steiners und die Grundlagen der Meditation. »Je mehr ich mich in diese Literatur vertiefte, desto größer wurde auch die Leere in mir.« Im Jahr 1988 hatte er seine erste Begegnung mit Jesus Christus: »Ich vernahm seine Stimme ›Ich bin dein Meister!‹. Da habe ich gleich zur Bibel gegriffen, aber nur wenig verstanden.« Im Jahr darauf entschied er sich für die Nachfolge Jesu Christi und hatte einen prophetischen Eindruck, dass er die Bibel lehren werde, was ihn damals sehr verunsicherte. Er besuchte daraufhin das ›Rhema-Bibeltrainingszentrum Kolumbien‹ von Kenneth Hagin und begann drei Jahre später als Präsident der Organisation La Red Business Network für Kolumbien. La Red ist eine Organisation, welche die Frage nach Ethik und Werten in Firmen und in der Gesellschaft verankern will. Hans Peter Müller hat das aus den USA stammende La Red-Programm ins Spanische übersetzt und auf die Mentalität der dortigen Geschäftsleute und auf die lateinamerikanische Kultur zugeschnitten. Vorrangig war ihm herauszuarbeiten, wie eine Wirtschaft oder eine Regierung üblicherweise funktionieren, und zu vermitteln, warum korrupte Systeme nicht erfolgreich sein können. »Meine größte Sorge liegt darin, dass sich die neugeborenen Christen in Lateinamerika im Geschäftsleben kaum von anderen Personen unterscheiden. Es besteht eben ein großer Unterschied zwischen der durch die Reformation in Europa erzeugten Kultur der Produktivität und der aus Spanien herübergekommenen Form des Katholizismus. Es ist darum nicht verwunderlich, dass die Wirtschaft in Lateinamerika nicht die erwarteten Fortschritte zeigt.« Ein Teil seiner Arbeit bei La Red besteht als Berater in der Änderung der Firmenkultur durch die runden Tische. »Wir haben dabei festgestellt, wie zum Beispiel auf Direktionsebene durch das Lehren von Gottes Prinzipien wirkliche Teamarbeit erreicht und die Produktivität gesteigert wird. Ich sehe, wie die Anwendung der biblischen Prinzipien geholfen hat, die reichen und gut organisierten Ökonomien aufzubauen oder wie das Fehlen dieser Prinzipien zu Armut degradiert. Ich beobachte in Europa und den anderen entwickelten Ländern, dass der Wert biblischer Prinzipien in Wirtschaft, Politik und Gesellschaft nur dann richtig eingeschätzt wird, wenn diese fehlen. Fehlen diese Prinzipien aber, ist die Nation in allen Bereichen krank. Die christlichen Geschäftsleute haben deshalb eine besondere Verantwortung bei der Erstellung einer gut funktionierenden Ökonomie und Staatsordnung.« Erfreulicherweise wurde das La Red-Programm von der kolumbianischen Regierung akzeptiert und in Teilen der öffentlichen Verwaltung, bei der Polizei sowie in einigen führenden Banken erfolgreich eingesetzt.

Als christlicher Geschäftsmann erachtet es Hans Peter Müller als notwendig, die Mitarbeiter in Glaubensfragen mit Respekt zu behandeln. »Wir leben in einem Land, wo der Glaube mit Gewalt aufgezwungen wurde. Kolumbien ist zwar eines der religiösesten Länder der Welt, aber gleichzeitig auch eines der Gewalttätigsten. Da Christsein eben mehr als nur ein Lippenbekenntnis ist, gebrauchen wir deshalb in der Firma das durch das La Red Business Network entwickelte Material in Gesprächen am runden Tisch, um in den Angestellten ein verändertes Gewissen aufgrund der biblischen Prinzipien zu wecken. Der Erfolg kann sich sehen lassen. Wir haben ein ausgezeichnetes Betriebsklima und die gelernten Prinzipien werden auch in den Familien der Mitarbeiter angewendet. Auch werden die weiblichen Angestellten respektiert und dadurch haben wir in unserer Firma keine Probleme zwischen Männern und Frauen. Ebenso wird in unserem Betrieb weder getrunken noch geraucht, obwohl wir das nie untersagt haben. Wir beten mit den Angestellten und ich weiß auch, dass die Väter deshalb zu Hause für ihre kranken Kinder beten. Die Mitarbeiter lernen durch das La Red-Programm den einzigen Gott anzubeten und mit ihm eine wirkliche Beziehung zu haben.«

Arotec ist ein glänzendes Beispiel, wie die christlichen moralischen Werte vom Unternehmen aus verbreitet werden können. In der Firma wird Gott auch für die Fürsorge gedankt und um Hilfe gebetet. Dabei sind wirkliche Wunder vorgekommen. »Eine unserer Sekretärinnen hatte eine unheilbare Augenkrankheit und verlor langsam das Augenlicht. Wir beteten für ihre Augen und zu deren Schonung reduzierten wir ihre Arbeitszeit auf einen halben Tag. An einem Nachmittag besuchte sie den Augenarzt, dessen Praxis sich in einem Einkaufszentrum befindet. Der Arzt war vom neuerlichen Untersuchungsergebnis sehr überrascht und kleidete dies in einen Vergleich: ›Ich weiß nicht, was mit Ihren Augen passiert ist, aber es ist, als ob Sie einen Arm verloren hätten und dieser wieder nachgewachsen ist.‹ Sie hatte ihr Augenlicht wieder erhalten.

Das zweite Wunder folgte auf dem Fuß: Wie gewohnt, wollte sie gleich nach der Arztvisite einen Kaffee trinken gehen. Aber diesmal sah sie sich erst einige Schaufenster an. Währenddessen explodierte vor dem Café eine Autobombe, die von dem damals berüchtigten Drogenhändler Pablo Escobar gelegt worden war. Einem Mann, der neben ihr stand, platzten die Trommelfelle, ihr passierte dagegen gar nichts. Das Café aber wurde total zerstört und die Gäste verletzt oder getötet.«

Auch in seiner Freizeit nimmt Hans Peter Müller gerne neues Land ein, denn er betreut am liebsten seinen riesigen Garten. Einen Großteil der Zeit außerhalb der Firma verbringt er mit Seminaren und Vorträgen für Geschäftsleute, Politiker und Pfarrer. Zusätzlich schreibt er Artikel zu biblischen Werten und Wertesystemen. »Die Lehre über die biblischen Prinzipien in der Geschäftswelt, aber auch ihre Umsetzung in der Politik sind mein wirkliches Hobby.«

»Lieber Leser, der vorstehende Bericht steht als Zeugnis dafür, dass der allmächtige Gott mein Leben erneuert hat, er uns jeden Tag eine neue Chance gibt und das Wohl der Menschen sucht, weil er gütig ist und unsere Schuld vergibt.«

Was machen Hans Peter Müller und die AROTEC COLOMBIANA S.A., um das Evangelium in der Geschäftswelt zu verbreiten?

- Hans Peter Müller erlebt Heilung einer Mitarbeiterin nach anhaltendem Gebet.
- Er passt das La Red-Programm (will biblische Werte in Wirtschaft und Gesellschaft bringen) an die kulturellen Verhältnisse Lateinamerikas an. In wöchentlichen Umsetzungsmeetings werden alle Mitarbeiter in dieses Programm eingebunden.
- Er hat es geschafft, bei säkularen Organisationen wie z. B. Banken und der kolumbianischen Polizei das La Red-Programm einzuführen, um so aktiv die Korruption zu bekämpfen.
- Er bittet Gott um Rat, nachdem er entdeckt hat, dass einer seiner von ihm ausgebildeten Verkaufsingenieure ohne sein Wissen für drei Jahre einen Konkurrenzbetrieb eröffnete. Er vergibt dem Mitarbeiter, beschäftigt ihn weiter und der Angestellte schließt seinen Betrieb.

- Er zahlt seine Steuern in voller Höhe, was in einem von Staatskorruption geprägten Land nicht so üblich ist.
- Er hat für die ganze Firma entschieden, dass weder Schwarz- noch Bestechungsgelder gezahlt werden und Vorteilsannahmen nur über und nicht unter dem Tisch ausgehandelt werden.
- Er sorgt sich um korrekte Bibelauslegung, indem er Seminare und Vorträge für Geschäftsleute, Universitäten, Politiker und Pfarrer in Lateinamerika, der Schweiz und Afrika durchführt.
- Er schreibt für christliche und säkulare Zeitschriften.

Wöchentlicher Roundtable mit den Mitarbeitern.

Das Verwaltungsgebäude der Arotec Colombiana S.A. in Santafe de Bogotá, Kolumbien.

FIRMENPROFIL

Name:	AROTEC COLOMBIANA S.A.
Gründung:	1979 durch Hans Peter Müller
Mitarbeiter:	24
Kunden:	700 in Kolumbien
Branche:	Vertretungen
Produkte:	Geräte für die Materialprüfung
Umsatz:	3,3 Mio. USD 2001
Adresse:	P.O. Box 050 862, Santafe de Bogotá, D.C., Kolumbien
Telefon:	+ 57 1 288 77 99
Fax:	+ 57 1 285 36 04
E-Mail:	lared@polcola.com.co
Website:	www.arotec.net

Wie eine Bibelstudiengruppe die Arbeitsmoral verändert

Ganz unscheinbar ist das braungraue Gebäude der Biox de México S.A. de C.V. in der Division del Centro, einer der vielen Nebenstraßen von Monterrey, dem Wirtschaftszentrum Mexikos. Die milde Wintersonne verleiht dem staubigen Bezirk um das Villarreal-Stadion eine trügerische Beschaulichkeit. Drinnen bei Biox geht es aber alles andere als friedlich zu. Wütende Mitarbeiter werfen sich Schimpfwörter an den Kopf und werden durchaus auch handgreiflich. Sie bestehlen sich gegenseitig und entwenden Firmeneigentum. Führungskräfte wandern zur Konkurrenz ab, ein Drittel der Belegschaft erscheint regelmäßig bis zu 25 Minuten zu spät am Arbeitsplatz und die Fehlerrate steigt täglich. Arbeitsmoral und Motivation sind auf den Nullpunkt gesunken. Auch die Fluktuation bei den gering bezahlten Arbeitskräften ist gewaltig. Sie nehmen jeden Job an, nur um von Biox wegzukommen.

Raul, Oscar und Jorge Gomez Fernández, damals 24, 22 und 21 Jahre alt, sind die drei Miteigentümer und blutjungen Geschäftsführer dieser Chaosfirma. Die Brüder Gomez sahen sich damals aber noch mit weiteren Schwierigkeiten konfrontiert: »In der Produktion hatten wir mit den meisten Maschinen technische Probleme, die

Produktionsrate war sehr niedrig und wir wussten nicht, wie wir sie in die Höhe treiben konnten. Eine Qualitätskontrolle und pünktliche Auslieferung der Produkte war wegen der Nachlässigkeit der betroffenen Mitarbeiter kaum noch möglich. Das führte zu Beschwerden über fehlerhafte Produkte und zu einem drastischen Rückgang der Verkäufe. Weil die überfälligen offenen Rechnungen unserer Kunden in Schwindel erregende Höhen stiegen, konnten wir die Lieferanten nicht mehr bezahlen. Die Spirale begann sich immer schneller zu drehen, ohne dass wir irgendeine Idee hatten, sie zu stoppen. Wir wussten nicht, wohin unsere Firma steuerte. Da erinnerten wir uns an eine Empfehlung, die uns unser Vater schon vor Jahren ans Herz gelegt hatte.«

Aus dem Hobby wird eine Firma

➔ Biox de México war anfänglich keine Firma, sondern das kostspielige Steckenpferd eines niedergelassenen Arztes in Monterrey, einer 4-Millionen-Stadt im Nordosten Mexikos. Seit 1978 erstellte Raul Gomez sen., der Vater der heutigen Firmeninhaber, Formeln für die Zusammensetzung von Nahrungsergänzungsmitteln. Er wollte seinen Patienten zur Verbesserung ihrer Gesundheit Vitamine, Mineralstoffe und Eiweiße als Tabletten oder in pulverisierter Form aus eigener Produktion anbieten. Aber Raul Gomez sen. hatte in seiner Praxis und nebenher als Pastor einer freien Gemeinde schon genug zu tun. Deshalb bat er 1989 zuerst seinen ältesten Sohn Raul – der gerade mal 19 Jahre alt war – um Mithilfe in der kleinen Firma. »Diese bestand damals nur aus meinem Vater, einem Chemiker, zwei Arbeitern und mir. Wir stellten nur sieben Produkte her und der Vertrieb lief recht schleppend. Da ich Marketing studiert hatte, habe ich bei meinem Eintritt den Verkauf übernommen und den Vertrieb professionalisiert.« Anfang der 90er Jahre erkrankte der Vater an Hepatitis, was ihn dazu zwang, alle Verantwortung bezüglich der Firma an Raul zu übertragen. So wurde Raul Gomez 1993 zum Geschäftsführer von Biox de México berufen. »Die Nachfrage stieg, neue Ideen und neue Produkte kamen hinzu. Aus Geldmangel konnten wir uns keinen Pharmareferenten leisten und mussten deshalb die Produkte über das Telefon an Arztpraxen verkaufen. Das lief so gut, dass wir später mehrere Telefonverkäufer anstellen konnten.« Nachdem Rauls jüngere Brüder ihre Berufsausbildung abgeschlossen hatten, stießen sie 1998 zu Biox de México. Oscar, der den Beruf des Buchhalters erlernt hatte, übernahm den Produktionsbereich und Jorge, der als Jüngster Betriebswirtschaft studiert hatte, die Verwaltung. Nachdem der Vater im Jahr 2001 verstarb, sind alle drei Brüder gleichberechtigte Geschäftsführer des zwischen 35 und 50 Mitarbeitern zählenden Betriebes geworden, der noch zum größten Teil der Mutter gehört.

Das Produktangebot umfasst heute neben den medizinischen Nahrungsergänzungsmitteln auch Diätmittel, Sportlernahrung und Spezialnahrung zur Einnahme bei bestimmten Krankheiten. Die verschiedenen Produktlinien werden über Arztpraxen, Supermärkte, Sportgeschäfte, Fitnessstudios und über die eigene Website online vertrieben. Demnächst wird das Angebot noch um pflegende Kosmetika erweitert werden. Der Markt von Biox de México beschränkt sich zurzeit noch auf Mexiko, soll aber stufenweise auf ganz Südamerika ausgedehnt werden.

Gott schenkt eine neue Firma

➔ In den frühen 90er Jahren wuchs Biox de México zu einem richtigen Produktionsbetrieb heran. Raul Gomez sen. empfand damals, dass es der richtige Zeitpunkt für den Start einer Bibelstudiengruppe unter Beteiligung der Mitarbeiter war. Der Glaube sollte nicht länger Privatsache der Firmeneigentümer sein, sondern an die Mitarbeiter weitergegeben werden. »Wir brachten viele Entschuldigungen vor, weshalb es jetzt nicht passte«, erinnert sich der älteste Sohn des Firmengründers. Kurz darauf begann der Vater an einer Hepatitis zu erkranken. Er fiel wegen seiner schweren Krankheit zunehmend aus und die Probleme wuchsen bei Biox massiv. Raul Gomez sen. wiederholte seine Empfehlung mit der Bibelgruppe immer wieder. »Doch wir konzentrierten uns zuerst auf die dringend anstehende Lösung der mannigfachen Probleme und wollten die Bibelgruppe danach starten. Schließlich gaben wir doch vom Gewinn den Zehnten. Wir erwarteten, dass Biox auf diese Weise mit der Zeit von selbst eine christliche Firma würde. Als Geschäftsleute mit Ausbildung in Marketing, Betriebswirtschaft und Buchhaltung erschien uns Vaters gut gemeinter Rat mit der Bibelgruppe nicht gerade als die beste Idee in jener Zeit, und auch unsere Berater lehnten das ab, weil die Managementlehre doch etwas ganz anderes lehre. So versuchten wir vieles nach der Denkweise der Menschen und dachten, es wären große Ideen.« Gleichzeitig potenzierten sich die Schwierigkeiten geradezu. Raul, Jorge und Oscar erkannten, dass sie die Firma des Vaters in den Ruin geführt hatten. Reumütig kamen sie an das Bett ihres todkranken Vaters und bekannten das ›Aus‹ für Biox de México. Raul Gomez sen. drängte sie ein letztes Mal, doch spätestens jetzt mit der Bibelgruppe zu beginnen.

»Mit der Hoffnung auf Rettung der Firma begann Oscar in höchster Not im Januar 2000, den 25 Arbeitern und Angestellten aus seiner Abteilung – das war die mit den größten Problemen – aus einem Buch von Billy Graham für den Kindergottesdienst vorzulesen. Wir planten nichts – es ergab sich einfach so. Gott hat es so geführt. Wir haben es Gott überlassen, wie schnell es voranging. Wir haben nur gebetet und gepredigt. Wir übten keinen Druck aus, sondern unterbreiteten den Mitarbeitern nur ein Angebot, was es mit der Bibel auf sich hat. Aber wegen der plötzlichen Veränderung waren alle erstaunt, zuerst jedoch verunsichert.«

Die tägliche Bibelstunde begann um 8.00 Uhr mit anfänglich 20 Minuten, in denen von der schlecht bezahlten Reinigungskraft bis hin zum höchstbezahlten Chemiker alle beisammensaßen. Nach einigen Wochen wurde jedem eine protestantische Bibel überreicht, die aber von allen lieber in der Firma belassen wurde. »In Mexiko sind die meisten Menschen katholisch – und das leidenschaftlich. Ein Wechsel in der Orientierung von Maria, der Mutter Gottes, hin zu Jesus Christus fällt deshalb nicht leicht. Unsere Mitarbeiter hatten vorher nie die Bibel gelesen, auch wenn diese in Mexiko akzeptiert ist.« Nachdem die Mitarbeiter gemerkt hatten, dass Oscar Gomez sie nicht zur Bekehrung zwang, fassten diese größeres Vertrauen und begannen zu fragen. »Oscar baute zu den Leuten seiner Abteilung ein persönliches Verhältnis auf. Daraufhin öffneten sie sich mehr und mehr. Es war genug Zeit da, die Mitarbeiter ohne Druck für das Evangelium zu gewinnen. Mit der Zeit wollten manche eine eigene große Studienbibel haben, die sie bei Oscar gesehen hatten. Die Mitarbeiter wurden ständig hungriger, und sie verlangten stärker nach Gebet, sodass Oscar die Bibelstunde auf eine volle Stunde ausdehnen musste. Wir begannen bei 1. Mose 1 und endeten genau ein Jahr später mit dem Buch der Offenbarung.« Während dieser Zeit geschah das Unfassbare: »Unsere Firma veränderte sich von Monat zu Monat. Wir geben Gott allein die Ehre dafür! Nach einem Jahr hatten wir ein brandneues Unternehmen!« Alle Produktionsanlagen arbeiteten einwandfrei, sodass sich die Produktionsrate um 45% erhöhte. 90% der produzierten Güter waren frei von Fehlern durch menschliches Versagen, es gab keinerlei Verluste mehr aufgrund von Qualitätsmängeln. In den meisten Monaten wurde eine pünktliche Auslieferung erreicht. Zum ersten Mal konnte ein Jahresbonus ausgezahlt werden. Die Führungskräfte waren glücklich, bei Biox arbeiten zu dürfen und Fluktuation, Zuspätkommen, Schimpfwörter, Schlägereien und Diebstähle verschwanden. »Es kehrte ein nie gekannter Friede bei Biox ein – und das alles binnen eines Jahres nur wegen der Bibelgruppe, die der Hälfte der Belegschaft angeboten worden war.« Im Jahr 2001 wurde das Bibelprogramm dann auch in den anderen beiden Abteilungen der Firma begonnen. »Gott machte uns klar, dass er weit mehr mit Biox vorgehabt hätte, wenn wir von Anfang an gehorsam gewesen wären.«

Gott war vorher nur in der Chefetage zu finden, das wusste jeder. Jetzt wird er auch in die übrige Firma eingeladen. »Der Schreibtisch des Geschäftsführers ist die Kanzel!«, weiß Raul Gomez, der auch Pastor einer Gemeinde ist, aus eigener Erfahrung zu berichten. »Der ›Pastor in der Firma‹ kann von seinen Mitarbeitern jeden Tag acht Stunden beobachtet werden. Dadurch ist er vollkommen transparent. Sein Vorbild und sein Einfluss wiegen weitaus mehr als die des Pastors einer Gemeinde, der mit seinen Mitgliedern nur kurze Zeit in der Woche beisammen ist. Ob wir als Chefs wollen oder nicht, jeder Unternehmer ist von Gott als Pastor über seine Firma eingesetzt. Er trägt täglich Verantwortung für Menschen. Seine Aufgabe ist, sie zu ermutigen, sie zu trösten und sie natürlich auch zu bezahlen. Als Chef hat man seine Mitarbeiter nicht nur zu akzeptieren. Es geht auch darum, ihnen Liebe entgegenzubringen.«

Raul, Oscar und Jorge Gomez Fernández sind Christen in der fünften Generation. Das Gleiche gilt auch für Raul als Pastor. Er hat nicht nur die Firma seines Vaters, sondern auch dessen Gemeinde ›Oasis‹ in Monterrey übernommen, die heute rund 150 Mitglieder zählt. Wie in der Firma, so sind auch hier alle drei Brüder aktiv. Jorge ist Lobpreisleiter und Oscar ist für die Männerarbeit verantwortlich. »Gott hat uns drei Brüder als Team zusammengeschmolzen. Wir drei haben ganz verschiedene Charaktere und Gaben, die sich aber ideal ergänzen. In Familie, Kirche und Firma sehen wir Brüder uns als Partner. Wir erachten das als Gottes Willen für uns. Die über sieben Jahre andauernde Krankheit unseres Vaters brachte uns eng zusammen. Die Einheit unter uns Brüdern gemeinsam mit unserer Mutter ist einer der Schlüssel für den Erfolg der Firma.« Eine weitere Voraussetzung sieht Raul Gomez darin, dass sich eine Firma geistlich von innen nach außen verändert. Nur so könne sie von Gott wirklich gebraucht werden. »Weder in der Familie noch in der Kirche oder in der Firma sind wir der Boss, sondern Gott ist es!« Da die drei noch nicht verheiratet sind, nehmen sie auch in unternehmerischen Fragen gerne den Rat ihrer Mutter an.

Die Gebrüder Gomez beten regelmäßig, damit Gottes Wille in ihrer Firma geschieht. Sie beten auch für die einwandfreie Wirkung der Produkte, die sie herstellen. »Die volle Wirkungsweise unserer Präparate ist ein besonderer Segen für unsere Kunden.«

Seit 2001 gibt es in Monterrey eine christliche Gruppe von Geschäftsleuten, das Christian Business Men's Committee (CBMC). Diese treffen sich jeweils dienstags in den Geschäftsräumen des Unternehmens. Privat spielt der stattliche Raul Gomez am liebsten Jazz auf der Bass-Gitarre, während seine drahtigen Brüder lieber joggen oder ins Fitness-Studio gehen. Alle drei genießen ihren neu gewonnenen Glauben und begeistern sich für christliche Literatur. Sie engagieren sich in der Männerarbeit von ›Christian Men's Network‹ (Edward Cole).

Was machen die Brüder Gomez Fernández und Biox de México S.A. de C.V., um das Evangelium in der Geschäftswelt zu verbreiten?

- Sie lehren in einer täglichen Bibelstudiengruppe die Bibel. Dies alles geschieht während der Arbeitszeit (bezahlt!) und dauert bis zu einer Stunde.
- Sie sehen sich als Pastoren ihrer Firma mit allen Aufgaben, die zum Pastorenamt dazugehören. Dies gilt inner- und außerhalb der Firma.
- Sie schenken jedem Mitarbeiter, der es möchte, eine Bibel, bei Bedarf auch eine Studienbibel.
- Sie beten täglich für ihre Mitarbeiter. Die Firma hat sich binnen eines Jahres von allergrößten Schwierigkeiten hin zu einem funktionierenden Betrieb entwickelt.
- Sie geben den Zehnten vom Umsatz ihrer Firma wöchentlich, jeweils mittwochs.

➤ Sie verkündigen in einem rein katholischen Umfeld Jesus Christus als die allein selig machende Person.

FIRMENPROFIL

Name:	Biox de México S.A. de C.V.
Gründung:	1978 durch Raul Gomez sen.
Mitarbeiter:	35 – 50
Branche:	Pharmazeutische Industrie
Produkte:	Nahrungsergänzungs- und Diätmittel
Umsatz:	800 000 USD
Adresse:	División del Centro No. 114, Col. Antonio I. Villarreal Monterrey, N.L., México
Telefon:	+ 52 8371 90 23
Fax:	+ 52 8371 90 26
E-Mail:	rgomez@biox.com.mx
Website:	www.biox.com.mx

Das Betriebsgebäude der Biox de México S.A. de C.V. in Monterrey, Mexiko.

Missionar oder Geschäftsmann

»Ich stand mit meinem blutüberströmten Bein neben der Hobelmaschine, auf der ich vor Sekunden noch gekniet hatte, um mehr Druck auf das Holzstück geben zu können. Dabei sollte am nächsten Tag der Entscheid gefällt werden, ob mein Leben als Missionar oder als Geschäftsmann weitergeht!«, erinnert sich Erich Zbären, der von seinen Freunden eigentlich ›Enrico‹ genannt wird.

Seine damalige Vorstellung entsprach noch nicht der heutigen, nämlich dass man im Geschäft Missionar sein kann und auch soll. Deshalb wandte er sich an seinen Bruder Hans (der im Betrieb des Vaters gearbeitet hat) und beide haben Gott verschiedene Punkte aufgelistet, die stimmen müssten, wenn Erich Zbären in den väterlichen Betrieb einsteigen sollte. »Mein Vater benötigte in seinem Betrieb eine große Maschine, um auch spezielle Arbeiten produzieren zu können. Für mich war klar, dass mit der Maschine auch ich in den Betrieb einsteigen musste. Genau wegen dieser Maschine wollten wir am nächsten Tag auf die Holzmesse nach Basel fahren. Nun aber die klaffende Wunde am Knie. Ich wurde ins Krankenhaus eingewiesen und fragte mich: Soll ich vielleicht doch in die Mission gehen? War das ein Zeichen von Gott?« Doch Erich Zbären wurde lediglich ambulant behandelt und konnte wieder nach Hause. Trotz Krücken fuhr er mit seinem Bruder am folgenden Tag zur Holzmesse und suchte »seine« Maschine. Die richtige Maschine war schnell gefunden, der Vertrag geschlossen und sie versah schon nach kurzer Zeit ihren Dienst im väterlichen Betrieb.

Ein zäher Beginn

➔ Nachdem Erich Zbären im Frühjahr 1975 die Ausbildung als eidgenössisch diplomierter Schreinermeister abgeschlossen hatte, kauften er und sein Bruder Hans im Juli, mitten in der Rezession, den Betrieb von ihrem Vater. Sie starteten eine neue Firma: ›Gebrüder Erich und Hans Zbären‹. »Hans hatte damals ca. 50.000 CHF in bar, während ich wegen der Ausbildung und einer Schwäche für Autos 30.000 CHF Schulden bei meiner Mutter hatte. Unsere Belegschaft bestand aus Hans und mir, meiner Schwester Vreni, die neben einer anderen Arbeitsstelle die anfallenden Büroarbeiten erledigte, einem Lehrling sowie einem Hilfsarbeiter. Das Geschäft begann mit einem Innenausbau, den mein Vater begonnen hatte. Dann war Ruhe, kein Auftrag, einfach nichts! Der Hilfsarbeiter wurde nach Hause geschickt. Arbeitslos werden konnte er nicht, da er einen Bauernhof besaß. Er arbeitet heute immer noch bei Zbären und hat sich zu einem sehr wertvollen und guten Mitarbeiter entwickelt.« Erich Zbären erstellte im Büro sehr viele Offerten, während sein Bruder und der Lehrling den Betrieb einrichteten. In dieser Zeit wendete sich ein ehemaliger Arbeitgeber an Erich Zbären, ob dieser ihm helfen könnte. Innerhalb sehr kurzer Frist seien für eine Bank 30 Schreibtische herzustellen. So wurde dann auf einmal Tag und Nacht gearbeitet. Nach diesem Auftrag war wieder Ruhe. Nur mit dem Auffrischen von Unterrichtspulten für die Kirchgemeinde und anderen kleinen Aufträgen »überlebte« der Betrieb bis Frühjahr 1976. Von da an bis heute konnte stets Vollbeschäftigung oder noch mehr verzeichnet werden.

Erst die Spezialisierung brachte den Erfolg

➔ ›Gebrüder Erich und Hans Zbären‹ befindet sich in der deutschsprachigen Schweiz in dem kleinen Ort Lenk, einem Dorf mit 2.300 Einwohnern. Dort gab es im Jahr 1975 sechs Schreinereien. So war den Brüdern schon zu Betriebsbeginn bewusst, dass irgendetwas anderes produziert werden musste oder eine Spezialisierung erforderlich sein würde, um auf Dauer bestehen zu können. Dieses »andere« waren Küchen. Zbären war der erste Betrieb im Berner Oberland, der auf Kücheneinrichtungen spezialisiert war. »Wir importierten ein deutsches Produkt, ›bastelten‹ an diesem herum, produzierten Extras, bis es schließlich unseren Ansprüchen und Vorstellungen entsprach.« Damit kam auch der erste Wachstumsschritt. Die Qualität der Arbeiten hat sich in der folgenden Zeit sehr schnell herumgesprochen, sodass die meisten Architekten aus der Umgebung von Lenk mit der Firma Zbären zusammenarbeiteten. »Das dauerte aber nicht allzu lange, weil ich eher die Wünsche der Kunden als die der Architekten berücksichtigte.« So verlor er einen Architekten nach dem andern auch gleich wieder. Dies war aber der Auslöser dafür, dass ein Architekt aus Gstaad (weltberühmter Skiort in der Schweiz) auf uns aufmerksam wurde. Erich Zbären wurde nach Gstaad gerufen und fasste mit seinem Handwerk dort im Markt schnell Fuß. Er bezeichnet diese Wendung als Gottes Hilfe in der damaligen aussichtslosen Situation. In Gstaad entstanden auch die ersten Kontakte zu potenziellen Kunden, die genug Geld hatten, um besondere Kücheneinrichtungen zu bestellen. 1977 schon musste der Betrieb um eine weitere Betriebsstätte in Gstaad erweitert werden. 1979 erhielt ›Gebrüder Erich und Hans Zbären‹ den ersten Großauftrag vom Hotel Palace in Gstaad. Später folgten Aufträge in Lugano, Bern, Basel, Genf, Lausanne. 1988 erfolgte eine weitere Vergrößerung des Betriebes durch Um- und Neubau. Seit der Anschaffung einer computergesteuerten Maschine im Jahre 1993 werden die Zbären-Küchen komplett im eigenen Betrieb produziert. Im Laufe der Jahre orderten Privatkunden den Einbau unserer Küchen auch nach Bermuda, London, New York und an die Cote d'Azur. Inzwischen reichte der Kundenkreis vom kleinen Landwirt bis zum Milliardär. Im Jahre 1998 wurde der Betrieb nochmals vergrößert und Anfang 2000 kam es zur Erweiterung der Büroräume.

Im Frühjahr 2000 begann die Zusammenarbeit mit Firma Baumann und Eggimann AG in Zäziwil, bei welcher die Zbären Kreativküchen AG einen Aktienanteil besitzen. Am 1. Januar 2001 wurde aus der Firma ›Gebrüder Erich und Hans Zbären‹ die ›Zbären Kreativküchen AG‹. Die Eingliederung der beiden Söhne (Benjamin und Matthias) von Erich Zbären war der nächste Schritt in der Familiengeschichte des Schreinerbetriebes.

Erich Zbären brannte aus und wurde neu entflammt

➔ Der Schreinersohn entstammt einer christlichen Familie aus ärmlichen Verhältnissen. Für Jesus Christus entschied er sich im Jahre 1974 bei einer Großevangelisation des Janz-Teams in Bern. »Ich lebte ein ›normales‹ Christsein ohne spezielle Zwischenfälle. Wir erlebten Hochs und Tiefs, wie es bei allen Unternehmen normal ist.« Und es war nicht immer einfach als Geschäftsmann für Erich Zbären. In seiner Gemeinde kamen Fragen auf, ob es wirklich Gottes Wille sein kann, dass er solche speziellen Küchenwünsche der Kunden, vor allem der Kundinnen erfüllt. »Ist das ›genug‹ für Gott?«, stellte sich Erich Zbären wiederholt die Frage. »Warum bringen die Aufträge nicht weit mehr ein? Steht ein Konkurs trotz Vollbeschäftigung bevor?« Er fühlte sich ausgebrannt, seine sprudelnde Ideenquelle war am Versiegen, und die Arbeit wurde zur Last und kostete ihn viel Energie und Kraft. Er entdeckte, dass zu viel Aufwand betrieben wurde, um das importierte Küchenmaterial nach ›Zbären-Maßstäben‹ = Top-Qualität und Top-Design herzurichten und umzubauen. »Ich realisierte, dass ich stolz war. Ich befand mich auf einem Sockel, umjubelt von vielen Kunden und einige sahen sogar zu mir empor. Ich kam ganz einfach mit der Situation nicht mehr zurecht.« Nach mehrmaligem Drängen seiner Frau fing Erich Zbären an, jeden Morgen die Zweisamkeit mit seinem Vater im Himmel zu suchen, denn die Situation trieb ihn gerade dazu. Eines Tages las er ein Wort in der Bibel, das ihn sehr ermutigte: (sinngemäß) ›Ihr seid jetzt in einer schwierigen Zeit, aber es wird viel besser werden, als du dir vorstellen kannst.‹

Auch die Fragen: »Was ist das Höchste in meinem Leben? Ist es das Unternehmen oder Gott? Wer hat den ersten Platz?«, mussten beantwortet werden und Erich Zbären wurde bald klar, dass Gott das Höchste sein soll und sein will. Noch ein Wort aus der Bibel hat ihn damals ermutigt: ›Ich gehe mit dir, wo du auch hingehst!‹ (vgl. Jes 43, 2). Daran hielt er sich fest. »Etwas in meinem Herzen wurde neu berührt. Ich legte meinen Stolz vor das Kreuz und bat um Vergebung. Danach war ich neu motiviert, mit meinem Boss (Gott) vorwärts zu gehen.« Nachdem ihm Matthäus 6, 33 erneut bewusst geworden war, kam seine Freude an der Arbeit zurück, seine Kreativität erwachte neu und er war wieder voll begeistert! Seinen Mitarbeitern wollte er jetzt Vorbild sein und ihnen biblische Prinzipien bei sich bietenden Gelegenheiten verständlich machen. Korrektes Verhalten, Annahme und ein gerechtes Entgelt sind seine Eckpfeiler, um den Mitarbeitern die Liebe Jesu zu verdeutlichen. Aber auch betriebswirtschaftlich hatte Erich Zbären neue Wege eingeschlagen. Obwohl er keinen Franken mehr in den Betrieb investieren wollte, wurde seinem Bruder und ihm klar, dass sie nur mit einer neuen Investition in eine computergesteuerte Maschine eine Zukunft am Markt haben würden. Sie legten Gott eine Liste mit sechs Punkten vor, die er alle positiv beantworten musste, damit sie bereit waren, fast eine halbe Million Schweizer Franken zu investieren. Während der folgenden zwei Wochen wurden alle Antworten positiv beantwortet. Diese etwas ungewöhnliche ›Geschäftspolitik‹ hat viele Menschen im Umfeld der Zbärens in Erstaunen versetzt; aber von da an ging es nochmals aufwärts. Denn seit diesem Erlebnis produzieren die Brüder alles selbst in ihrem Betrieb und sind nicht mehr auf fremde Maschinen und Werkzeuge angewiesen.

Mit seiner ganzen Familie besuchte Erich Zbären die Explo 1997/98 in Basel, wo ihnen wieder neu die Berufung in die Geschäftswelt bewusst wurde. Seit dieser Zeit beten sie täglich zusammen für verschiedene Ehepaare. »Wir sehen, wie so viele Menschen reich an Geld sind und so arm im Herzen.«

Im Jahr 1999 hat Erich Zbären eine unmittelbare Erfahrung mit dem Heiligen Geist gemacht: »Ich fuhr mit meinem Wagen, der in den letzten Jahren auch zu meinem Gebets- und Lobpreisauto geworden ist, in Richtung Basel. Während dieser Fahrt erklärte ich meinem himmlischen Vater, dass ich um meine Berufung wusste und dass ich jetzt auch noch sagen wollte, dass er mich uneingeschränkt nach seinem Willen brauchen und einsetzen könne! Meine Tränen flossen in Strömen, und ich musste aufpassen, dass ich die Straße noch sehen konnte. Auf meiner Brust fühlte ich so etwas wie eine große Hand, die mich sanft drückte! Sofort nach diesem Erlebnis bat mich Gott, einen bestimmten Geschäftsmann anzurufen. Nach einem ersten Zögern tat ich es und kurze Zeit später saß ich in seinem Büro und erzählte begeistert von meinem neuen Manager, der die ganze Arbeit sogar gratis mache, einfach mir zuliebe! – Heute ist dieser Mann selber ein überzeugter und begeisterter Christ.«

Vom Erfolg fast erdrückt

➔ Obwohl Erich Zbären sich und seinen Betrieb ganz Gott anvertraut hatte, war weiterhin dennoch vieles unsicher: »Ich wusste nicht mehr ein noch aus und sah die Zukunft eher schwarz vor mir, auch wenn mich der Erfolg fast erdrückte.« Im Sommer 1999 musste er wegen eines Auslandsauftrages sogar eine Ferienwoche opfern. Das war der Auslöser für die Aussage seiner Frau: »So mach ich nicht mehr länger mit!« Denn die gewöhnliche Arbeitszeit pro Woche betrug durchschnittlich 70 – 80 Stunden – und das schon seit mehreren Jahren. Wieder war ein Umdenken zwingend erforderlich: »Wir entschlossen uns, bewusst Zeit zu nehmen, uns neu auf Gott auszurichten und ihn zu fragen, was er zu dieser ganzen Situation eigentlich sagt.« Im September desselben Jahres fuhr dann das Ehepaar Zbären für eine ›Auszeit‹ nach Lugano (Schweiz). Dort haben eine Reihe Erlebnisse mit Gott die beiden ermutigt, sich ganz neu an Gottes Maßstäben zu orientieren: »Eines Morgens, ich saß betend auf dem Bett, hatte ich das komplette Organigramm für die Zukunft unseres Betriebes innerlich vor Augen. Was für eine neue Erfahrung! Klar daraus erkennbar war auch, dass wir in Zukunft mit einem anderen Betrieb zusammenarbeiten sollen. Heute arbeiten wir mit einer dieser Firmen zusammen.«

Die geistlichen Veränderungen bei der Zbären Kreativküchen AG dehnen sich zunehmend auf alle Bereiche des Unternehmens aus. Ohne die Initiative des Chefs ist eine wöchentliche Gebetsgruppe unter den Mitarbeitern entstanden, die in 45- bis 60-minütigen Treffen aktuelle Probleme aus der Firma bespricht und darüber betet. Die Sitzungen der Führungscrew werden grundsätzlich mit Gebet eröffnet. Darüber hinaus zieht sich Erich Zbären bei punktuellen Anliegen häufig mit den betreffenden Mitarbeitern zum Gebet zurück. Die Herzenshaltung des Unternehmensinhabers wirkt aber auch nach außen:

Immer wieder kommt es vor, dass bei Kundengesprächen weniger die Küche als vielmehr biblische Inhalte und das Evangelium im Vordergrund stehen. »Ich darf Zeugnis geben, und meine Ratschläge aus Gottes Wissensschatz werden dann immer dankbar angenommen. Ich warte aber ab, bis Gott die Gelegenheiten dazu schenkt.« Genauso unaufdringlich ist auch der Außenauftritt der Zbären Kreativküchen AG; nirgends ein Hinweis auf die Glaubensüberzeugung: »Wir geben unser christliches Grundverständnis nur im persönlichen Gespräch oder bei Einladungen etc. weiter. Unser Kundenkreis schätzt Diskretion, öffnet sich dann aber im persönlichen Kontakt, sodass ich die Erlösung durch Jesus Christus direkt zu den Herzen sprechen darf.«

Auch die Explo 2000 in Lausanne führte die ganze Familie zu einer erneuten Veränderung: »Eines Morgens während meiner stillen Zeit zeigte mir Gott wieder etwas Außergewöhnliches. Ich hatte folgenden Eindruck: ›Mache ein Fest für Kunden, Geschäftsfreunde und Nachbarn, und teile den Gästen mit, was ich Großes tue!‹ Wir feierten dann ›51 Jahre Enrico‹ und durften alle, ohne Ausnahme, Gottes Liebe erfahren. Jeder Gast wurde von Gott berührt.«

Gemeinsam mit seiner Familie hat Erich Zbären angefangen, das G 12-Konzept aus Argentinien (Hauszelle mit zwölf Teilnehmern, von denen reihum immer einer die Leitung und Lehre übernimmt; jeder sucht dann einen weiteren Teilnehmer) auszuprobieren, um es auch in seiner Firma anzuwenden. »Seitdem wir das praktizieren, hat sich noch viel mehr zum Guten gewendet. Wir wissen, dass Gott hier etwas Neues entstehen lassen möchte. Er will, dass Menschen das Evangelium hören, und er will uns dabei als Familie gebrauchen. Wir leben und sind mitten in einer spannenden Zeit!« Leitvers der Zbärens ist Jesaja 29, 11: »Darum sind euch alle Offenbarungen wie die Worte eines versiegelten Buches, das man einem gibt, der lesen kann, und spricht: Lies doch das!, und er spricht: ›Ich kann nicht, denn es ist versiegelt.‹«, mit dem sie sich auf die Zukunft und Gottes fortgesetztes Handeln im Betrieb freuen.

Was macht Erich Zbären und die Zbären Kreativküchen AG, um das Evangelium in der Geschäftswelt zu verbreiten?

- Er ist bewusst nur Verwalter des Betriebes, Inhaber ist Gott.
- Er betreut einzelne Mitarbeiter geistlich (G 12 Konzept = Hauskreis mit wechselnder Verantwortung für Leitung und Lehre).
- Eine wöchentliche Gebetsgruppe von Mitarbeitern ist ohne seine Initiative entstanden.
- Er betet täglich für Geschäftsleute und Kunden.
- Er trifft sich auch privat mit dem Betriebsleiter und seiner Frau, um die Beziehung auszubauen.
- Er organisiert verschiedene Anlässe, um mit Geschäftsleuten oder Kunden eine Beziehung aufzubauen und/oder eine gemeinsame Wegstrecke zu gehen (z. B. persönliche Einladungen zu sich nach Hause oder in Restaurants, gemeinsame Wochenenden oder Seminar- und Konferenzbesuche).
- Er verschenkt gezielt christliche Literatur oder Videos.

Das Betriebsgebäude der Zbären Kreativküchen AG in Lenk, Schweiz.

FIRMENPROFIL

Name:	Zbären Kreativküchen AG
Gründung:	1975 durch Hans und Erich Zbären
Mitarbeiter:	22 Vollzeitkräfte und 5 Teilzeitkräfte
Kunden:	ca. 70 pro Jahr in der Schweiz, England, Frankreich, USA, Bermuda,
Branche:	Möbelschreinerei
Produkte:	Küchen- und Bädereinzelanfertigungen
Umsatz:	5,3 Mio. CHF
Adresse:	Gutenbrunnenstrasse 87, 3775 Lenk, Schweiz
Telefon:	+ 41 33 736 37 37
Fax:	+ 41 33 736 37 38
E-Mail:	info@zbaeren.ch
Website:	www@zbaeren.ch

Wie aus Verlust Gewinn wurde

Seit Bestehen ihrer Firma hatten sich Marianne und Hanspeter Suess daran gewöhnt, jedes Geschäftsjahr jeweils mit einem positiven Saldo abzuschließen. Trotz voller Auslastung schloss das Geschäftsjahr 1997 aber plötzlich mit einem Riesenverlust.

Der Schock saß bei den Suess tief: »Alles ging so schnell und kam so unvorbereitet, dass es uns traf wie ein Blitz aus heiterem Himmel! Wenn sich das im nächsten Jahr wiederholen würde, wäre alles infrage gestellt, dachten wir.« Sie haderten mit Gott: »Du hast uns doch immer treu versorgt und unsere Gebete erhört! Wie soll und kann es weitergehen?« Zwei Tage waren sie wie gelähmt, hatten Angstgefühle und Fragezeichen: »Wir fragten Gott in der Stille, was er uns mit diesem finanziellen Desaster zeigen wollte. Wir erbaten die schonungslose Aufdeckung aller Fehler und Versäumnisse und waren zu allen Schritten und Konsequenzen bereit.« In der Folge begann dann Jesus die Fragen zu stellen und präzise Anweisungen zu geben:

» Warum gebt ihr als Firma eigentlich nicht den Zehnten? «

Die Suess realisierten, dass sie bisher den Zehnten als etwas ansahen, das nur für den persönlichen Monatslohn galt, den die beiden sich von der Firma überweisen ließen. »Wir taten Buße und versprachen, ab sofort auch den Zehnten von jedem Franken Bruttoertrag der Firma ins Königreich Gottes zu geben – in das Kornhaus, da wo wir zuerst die Milch und dann feste Speise bekamen und bekommen.

Ändert sofort euer Controlling!

Die Suess waren erfolgsverwöhnt und achteten auf Zielstrebigkeit und Effizienz. Aus mangelnder Geduld kontrollierte Hanspeter Suess in seiner schnellen Gangart aber nur ein paar wesentliche Punkte wie Umsatzabweichungen zum Vorjahr, Durchschnittsmarge oder Lohnsummen, was jedoch nicht genug war. Gemeinsam mit der Treuhandgesellschaft erarbeiteten sie neue, präzisere Kontrollmodelle, die nun jeden Monat über die finanzielle Situation in der Erfolgsrechnung verlässlich Aufschluss gaben. So war bei guter Liquidität eine Verschlechterung der Lage sofort erkennbar. Das Wort »Kehrt um und tut Buße!« wurde den Suess dadurch sehr gegenwärtig und verfehlte seine Wirkung nicht. »Das haben wir als ›Gottes Eingreifen‹ verstanden.«

Warum gibst du, Hanspeter, mir nicht mehr Zeit?

Auch hier tat er Buße und versprach Jesus, einen Nachmittag pro Woche ganz allein mit ihm zu verbringen. »Unser Vater im Himmel schmunzelte wohl, als er sah, dass wir seine Lektion verstanden hatten. Es musste ihn so berührt haben, dass er uns selber mit einem Wunder antworten wollte.«

Beim nächsten Jahresabschluss wurde der größte bisher in der Firmengeschichte erreichte Gewinn ausgewiesen und der Verlustvortrag aus dem Vorjahr damit fast getilgt. Nur ein Jahr später folgte das nächste Wunder:

»Aus unerklärlichen Gründen war der Gewinn so groß, dass wir mit allen 50 Mitarbeitern für ein verlängertes Wochenende nach New York fliegen konnten.« Zusätzlich partizipierten alle mit einem separaten Bonus auch finanziell an diesem göttlichen Segen. »Wir waren Gott so dankbar, dass er uns aufgezeigt hatte, worin unser Versäumnis bestand – und es hat sich bewahrheitet, dass er uns aus unseren Fehlern lernen lässt. Er lässt sie uns tatsächlich zum Besten dienen.«

Die Gründung

➔ Am 1. Mai 1980 gründete Hanspeter Suess, damals 35-jährig, das Versandhaus Angela Bruderer AG mit Sitz in Winterthur. Mit einer Handelsfirma hatte er bereits zwei Jahre vorher den Schritt in die Selbstständigkeit gewagt und eine trag- und ausbaufähige Infrastruktur aufgebaut. Deshalb war alles, was es zum Start brauchte, bereits da. Lieferanten, Produkte, sogar Büro- und Lagerräume boten sich auf dem gemieteten Firmenareal genügend an. Mit Handarbeitsprodukten (alles zum Sticken, Stricken, Häkeln und Knüpfen) ab Versandkatalog sollte eine bestehende Marktlücke gefüllt werden und direkt zu den Frauen mit diesen Hobbys gelangen.

Der Firmenname kam durch die Frau eines Freundes und Druckereibesitzers. Die Suess schätzten den Namen als einen gut klingenden und einprägsamen Firmennamen ein, der am Markt beziehungsweise bei der Schweizer Frau zu Hause gut ankommen müsste. Frau Bruderer gab ihren Namen und erhielt im Gegenzug die Druckaufträge für die neue Firma. Danach starteten die Suess voll durch. Zuerst wurden die Produkte einfach in ganzseitigen Anzeigen in den auflagestarken Wochen- und Monatszeitschriften beworben, die sich vor allem an die Frau und Familie richteten. Bereits nach einem Jahr konnten rund 50.000 Kundinnen gezählt werden. Dann folgten die ersten Prospekte, die den Paketen an die Kunden beigelegt wurden, und in den Folgejahren entstanden die ersten Kataloge. Lange Zeit genügten vier Saisonkataloge im Jahr. Inzwischen ist die Angela Bruderer AG bei acht Katalogen angelangt, die jeweils an die 200.000 aktivsten Kunden in der Schweiz versandt werden.

In den Anfangsjahren (1980–1990) bestand das Sortiment vor allem aus Handarbeitsprodukten, die für Umsatz sorgten. Packungen mit allen erforderlichen Materialien zum Sticken und Knüpfen liefen ein paar Jahre geradezu boomartig. Als das Interesse an diesen Produkten nachließ, kam die Zeit der Handstrickwolle als ideale Erweiterung. Schweizer Markenwolle im Versand zu Discountpreisen gab es damals nur sporadisch. Während in den Wollfachgeschäften der Umsatz bereits abflaute, hatten die Suess eine Marktlücke entdeckt und kauften tonnenweise zu viel produzierte Wolle in Spitzenqualität ein. »Wir konnten die Nachfrage kaum decken.« 1986 wurde ein Laden für Verkauf ab Werk eingerichtet.

Anfang der neunziger Jahre entstanden neue Verkaufssortimente. In diese Zeit fiel auch der Startschuss für Bettwäsche und etwas später für die Mode. Heute sind diese zwei Positionen die tragenden Säulen der Angela Bruderer AG.

Mit gerade mal drei Personen fing 1980 alles ganz klein an: eine Frau im Büro, die alles erledigte (gleichzeitig Telefonistin, Fakturistin und Disponentin), eine Frau im Lager für die Warenbereitstellung, Verpackung und Postaufgabe. Das Wachstum setzte sich kontinuierlich fort und jedes Jahr konnten neue Mitarbeiter/innen eingestellt werden. Selbst in den Rezessionsjahren musste niemand wegen fehlender Aufträge entlassen werden. Es kamen sogar neue Arbeitsplätze hinzu. Heute finden in dieser Firma bis zu 90 Personen (in saisonalen Spitzen) eine Beschäftigung.

Es wird sehr großen Wert auf ein gesundes Betriebsklima gelegt und vor allem der Umgang miteinander und auch das Aufeinander-Zugehen gefördert. »Gerade wenn irgendetwas vorgefallen ist, lernen wir einander zu vergeben und neu anzufangen. Wichtig ist für uns alle, die Persönlichkeit der anderen anzunehmen und zu achten.«

Gottes klare Führung erlebten die Suess in all den Jahren auch immer dann, wenn sie neuen Platz benötigten. Dabei entdeckten sie ein interessantes Phänomen: Wenn die Angela Bruderer AG in den gemieteten Gebäuden einer Textilfärberei und Veredelungsanstalt größeren Platzbedarf hatte, schrumpfte diese jeweils um die von der Angela Bruderer AG benötigte Fläche, bis hin zur vollständigen Auflösung im Jahre 1998.

Zwei der Söhne sind inzwischen ins elterliche Geschäft eingestiegen und tragen Führungsverantwortung. »Als Eltern stehen wir unseren Söhnen mit Rat und Tat bei, stützen und ermutigen sie und zeigen ihnen Wege auf, die gangbar sind. Meinungsunterschieden weichen wir nicht aus. Kommt es einmal wirklich zu einer solchen Diskussion, besprechen wir sie in einem Klima von Annahme und gegenseitigem Respekt.« Da die Familienmitglieder mit allen Mitarbeitern gemeinsam in einem Großraumbüro arbeiten, hat der familieninterne Umgang miteinander Signalcharakter für alle übrigen Mitarbeiter: »Sie bekommen direkt mit, wie wir uns verhalten, was von uns ausgeht und ob wir Vorbilder sind. Wir sind immer wieder gefordert, das Evangelium ganz praktisch im Alltag umzusetzen.« Hanspeter Suess betont: »Es gibt keinen anderen Grund, als der gelegt ist durch Jesus Christus. Das gilt für Marianne und mich, seit wir Jesus als unseren Herrn in unser Leben eingeladen haben. Er hat unsere Herzen verändert, unser Denken und unser Reden. Transparent, klar und wahr wollen wir nach innen und außen sein. Zu den Mitarbeitern, zu den Kunden, den Lieferanten, aber auch gegenüber dem Staat. ›Gebt dem Kaiser, was dem Kaiser gehört‹, steht im Wort Gottes. In diesem Sinne bezahlen wir gerne so viel Steuern wie nur möglich. Denn nur von einem großen Gewinn können wir auch große Steuern entrichten.«

Ein neuer Anfang

➔ Als Hanspeter Suess 1980 die Angela Bruderer AG als Pionier gründete, hatte er nur ein Ziel: alle Kraft, alle Mittel, alle Zeit in das Unternehmen zu investieren – um dann im Alter von 50 Jahren weit weg und wo es warm ist ein Haus irgendwo an einem der schönsten Strände zu haben und das Leben zu genießen! Das war seine große Vision ... Gegenwart und eigentliches Leben traten völlig in den Hintergrund: »Es begann eine Zeit, die nur für die Zukunft und auf Geld ausgerichtet war. Da ich zum Workaholic geworden war, litten die Ehe und die Familie immer mehr und es kam zu Auflösungstendenzen. Marianne hatte die Kinder, die Verantwortung und die Arbeit mit dem Haus, dazu sollte sie noch mitarbeiten ... Ich brannte aus und realisierte, dass es so nicht weitergehen konnte. Da war das Geld – und da waren vor allem die Scherben, wo ich auch hinblickte. Ich brauchte Hilfe und wusste nicht mehr, wie ich weiter aus mir selbst heraus leben sollte. Ich konnte Geld generieren, aber realisierte: das ist nicht das Leben! Das kann es nicht gewesen sein!« Gerade noch, bevor es zum endgültigen Bruch der Ehe kam, sind die Suess Jesus Christus begegnet. »Zuerst Marianne. Sie lebte mir vor, was das Leben für eine Qualität haben kann, wirkte wie verwandelt und kam völlig anders auf mich zu. Dennoch stemmte ich mich etwa zwei Jahre mit aller Kraft dagegen – um dann zu erkennen, dass gerade das wohl auch der (Aus)Weg für mich sein könnte.« Nachdem ich Jesus in mein Leben eingeladen hatte, befreite er mich auf der Stelle vom Geiz. Durch das Lesen in der Bibel, durch Predigten, durch Lehre und vor allem durch neue Menschen, die Gott liebten, wurde ich nach und nach verändert.« Heute weiß er, dass es die beste und wichtigste Entscheidung in seinem Leben war. »Wir waren als Ehepaar, als Vater und Mutter und als Firmenleiter erstmals wirklich eins und Marianne ist heute gleichberechtigter Partner in der Firma. Unser Umgang mit dem Personal wurde auf den Felsen von Wahrheit,

Klarheit, Transparenz und Verantwortung gestellt. Wir entschieden uns, das Evangelium in der Firma zu leben.« Die Beziehungen zu den Mitarbeitern bestanden jetzt nicht mehr aus dem ultimativen Streben nach Gewinn, sondern aus Liebe. »Wir begannen sie zu lieben, mehr und mehr. Uns wurde bewusst, dass Gott uns einmal fragen würde: ›Was habt ihr mit den Mitarbeitern gemacht, die ich euch anvertraut habe?‹« Deshalb werden auch sozial schwächere Menschen bei der Angela Bruderer AG integriert und gefördert. Einige Mitarbeiter waren Gebetserhörungen. Sie meldeten sich ohne Inserate.

Gebet und Verbreitung des Evangeliums haben Vorrang

Hanspeter Suess begründet, warum das Evangelium in der Firma verbreitet wird: »Christ und zugleich Geschäftsperson zu sein, ist nicht trennbar! Wir können gar nicht mehr anders, sonst wären wir nicht mehr wir selber, denn wir würden uns vor unseren Mitarbeitern verleugnen. Der Geist Gottes drängt uns, diese Liebe, die wir für die uns auf Zeit anvertrauten Mitarbeiter in unseren Herzen haben, auch zu leben und weiterzugeben. Dazu gehört in erster Linie der Lebensstil. Wir versuchen diese Vorbilder zu sein, an denen man sich orientieren kann. Unsere Mitarbeiter sollen zu uns kommen können, auch wenn sie in Notlagen sind oder sich nicht verstanden fühlen. Wir haben eine frohe Botschaft zu verkündigen. Da Jesus unser Vorbild ist, wollen wir von ihm erzählen. Zu Ostern verdeutlichen wir allen Mitarbeitern, dass Ostern mehr ist als nur das Fest des Eiersuchens. Das Kreuz auf Golgatha steht dann im Zentrum unserer Firma, im Geist der Auferstehungskraft, erfrischend und ermutigend, nicht fromm und religiös. Eine Weihnachtsfeier ohne eine klare und bekennende Botschaft ist bei uns inzwischen undenkbar. Am Anfang brauchte es Überwindung, heute wird ein solches Fest erwartet. Und die Mitarbeiter dürfen uns beim Wort nehmen. Der Lebensstil von Wahrheit, Klarheit und Transparenz soll uns als Inhaber prägen, aber auch die Mitarbeiter dazu ermutigen –

innerhalb und außerhalb der Firma. Konkret sieht das bei uns so aus:

Einmal pro Woche findet um 7.00 Uhr das ›45-Minuten-Gebet‹ statt. »Eine Gruppe der bei uns arbeitenden Christen, meistens ein gutes Dutzend, nehmen daran teil und danken Gott für die Aufträge. Wir stehen ein für angeschlagene Mitarbeiter/innen, segnen unsere Kunden und Lieferanten, erbitten Eindrücke für zusätzliche Lieferanten und beten für die Umsätze.«

Jeden Montag beginnt ein Teil der Geschäftsleitung eine Stunde früher als üblich, denn sie will Gottes Stimme hören: Da sind wir einfach zuerst eine Stunde vor Gott in der Stille und tun nichts anderes als ihn anbeten, danken und hören, was er uns zeigen will. Die Eindrücke, die wir dabei von Gott erhalten, sind immer wieder total spannend und ermutigend. Einmal im Monat treffen wir uns einen ganzen Montagvormittag und breiten Projekte vor Gott aus oder bitten um neue Ideen. Neue Produktlinien entstehen bei uns meist so. Auch bevor wir neue Mitarbeiter einstellen, interessiert uns vor allem, ob Gott die Eindrücke bestätigt, die wir von ihnen gewonnen haben. Oft werden wir bestätigt, manchmal gewarnt und erfahren wichtige Einzelheiten.«

Eine Stunde pro Woche wird schon rein formal in das Leben eines jeden Mitarbeiters investiert, denn der »La Red«-Kurs (La Red ist eine Organisation, welche die Frage nach Ethik und Werten in Firmen und in der Gesellschaft verankern will) wurde im Jahr 2000 für alle Mitarbeiter verpflichtend eingeführt. »Wir haben mit dieser Investition sehr gute Erfahrungen gemacht. Für viele war es absolut neu, sich in einer Gruppe zu outen und sich voll hineinzugeben. Es war ein Lernprozess, der schon nach einem halben Jahr zu deutlich verbesserter Kommunikation am Arbeitsplatz und in den Teams führte. Wir lernen geduldiger zu werden und anders als früher aufeinander zuzugehen. Von nicht bei uns tätigen Ehepartnern haben wir gehört, dass durch diesen Kurs und den Austausch zu Hause auch Ehen neu belebt und gestärkt wurden.«

Türkischen Geschäftsfreunden ist bei ihren Besuchen aufgefallen, dass in der Angela Bruderer AG etwas anders ist als bei sonstigen Firmen, mit denen sie bisher zusammengearbeitet haben. »Sie empfanden diese Art der Kooperation, wie Annahme, Freundlichkeit, Kompetenz, als einmalig in dieser Art. Darauf erzählten wir ihnen von Jesus und übergaben den Jesus-Film in ihrer Sprache.«

Harry Potter, Pokémon, Digimon etc. haben bei der Angela Bruderer AG keine Chance: »Diese Produkte könnten bei uns sechsstellige Summen umsetzen. Lieferanten bestätigen uns, dass es ihre mit großem Abstand besten Renner sind. Wir erklärten unseren Lieferanten, warum wir generell auf jegliche Produkte verzichten, die mit Hexerei und Zauberei, mit Okkultismus ganz allgemein oder mit Gewaltanwendung zu tun haben. Wir haben die Erfahrung gemacht, dass uns Gott dafür an andere umsatzstarke Produkte heranführt und wir dort Aufträge abschließen können, bevor die Konkurrenz sie entdeckt.«

Was machen das Ehepaar Suess und die Angela Bruderer AG, um das Evangelium in der Geschäftswelt zu verbreiten?

- Es findet ein wöchentliches ›Montagsgebet‹ der Geschäftsleitung für die Ausrichtung der Firma statt.
- Es findet ein wöchentliches »45-Minuten-Gebet« der gläubigen Mitarbeiter statt.
- Ein wöchentlicher »La Red«-Kurs ist verpflichtend für alle Mitarbeiter.
- Es findet ein monatliches halbtägiges Gebetstreffen der Geschäftsleitung mit Bitte um Weisheit im Umgang mit neuen Projekten und Bitte um neue Ideen statt.
- Sie führen geistliche Gespräche mit Mitarbeitern und Lieferanten.
- Sie fördern das Miteinander verschiedenster Nationalitäten am Arbeitsplatz (USA, Australien, Libanon, Ghana, Portugal, Peru,

Bulgarien, Österreich, Deutschland, Italien, Spanien, Holland, Laos und der Schweiz).

- Sie unterstützen die Mitarbeiter durch Finanzen (bei Verschuldung, Konkurs, Hausbau), Budgetberatung, Seelsorgegespräche.
- Sie senden Lieferanten Einladungen zu Geschäftsleuteseminaren mit Suess.
- Sie übergeben türkischen Geschäftsfreunden den Jesus-Film in ihrer Sprache.
- Sie drucken Bücherangebote eines christlichen Verlages im Versandkatalog ab.
- Sie geben die Unterstützung eines Kinderheims mit christlicher Leitung im Weihnachtskatalog bekannt.
- Sie haben eine neue Homepage in Arbeit mit klarem Bezug auf ihre Glaubensüberzeugung.
- Sie verzichten auf jegliche Produkte mit Bezug auf Hexerei, Zauberei, Okkultismus.

Die Angela Bruderer AG teilt sich das Betriebsgebäude mit dem Missionswerk Stiftung Schleife in Winterthur, Schweiz.

FIRMENPROFIL

Name:	Angela Bruderer AG
Gründung:	1980 durch Hanspeter Suess
Mitarbeiter:	31 Vollzeitkräfte und 56 Teilzeitkräfte
Kunden:	200.000 in der Schweiz
Branche:	Versandhaus
Produkte:	Heimtextilien, Mode, Hobby- und Bastelartikel
Umsatz:	17 Mio. CHF 2001
Adresse:	Pflanzschulstrasse 17, 8411 Winterthur, Schweiz
Telefon:	+ 41 52 232 41 28
Fax:	+ 41 52 232 62 23
E-Mail:	info@angela-bruderer.ch
Website:	www.angela-bruderer.ch

Wie man jährlich 100 000 Managern erklärt, wie sie in den Himmel kommen

An einem Sonntagmorgen in der First Alliance Church in Atlanta, USA, begegnete Jörg Knoblauch Stanley Tam (vgl. Teil 1, Kapitel 11). Stanley, der aus Ohio angereist war, hatte an diesem Vormittag den Predigtdienst übernommen. Er erzählte seine Geschichte. Dabei wurde deutlich: Man kann eine Firma führen und gleichzeitig das Evangelium verkündigen. Dieser Mann hatte darüber hinaus Antworten auf Fragen, wie Einteilung von Zeit und Geld, erfolgreiche Unternehmensführung und viele andere ganz praktische Fragen. Er brachte es fertig, die »Schlauheit dieser Welt« und die »Klugheit des Evangeliums« miteinander zu verbinden. Die Überraschung: Seine Firma hatte er zu 51 % an Gott übertragen. Durch diese Beteiligung war klar, wer das Sagen hatte. Das alles klang etwas exzentrisch, jedoch glaubhaft. Jörg Knoblauch erwarb die Biographie von Stanley Tam *»God owns my Business«*. Dann war ihm klar: Man kann eine Firma besitzen und gleichzeitig ein Prediger des Evangeliums sein. Möglicherweise ist die Firma eine bessere Plattform als die Kanzel. Das Nächste war dann nur noch ein kleiner Schritt: Ein Brief an die Eltern zu Hause in Deutschland, dass ihr Sohn vom Studium nach Hause zurückkehrt und die bereits bestehende Firma »drilbox«, damals ein Handwerksbetrieb mit ca. 80 Mitarbeitern, übernehmen wird.

Ein weiterer Meilenstein in der Entwicklung des schwäbischen Unternehmers war ein Gespräch mit einem befreundeten Professor. Der hatte gerade ein Diplomarbeitsthema an zwei Studenten vergeben. Es ging um die Frage: Wie unterscheiden sich christlich geführte Unternehmen von nicht christlich geführten Unternehmen? Die Hoffnung war, hier signifikante Unterschiede im Bereich von Betriebsklima, Innovation, Führungsstil usw. zu entdecken. Das Ergebnis jedoch war beschämend: christlich geführte Firmen sind bestenfalls Durchschnitt, in der Regel sogar schlechter als die ihrer Kollegen. Daraufhin war dem Unternehmer Knoblauch klar: Exzellenz ist gefragt. Die Amerikaner nennen es »Earning the right to be heard«, »Das Recht erwerben, gehört zu werden«.

Bei seinem Aufenthalt in den USA hatte Jörg Knoblauch jedoch noch etwas anderes entdeckt: Er hatte gesehen, wie Gemeindeaufbauprogramme bewirken, dass bessere und größere Gemeinden entstehen. Auf seinen Reisen durch alle 50 Staaten besuchte Jörg Knoblauch eine Vielzahl von so genannten Mega-Churches, also Kirchen, die am Sonntag mehr als 5.000 Besucher haben.

Zu Hause angekommen, begann Jörg Knoblauch Studienreisen für Pfarrer und interessierte Gemeindemitarbeiter in die USA aber auch nach Südostasien, Südafrika und rund um die Welt zu organisieren. Parallel dazu wurden so genannte Gemeindeaufbauseminare durchgeführt und auch eine Zeitschrift mit dem Titel »praxis – Mitarbeiten in der Gemeinde« geschaffen, die diesen Trend aufgriff. In Deutschland, wo man sich an die »kleine Zahl« von Gottesdienstbesuchern gewöhnt hat, erfuhr Jörg Knoblauch erst einmal nur Ablehnung. Da kam der Erwerb des Doktortitels gerade recht, als eine Art Eintrittskarte, um Gemeindegremien von den neuen Möglichkeiten zu überzeugen.

Bohrerschachteln, Zeitplansysteme und Persönlichkeits-Profile

Parallel dazu entwickelte sich die Firma drilbox als Hersteller von Werkzeugkisten, speziell zur Aufbewahrung von Spiralbohrern.

Diese hauptsächlich aus Metall hergestellten Behälter werden an Werkzeughersteller wie Black & Decker oder Bosch geliefert. drilbox hatte sich über die Jahre in diesem Bereich zum Weltmarktführer entwickelt. Die Frage kam: Welche anderen Produkte könnten denn noch produziert werden? Jörg Knoblauch war klar, dass es ein Produkt sein musste, welches zu ihm passt. Als »Wirtschaftsmissionar« wusste er auch, dass Produkte durchaus auch das Evangelium transportieren können. Seine Idee: Während die herkömmlichen Kalender in großen Druckereien hergestellt werden und normalerweise keine zusätzliche Botschaft transportieren, ist es mit vielen Zeitplansystemen anders. Dort kann man sehr wohl eine Botschaft integrieren. So entstand 1987 das christliche Zeitplansystem »tempus«. Zeitplansysteme sind Kalender mit einer Ringmechanik. Im Informationsteil sind bei tempus nicht nur Ferientermine usw. abgedruckt, sondern auch »Biblische Prinzipien im Geschäftsleben« und »Christliche Lebenshilfen«. Dort findet man auch einige Psalmen, das ›Vater unser‹ einen Reisesegen und auf einer vollen Seite wird beschrieben, »wie man in den Himmel kommt«.

In Deutschland gibt es etwa 40 Hersteller von Zeitplansystemen. tempus hat 100.000 Anwender und ist damit die Nummer 4. Auf dem Weg zur Exzellenz gewann die Firma 1997 den »Best Factory Award«. Dies ist ein Preis, der jährlich für die am besten geführte Firma in Deutschland vergeben wird. In der Folge kamen sehr viele Besucher ins Haus, nicht zuletzt der baden-württembergische Ministerpräsident Erwin Teufel, der in einer sehr persönlichen Ansprache die Verdienste der Firma und des Unternehmers Knoblauch herausstellte.

Ein weiteres Produkt, das Jörg Knoblauch in den USA kennen gelernt hatte, sind so genannte »Persönlichkeits-Profile«. Mit Hilfe dieser Profile kann man sehr viel über seine eigene Person erfahren und auch herausfinden, inwiefern die Stärke eines Menschen mit der Situation an der Arbeitsstelle zusammenpasst. Jörg Knoblauch hatte in den USA gesehen, wie vielen Menschen damit nachhaltig geholfen wurde. Deshalb bewarb er sich für die Vertretung dieser Produkte in Deutschland. Es dauerte noch einige Jahre, bis 1992 die Vertretung frei wurde. Die damals gegründete Firma DISG hat heute 1.700 lizenzierte Trainer in Deutschland, Österreich und der Schweiz. Weitere europäische Länder werden derzeit für das DISG-Produkt – wie die Persönlichkeits-Profile heißen – erschlossen.

Mittlerweile hat sich mit »TEMP« (T = Teamchef, E = Erwartungen des Kunden, M = Mitarbeiter, P = Prozesse) eine neue Firma gebildet. Dort geht es um Unternehmensberatung für kleine und mittelständische Unternehmen. Die von Jörg Knoblauch entwickelte »TEMP-Methode« findet nicht nur in Deutschland, sondern auch im Ausland – u. a. auch in China – großen Anklang. Das TEMP-Konzept stellt die Führungsmaximen und Handlungen eines Unternehmens in einer neuen systematisch-ganzheitlichen Sichtweise dar. Der weitere Ausbau dieser Beratungstätigkeit ist ein wichtiger Schwerpunkt für die nächsten Jahre. In dieser Beratung geht es nicht nur um unternehmerische Fitness, sondern in vielen Gesprächen auch um geistliche Zusammenhänge. Jörg Knoblauchs Traum vom »Wirtschaftsmissionar« wird an dieser Stelle besonders gut umgesetzt.

Jörg Knoblauch hat immer versucht, zwei Drittel seiner Zeit für Engagements der Firmen zur Verfügung zu stellen und mindestens ein Drittel für das Reich Gottes. Zum Beispiel ist er Mitglied in knapp einem Dutzend christlicher Geschäftsleutebewegungen. Bei »Christian Business Men's Committee« (CBMC) gehört er zum internationalen Vorstand. Bei »Christen in der Wirtschaft« hatte er für einige Jahre den Bundesvorsitz übernommen. Diese Verbindungen führten damals zu einer neuen Initiative, dem »Kongress christlicher Führungskräfte«, der 1999 zum ersten Mal mit 1.000 Teilnehmern in Stuttgart durchgeführt wurde. 2001 fand die Veranstaltung in Kassel und 2003 in Hannover statt. Diese Initiative, die zusammen mit dem Nachrichtenmagazin »idea« weitergeführt wird, erfreut sich zunehmender Beliebtheit.

Der umtriebige Unternehmer

➔ Jörg Knoblauch wurde 1949 in Giengen geboren und ist mit Elfi verheiratet. Er studierte Maschinenbau in Deutschland und Betriebswirtschaft in den USA (Master of Business Administration - MBA) und promovierte zum Dr. rer. soc. oec. Als Honorarprofessor unterrichtet er Führungslehre an der Fachhochschule in Nürtingen und ist Dozent am Institut für Führungs- und Personalmanagement der Universität St. Gallen. Jörg Knoblauch ist seit mehr als 20 Jahren geschäftsführender Gesellschafter der Knoblauch Unternehmensgruppe in Giengen bei Ulm.

Jörg Knoblauch ist in verschiedenen Gremien aktiv: Vorsitzender des Ausschusses des »Instituts für Innovation im System Arbeit an der Fachhochschule Nürtingen« (ISA-Institut), langjähriger Vorsitzender der »Arbeitsgemeinschaft zur Förderung der Partnerschaft in der Wirtschaft e.V.« (AGP), Mitglied des württembergischen Präsidiums des Bundes der Selbständigen (BDS), u. a. Mitarbeiter in der Zukunftskommission, Vorstandsmitglied der Deutschen Managementgesellschaft (DMG), Managementtrainer im In- und Ausland, Leiter von Studienreisen, Gründungsmitglied des »Deutschen Methodeninstituts«, Geschäftsführer der »Arbeitsgemeinschaft für Gemeindeaufbau« (AGGA), internationales Vorstandsmitglied »Christian Business Men's Committee« (CBMC), Mitarbeiter innerhalb der evangelischen Landeskirche und Gründungsmitglied in der Gemeindepflanzung »OASE«, einem Gottesdienst für junge Familien.

Auch als Autor zahlreicher Bücher zu Themen der Unternehmensführung mit einer Gesamtauflage von über 100.000 Exemplaren hat sich Jörg Knoblauch einen Namen gemacht.

Was machen Jörg Knoblauch und tempus, drilbox, DISG, um das Evangelium in der Geschäftswelt zu verbreiten?

- tempus produziert ein Zeitplansystem, das einen Informationsteil enthält mit Psalmen, einem Vaterunser und nicht zuletzt einer ganzseitigen Darstellung »Wie man in den Himmel kommt«. Jährlich wird dies 100.000 Mal verkauft.
- Die Trainer bei tempus (Zeitmanagement) und TEMP (Unternehmensberatung) sind Christen und verstehen sich als »Wirtschaftsmissionare«.
- Einweihung einer drilbox-Auslandsniederlassung mit einem ökumenischen Gottesdienst und der Beteiligung aller Gemeinden am Ort, regionaler Politiker usw.
- In der monatlichen Mitarbeiter-Zeitschrift wird auch auf geistliche Zusammenhänge hingewiesen. Empfohlene christliche Literatur wird der ganzen Belegschaft zur Verfügung gestellt.
- Jeder Mitarbeiter bei tempus hat sich zu bestimmten Werten (persönliche Werte und Firmenwerte) verpflichtet, die in Umsetzungsmeetings diskutiert werden.
- Ältere Mitarbeiter werden in Seminaren nicht nur auf ihren Ruhestand vorbereitet, sondern auch mit Glaubensdingen bekannt gemacht.
- Weihnachtskarten, die die christliche Botschaft transportieren.
- Firmeninfrastruktur wird auch anderen Missionswerken zur Verfügung gestellt.
- Initiative und Mitorganisation des »Kongress christlicher Führungskräfte«.
- Übernahme von Verantwortung in den verschiedensten christlichen Organisationen, national und international (Zeit- und Know-how-Spende)
- Zusammenarbeit mit theologischen Ausbildungsstätten, um angehenden Theologen ein Praktikum in der freien Wirtschaft zu ermöglichen.

FIRMENPROFIL

Name:	tempus, drilbox, DISG
Mitarbeiter:	160
Umsatz:	ca. 12 Mio. EUR 2001
tempus:	Zeitplanbücher
TEMP:	Unternehmensberatung
drilbox:	Werkzeugkassetten
DISG:	Persönlichkeits-Profil
Adresse:	Postfach 14 20, 89529 Giengen, Deutschland
Telefon:	+ 49 07322 950-110
Fax:	+ 49 07322 950-157
E-Mail:	Knoblauch@tempus.de
Website:	www.tempus.de www.TEMP-Methode.de www.drilbox.de www.disg.de

Das tempus-Verwaltungsgebäude in Giengen, Deutschland.

Christliche Literatur liegt für alle Mitarbeiter zur freien Mitnahme aus.

Ein Vermögensberater, der nicht nur aufs Geld schaut

Auf dem scheinbaren Höhepunkt seiner Karriere angekommen, verzichtet ein Mann im 46. Lebensjahr freiwillig auf eine Viertelmillion Euro Jahreseinkommen, einen Assistenten, zwei Sekretärinnen, Dienstwagen mit Chauffeur und weitere Privilegien. Erst kündigt er seinen Posten als Vorstandssprecher einer erfolgreichen Vermögensberatungs-Gesellschaft mit 2500 Mitarbeitern und begibt sich dann in ein Haus der Stille, um seinen Schöpfer zu fragen: »Herr, was ist jetzt dran?« Was äußerlich wie ein Ausstieg ohne sichtbare Alternative anmutete, war die bewusste Entscheidung eines Menschen, der sein Christsein in der beruflichen Sphäre und im privaten Leben ›ungespalten‹ leben will: Klaus Dieter Trayser. Gründer und geschäftsführender Gesellschafter der Plansecur-Unternehmensgruppe in Kassel, Deutschland.

»Ich habe alles losgelassen und mir eine neue Existenz aufgebaut, weil ich trotz aller Erfolge nicht glücklich war.« Sein Grundproblem wurde durch einen Freund bestätigt: »Du kannst nicht nach den Regeln der christlichen Seefahrt ein Piratenschiff führen.« Anspruch und Wirklichkeit stimmten in seinem Berufsalltag nicht überein. Klaus Dieter Trayser wusste aber, dass er mit Gott seine Vision von einem Vermögensberatungs-Unternehmen realisieren könnte, mit der Maxime: das Beste für Mensch und Vermögen.

Neubeginn mit Hindernissen

➔ Vor seinen Augen hatte Klaus Dieter Trayser die Vision, das Unternehmen und seine Mitarbeiter nach Grundsätzen zu führen, die er für wahr und richtig hält. Hierfür entwickelte er klare ethische Unternehmensziele und -prinzipien. Herausforderung und neues Ziel lagen jetzt darin, dem bisherigen beruflichen Tun konsequent als Christ zu begegnen, also die gesamte unternehmerische Tätigkeit an biblischen Werten zu orientieren. Mit ehemaligen Kollegen, die nicht alle wiedergeborene Christen waren, die aber alle Entscheidungen mittrugen, gründete er 1986 eine Kommanditgesellschaft, damit sich die zukünftigen Mitarbeiter als Kommanditisten an der Firma beteiligen konnten. Kurz danach geschah jedoch das Unvorhersehbare. Eine Bandscheibenoperation, eine zunächst nicht erkannte Lungenembolie und Venenentzündung setzten den Unternehmensgründer fast vier Monate außer Gefecht. Zu diesen gesundheitlichen Angriffen gesellten sich finanzielle Schwierigkeiten. Die alte Firma machte Probleme wegen der vertraglich vereinbarten Abfindung. Als Hilfe für den Start der neuen Firma hatte Klaus Dieter Trayser angeboten, das erste Jahr ohne Gehalt zu arbeiten. »Ich sah mich auf einmal mit dem Damoklesschwert der Zwangsversteigerung unseres Hauses konfrontiert – und hatte noch nicht einmal ein Einkommen, um unseren täglichen Lebensunterhalt zu bestreiten.« Nachdem er sich von der Krankheit einigermaßen erholt hatte, wurde seine Frau bei einem Autounfall sehr schwer verletzt. Die Ärzte hatten wenig Hoffnung, dass sie überleben würde, wenn überhaupt, dann würde sie ein Leben lang an einen Rollstuhl gefesselt sein.

Unter diesen Wehen vollzog sich der Start der Plansecur. Der Gründer rückblickend: »In all dem erlebten wir die konkrete Hilfe Gottes.« Beide sind heute wieder gesundheitlich stabil und seine Frau kann dank zweier Operationen wieder gehen. Die finanziellen

Fragen konnten geregelt werden und – entgegen allen Erwartungen – hat sich die junge Firma gut und gesund entwickelt.

So selbstverständlich ist das aber nicht. Denn Prosperität und strukturelle Stringenz eines Unternehmens kommen ja nicht von ungefähr. Generationsübergreifend denkend, hatte Klaus Dieter Trayser bereits im Gründungsjahr 1986 eine ›Lebenszielplanung‹ für die Plansecur entwickelt, mit einem Zeithorizont von 200 Jahren. »Damit wir nicht denken, mit dem unvermeidbaren Ausscheiden geht der Himmel zu Ende und berührt den Boden«, begründet er seine planerische Weitsicht. Als die ›anschiebende Generation‹ sei man selber nur ein kleines Stück vom Ganzen. Und in der Tat hat Klaus Dieter Trayser eine ganze Menge angeschoben.

Was 1986 mit 28 Freunden und ehemaligen Kollegen begann, ist mittlerweile auf 240 Berater und 90 Mitarbeiter in der Zentrale angewachsen; unter Arbeitsbedingungen, in denen Christen ungespalten arbeiten können. Selbstbewusste Beraterpersönlichkeiten ›mit Rückgrat‹ finden in der Plansecur einen sicheren Rahmen, ihre Kompetenz konsequent im Interesse ihrer Kunden einzusetzen. Die Berater sind aber nicht allein auf sich angewiesen, sondern arbeiten sich in partnerschaftlichen Teams gegenseitig zu. Zur Unternehmensgruppe gehören heute acht Firmen und eine Akademie zur Aus- und Weiterbildung der Mitarbeiter, vor allem des Nachwuchses. Wiederholte Prädikate durch die Fachpresse und eine Stornoquote von nur 0,4 % (Branchendurchschnitt 5,0 %) zeugen von der hohen Qualität der angebotenen Dienstleistungen. Damit das so bleibt, hat sich Klaus Dieter Trayser mit Zustimmung aller Teilhaber der Plansecur bewusst gegen einen Gang an die Börse entschieden. Klaus Dieter Trayser: »Die Plansecur wäre dann den Shareholdern verpflichtet, statt den Rat suchenden Kunden.« Es wurde ein anderer Weg als der Börsengang gewählt: Die Plansecur Management GmbH, die als Komplementär der KG über das Firmenvermögen verfügt und deren Geschäftsanteile dem Firmengründer gehören, ›vererbt‹ ihr Vermögen an die gemeinnützige Plansecur-Stiftung. Diese

Entscheidung wurde möglich, weil alle fünf Kinder der Eheleute Trayser ihren Verzicht auf den ihnen zustehenden Pflichtanteil erklärten. Zwei wichtige Akzente konnten so bewahrt werden: »Wir wollen das Konzept der Plansecur zu einem wirksamen Impuls auch für die Menschen von morgen werden lassen. Die Gründung der Stiftung ermöglicht die Ausweitung der gemeinnützigen Komponente, die wesentlicher Bestandteil unserer Unternehmenskultur ist.«

Zur Unternehmenskultur der Plansecur gehört auch das Element des Verzichts. Klaus Dieter Trayser: »In manchen Jahren verzichteten wir auf bis zu 50% des Gewinns, weil wir bei Gründung entschieden, 1% aller Umsätze für soziale und karitative Zwecke aufzuwenden. Wohin das Geld durch die Stiftung gegeben wird, entscheiden unter anderem die Regionalgruppen, in denen Kunden und Berater, Ehefrauen und Freunde mitarbeiten. Wir verzichten auf ›Herrschaftswissen‹ und auf äußere Motivation wie Titel, Wettbewerbe, Incentives oder Auszeichnungen sowie auf Statussymbole. Jeder Mitarbeiter hat bei uns die gleiche Büroausstattung, einschließlich mir.«

Klaus Dieter Trayser hat bereits 1978, schon lange vor Gründung des Unternehmens, sechs ›Grundsätze für eine verantwortungsvolle Vermögensberatung‹ entwickelt, nach denen die Beratung der Kunden erfolgt. Daneben bestehen sechs Grundwerte, die im Unternehmen konsequent gelebt werden:

- Unsere Unternehmensphilosophie ist verbindlich für alle weiteren Überlegungen.
- Die Maxime unseres Handelns ist: Das Beste für Mensch und Vermögen.
- Klare Ziele prägen unser Handeln.
- Geld ist nicht die ganze Fülle des Reichtums.
- Wir lassen die Wirklichkeit gelten und sind im Umgang miteinander wahrhaftig.
- Wir achten Recht und Gesetz.

Ein zweiter Anfang

➔ Klaus Dieter Traysers Lebenslauf liest sich wie ein Musterbeispiel an Gradlinigkeit und Lebensplanung. Eine Karriere der besonderen Art. Geboren 1939 in Darmstadt/Deutschland, aufgewachsen in einem evangelischen Elternhaus, schloss er seine Schulbildung mit der mittleren Reife ab. Da der Vater Lebensmittelhändler war, folgte ihm zuliebe eine Lehre als Groß- und Einzelhandelskaufmann. Als Filialleiter im Einzelhandel übernahm Klaus Dieter Trayser anschließend erste berufliche Verantwortung. Danach wechselte er 1961 ins Versicherungsfach. Nach der Ausbildung wurde er Lebens-Spezialinspektor bei der Allianz AG und danach Zweigstellenleiter im Gerling-Konzern. Erste Erfahrungen auf dem Gebiet der Anlageberatung sammelte der Aufsteiger in einer selbstständigen Generalagentur, bevor er dann 1970 nach Bonn ging. Dort brachte er als Pionier der Branche, Gestalter und Mitinitiator eine der ersten Vermögensberatungs-Gesellschaften auf den Markt. Klaus Dieter Trayser begann als Prokurist, wurde Direktor und bereits vier Jahre später in den Vorstand berufen, dessen Sprecher er 1980 im Alter von 41 Jahren wurde. Diese Position begleidete er bis zu seinem selbst gewählten Ausstieg im Sommer des Jahres 1985.

Auch ohne eine akademische Ausbildung ist es Klaus Dieter Trayser dank seiner Liebe zur Wahrheit, überdurchschnittlichen Fleißes und hartnäckiger Zielstrebigkeit gelungen, bis in die höchsten Etagen der deutschen Finanzwirtschaft aufzusteigen. Er hatte eigentlich alles erreicht, um nun die Dinge in Ruhe laufen lassen zu können. Aber die Ruhe fand er nicht, da Klaus Dieter Trayser in der sich anschließenden halbjährigen schöpferischen »Arbeitspause« seine Vorstellungen und Pläne für sein berufliches Engagement in der zweiten Lebenshälfte ordnete. Denken, Glauben und Fühlen sollten in seinem zweiten Arbeitsleben eine Einheit bilden. Diese vom Schöpfer vorgegebenen Handlungsanweisungen sollten nicht nachgeordnet, sondern die Grundlage des Geschäfts sein. In dieser für Klaus Dieter Trayser überaus wichtigen Neuorientierungsphase wurde dann auch die Idee von der Plansecur-Vermögensberatung und den sie tragenden Rahmenbedingungen geboren.

Den Menschen in den Mittelpunkt stellen!

»Seit ich die Zehn Gebote nicht allein in meinem persönlichen Leben, sondern auch in meinem beruflichen Alltag als Richtschnur und Autorität uneingeschränkt akzeptiere, habe ich für alle Lebenslagen verbindliche Maßstäbe.« Dennoch bezeichnet er die Plansecur als kein »christliches Unternehmen«, das es ja genauso wenig geben könnte wie eine »christliche Zahnbürste«. In einem Wirtschaftsunternehmen würden Christen aktiv gestaltend Einfluss nehmen können sowie von ihrem Glauben her die Unternehmenskultur, das geltende Wertekonzept und die zwischenmenschlichen Beziehungen prägen. Aber dennoch bliebe es ein Wirtschaftsunternehmen, das sich wie jedes andere Unternehmen um eine gute Dienstleistung und ein vorteilhaftes Produkt dem Verbraucher stellen muss. »Christsein ist für uns weder ein Vehikel zum Geschäftsabschluss noch ein Gütesiegel an sich.« Fachliches Können, persönliches Engagement oder ein qualifiziertes Produkt seien unabdingbare Voraussetzungen für den Erfolg. Klaus Dieter Trayser geht aber den entscheidenden Schritt weiter: »Wenn wir uns bei unserer Arbeit an den Aussagen orientieren, die das Buch der Bücher macht, dann tun wir das nicht unüberlegt, sondern ganz bewusst. Wir richten uns daran aus, weil wir bei unserer Arbeit immer den Menschen und das, was ihm wohl tut, im Auge haben.« Denn: »Das biblische Menschenbild und die darin vertretenen christlichen Werte prägen unser Auftreten und Handeln. Neben Leistungsfähigkeit und Qualität sollte das der vorrangige Beweggrund sein, warum sich jemand für die Dienstleistung oder das Produkt eines von Christen geführten Unternehmens entscheidet.«

Nach den Erfahrungen Klaus Dieter Traysers machen selbst die größten beruflichen Erfolge nicht wirklich satt, solange der Hunger nach Sinn nicht gestillt wird. »Reichtum ist das, was ich bin, nicht das, was ich habe«, lebt er auch, denn: »Der größte Reichtum meines Lebens ist meine Beziehung zu dem lebendigen Gott der Bibel.«

Klaus Dieter Trayser hat diese Erfahrungen aber nicht zu seinem Privatanliegen gemacht, sondern gibt sie auch allen Mitarbeitern und Gästen seiner Firma weiter. Auf freiwilliger Basis findet immer dienstags von 8.00 bis 9.00 Uhr eine Andacht nach festem Ablauf statt, die von den Teilnehmern sehr gerne besucht wird. Wenn im Haus Seminare stattfinden, können es bis zu 30 Teilnehmer sein. Nach dem gemeinsamen Singen und einer Anbetungszeit liest einer der Anwesenden aus der Bibel oder einem Andachtsbuch vor. Die von den Teilnehmern aus allen Bereichen der Firma gesammelten Gebetsanliegen werden gemeinsam vor Gott gebracht und so für das Unternehmen, für einzelne Mitarbeiter und auch für Gäste gebetet. Mit Dank für die Gebetserhörungen werden diese Treffen im »Raum der Stille« stets beendet. »Im Nachhinein können wir immer wieder erkennen, wo Gott unsere Gebete erhört hat.«

Der so genannte »Raum der Stille« ist geprägt von den vier Glasbildern, die Professor Johannes Schreiter gestaltet hat. Seitdem sprechen die Gäste von der Kapelle, die sie bei Plansecur besichtigt haben. »Viele Menschen wünschen sich ein solches Angebot, jedoch nur wenige Unternehmer sind dazu bereit«, betont Klaus Dieter Trayser. Als Rückzugsmöglichkeit steht diese Einrichtung allen Mitarbeitern und Gästen zu jeder Zeit offen, um dort mit Kollegen gemeinsam beten zu können, Gemeinschaft zu haben oder auch alleine in der Stille den Herrn zu suchen. »Viele der jährlich 8000 Gäste unserer Akademie interessieren sich für den ›Raum der Stille‹, an dem sie auf dem Weg zum Mittagessen im Bistro zwangsläufig vorbeikommen, oder weil sie das Singen der Lieder im Sommer durch die geöffneten Fenster zum Innenhof vernommen haben. Immer wieder wollen Gäste wissen, wie wir unseren Glauben leben. In unserem Alltag erkennen sie, dass wir dies unverkrampft auf eine ganz natürliche Weise tun.«

Neben der »Kapelle« stößt bei der Plansecur das Auge auch auf mehr als 20 Kunstwerke, die einen engen Bezug zu christlicher Symbolik haben. Die über das ganze Haus, den Vorplatz und die beiden Innenhöfe verteilte Sammlung umfasst Stücke renommierter Künstler, wie unter anderem eine von Friedensreich Hundertwasser bebilderte Bibel und die sieben Engelsflügel von dem Gnadenthaler Künstler Andreas Felger. »Besucher sind immer willkommen, sich die Kunstwerke in unserem Haus anzusehen«, ermuntert Klaus Dieter Trayser Interessierte.

Als Gründer steht Klaus Dieter Trayser seit 1986 der Plansecur-Unternehmensgruppe als geschäftsführender Gesellschafter vor. Für die Planinvest-Unternehmensgruppe zeichnet er in gleicher Funktion seit 1990 verantwortlich. Zusätzlich ist er Vorsitzender des Vorstandes der Plansecur-Stiftung, die er 1999 initiiert hat und der Klaus-Dieter-Trayser-Stiftung für werteorientierte Unternehmensführung. Inzwischen hat er auch seine Nachfolge geregelt. Den Stafettenstab als Sprecher der Geschäftsführung wird im Jahr 2004 Johannes Sczepan übernehmen, der unter anderem mehr als ein Jahrzehnt im Vorstand des Verbandes Christen in der Wirtschaft tätig war.

Selbst in seinen nebenberuflichen Tätigkeiten ist der agile Unternehmer nicht minder aktiv: 27 Jahre lang leitete Klaus Dieter Trayser als geschäftsführender Gesellschafter die Bralco Arinos, ein deutsch-brasilianisches Land- und Forstwirtschafts-Unternehmen mit 350 Mitarbeitern. Dieses Entwicklungshilfeprojekt in Mato Grosso, Brasilien, wurde von ihm 1964 ins Leben gerufen. Er ist auch Autor zahlreicher Fachpublikationen zu den Themen Management, Unternehmensführung und Unternehmensethik. Hinzu kommen eine Reihe an Ehrenämtern. Er ist Vorstandsmitglied der Evangelischen Nachrichtenagentur idea e.V. und Mitglied des wissenschaftlichen Beirats der zfwu, »Zeitschrift für Wirtschafts- und Unternehmensethik«.

Klaus Dieter Trayser hat bereits mit 20 Jahren seine ehemalige Mitschülerin und heutige Ehefrau Edith geheiratet und ist Vater von drei Töchtern und zwei Söhnen. Er schwimmt und wandert gerne.

Was machen Klaus Dieter Trayser und die Plansecur, um das Evangelium in der Geschäftswelt zu verbreiten?

- Neue Mitarbeiter in der Zentrale erhalten eine Bibel.
- Es finden wöchentliche Gebetszeiten und Andachten statt.
- Es gibt einen Raum der Stille für Gebet, Andachten unter den Mitarbeitern und für Gäste.
- Skulpturen und andere Kunstwerke mit christlicher Symbolik sind in den Firmengebäuden ausgestellt.
- Neue Testamente mit persönlichem Zeugnis von K. D. Trayser werden für alle Gäste zur Mitnahme (mehrere Hundert pro Jahr) ausgelegt.
- Es gibt einen ökumenischen Gottesdienst bei Eröffnung eines neuen Dienstleistungs- und Beratungszentrums.
- 1 % aller Umsätze wird an die Plansecur-Stiftung gezahlt.
- Das Unternehmensvermögen wird in eine Stiftung eingebracht.
- Verzicht gilt als Element der Unternehmenskultur.

Die ServiceZentrale (Hauptverwaltung) der Plansecur in Kassel, Deutschland.

FIRMENPROFIL

Name:	Plansecur
Gründung:	1986 durch Klaus Dieter Trayser
Mitarbeiter:	90 im Service tätige Mitarbeiter und 240 selbstständige Berater
Kunden:	51.000 in Deutschland
Branche:	Systematische Finanzplanung und Vermittlung
Produkte:	Kapitalanlagen, Bank- und Versicherungsangebote
Umsatz:	Provisionsvolumen 20 Millionen EUR 2001
Adresse:	Druseltalstraße 150, 34131 Kassel, Deutschland
Telefon:	+ 49 561 9355 150
Fax:	+ 49 561 9355 275
E-Mail:	service@plansecur.de
Website:	www.plansecur.de

Den Gewinn verdoppeln

Gert van Putten ist Eigentümer einer Kükenbrüterei – kurz, eines Hühnerhofes. Inspiriert von den Erfolgen der amerikanischen Hühnerindustrie übertrug der fitte Unternehmer deren Methoden auf seinen Betrieb. Diese Rationalisierung sowie die ihm eigene Gewinnsucht ließen sein Geschäft förmlich explodieren. »Das Unternehmen dehnte sich gewaltig aus und das Management verlor die Kontrolle. 1979 lief alles falsch und wir verloren unser ganzes Geld! Diese Entwicklungen nahmen mir all meinen Stolz«, erinnert sich Gert van Putten. Die Bibelstelle aus Jeremia 17, 11 sprach dann zu ihm: »Wie ein Vogel, der sich über Eier setzt, die er nicht gelegt hat, so ist, wer unrecht Gut sammelt, denn er muss davon, wenn er's am wenigsten denkt, und muss zuletzt noch Spott dazu haben.« Gert van Puttens Schlussfolgerung: »Die beste Lösung für mich war, Jesus nachzufolgen und seinem Wort gemäß zu leben.«

Neubeginn nach drohendem Konkurs

➔ Frisch verheiratet, begann Gert van Putten mit seiner Frau Rie Anfang der 60er Jahre mit dem Aufbau der Kükenbrüterei. 1965 reiste er in die USA, um dort Eierausbrütungsfarmen, Metzgereien und Universitäten zu besuchen. Beeindruckt vom Entwicklungsstand der Industrie stellte er fest, dass die Amerikaner den Holländern damals fünf Jahre voraus waren. Viele Firmen hielten die Tiere in wirtschaftlichen Behältern, einer Art großen Käfig. Vieles, was Gert van Putten dort lernte, bescherte seinem Betrieb ununterbrochenes Wachstum. Aber unredlicher Gewinn und der Verlust der Kontrolle nach einer Phase schnellen Wachstums ließen seine Firma tiefrote Zahlen schreiben. 1979 erreichten die Probleme ihren Höhepunkt und der Konkurs konnte trotz 1,9 Mio. EUR Verlusten gerade noch abgewendet werden. Gert van Putten hatte im Laufe des folgenden Jahres große gesundheitliche Probleme durchzustehen. Trotzdem entschied er sich gemeinsam mit seiner Frau Anfang der achtziger Jahre, entgegen aller Vernunft, für den Wiederbeginn und eine Modernisierung seiner Firma mit dem Namen Zonne-Ei-Farm. »Auch wenn es ein kleiner Betrieb war, so war es doch die am besten modernisierte Hühnerfarm im ganzen Land.« Einschränkende Gesetze der Regierung zwangen die Puttens, kreativ zu werden. Sie entwickelten eine Methode, um Hühnerkot in organische Düngerkügelchen umzuwandeln. Diese Körner haben eine Trockensubstanz von 90 % und einen hohen Düngewert. Diese neu gewonnenen Kügelchen dienen als natürlicher Dünger und stellten sich als gutes Exportprodukt heraus. »Ich danke Gott für diese Idee, da dieses Verfahren sehr umweltfreundlich ist«, sagt der Erfinder. Er konnte damit den Ammoniakanteil um 95 % reduzieren und erhielt dafür den holländischen Umweltpreis.

Da die Puttens im Alter nicht mehr vermögend sein wollten, verkauften sie 1990 ihre im Jahr 1960 gegründete Kükenbrüterei und übertrugen den Erlös zum Teil an eine Stiftung. Dadurch befreiten sie sich von der Verpflichtung, für ihr hohes Privateinkommen Steuern zahlen zu müssen. Mit dem anderen Teil des Erlöses wurde die Firma Zonne-Ei-Farm erweitert. Aufgrund der Verkaufserfolge mit den Düngerkügelchen konnte die junge Firma schnell expandieren und Filialen in anderen Teilen der Niederlande sowie 1995 in Polen eröffnen. Der polnische Betrieb umfasst heute 200.000 Legehennen und 50.000 Junghennen, eine Futterfabrik sowie einen Eierhandel. »Anfänglich gab es nur Ärger. Ich musste immer wieder hin und mich selbst um alles kümmern. Über 15 Monate hinweg verloren wir 45.000 EUR pro Monat. Dann erst erkannte ich die Ursache: Der polnische Gesellschafter las Porno-Zeitschriften, was er aber erst nicht zugeben wollte. Nachdem ich ihm die geistlichen Zusammenhänge seines Verhaltens erklärt hatte, stimmte er zu, dass wir alle Hefte gemeinsam verbrennen. Dennoch trennte ich mich von ihm und Gott segnete die Monate danach in der Weise, dass wir Gewinne in Höhe der vorher eingefahrenen Verluste verbuchen konnten.«

In den Niederlanden entwickelten sich alle sechs Betriebe weitaus erfolgreicher. Hier legen 500.000 Hennen 3 Mio. Eier pro Woche. Dazu kommen 250.000 Junghühner, sodass 15 Tonnen Düngerkügelchen pro Woche aus deren Kot wiedergewonnen werden (Marke: Farmers House). Gert van Putten hat auch besonders tierfreundliche Hühnerstallbatterien (Marke: Salmet) entworfen, die in Deutschland produziert werden. »Ich mag es einfach – in den Hühnerställen zu sein und die Hühner singen zu hören! Es zeigt, dass die Tiere glücklich und gesund sind. Je mehr sie singen, desto gesünder sind sie und desto mehr Eier legen sie. Ebenso ist es für Menschen gut zu singen. Wir würden mehr der guten Dinge um uns herum zu schätzen wissen.«

» Ruhe und Frieden im Herzen ist ein doppelter Gewinn. «

Gert van Putten ist Holländer. Er wurde 1936 dort in dem Dorf Terschuur geboren. Seine Eltern hatten 1927 eine kleine Rinderfarm, auf der es auch Schweine und Hühner gab, sodass er schon seit frühester Kindheit mit dem Federvieh vertraut ist. »Ein Geflügelbauer zu sein ist für mich täglich eine neue Freude!« Er hatte eine gute Beziehung zu seinen Eltern und die tägliche Arbeit mit den Tieren trug zu seiner Charakterbildung bei. »Als kleiner Junge habe ich meine Freude und Traurigkeit mit unseren Kühen im Stall geteilt.« Mit dem Knecht musste er auf dem Speicher über den Kühen gemeinsam in einem Bett schlafen. Wenn es regnete, waren sie unter dem löchrigen Dach ständig auf der Suche nach einem trockenen Schlafplatz. »Da wir die gleichen Kämpfe durchzustehen hatten, wurde die Beziehung zu den Arbeitern immer enger.« In dieser schwierigen Zeit lernte Gert van Putten, der über keinerlei Berufsausbildung verfügt, sich nicht so leicht erschrecken zu lassen, hart zu arbeiten und nicht aufzugeben. Diese bereits in der Kindheit gewonnenen Einsichten halfen ihm später im Leben bei vielen Gelegenheiten. Trotz der Schrecken des Krieges und der Härte des Lebens wuchs in diesen Jahren seine Beziehung zu Gott.

1960 heiratete Gert van Putten Rie van Ee. Auch sie entstammte einer bäuerlichen Familie. Sie haben einen Sohn und fünf Töchter sowie viele Enkelkinder. Während seine Beziehung zu Rie immer enger wurde, verschlechterte sich die zu Gott. »Das Wichtigste in meinem Leben war das Geldverdienen und unsere Firma weiter auszubauen. Mein Wunsch, Gottes Willen zu tun, nahm ab.«

Ein Jahr nach dem Zusammenbruch seiner Firma (1980) zog sich Gert van Putten beim Skifahren einen komplizierten Beinbruch zu. »Ich war in schlechter Verfassung und kämpfte ums Überleben. Erneut umklammerte ich einen Psalm, der in dieser Situation zu meinem Herz sprach: ›Er vergibt mir alle meine Sünden und heilt alle meine Krankheiten‹ (Psalm 103, 3). Das war der Moment seiner Entscheidung für Jesus Christus. Daraufhin wuchs im Laufe der Jahre Gert van Puttens Vertrauen in Gottes Führung. »Er zeigte mir seine unbegrenzte Liebe.« Später war er noch in einen dramatischen Autounfall verwickelt. Und wieder wurde er verschont. »Auch wenn ich ihn nicht so viel geliebt habe, wie er es verdient hätte, so hat der Herr mich doch beschützt.«

Geschäftlich und im Rahmen der Entwicklungshilfe kam er auf alle Kontinente. »Ich fand heraus, dass, nachdem ich Beziehung und Gebete mit dem Herrn intensiviert hatte, es für mich leichter wurde, engere Beziehungen zu anderen Menschen aufzubauen.« Aber auch Gegenreaktionen blieben nicht aus. Gert van Putten erinnert sich: »Einer unserer großen Kunden brach die Geschäftsbeziehung wegen Abneigung zu meiner Religion ab. Ich danke Gott für die neuen Kunden, die er mir als Ersatz gegeben hat.«

Rückblickend sieht Gert van Putten Gottes Führung darin, dass seine Firma an einem bestimmten Punkt fast bankrott gegangen wäre. »Ich empfand, dass Gott eine tiefere Beziehung zu mir wollte. Oft werden wir aus unserer Komfortzone hinausgestoßen, um Gehorsam zu lernen. Zu dieser Zeit ist es dann eine schmerzvolle Erfahrung. Durch Gehorsam kann man im Glauben wachsen und der Heilige Geist kann zunehmenden Einfluss nehmen. Um die Beziehung mit Gott anzukurbeln, ist es hilfreich, viel zu beten, in der Bibel zu lesen und Gemeinschaft mit Menschen zu haben, die ihn kennen.«

» Investiere Liebe in die Mitarbeiter! «

Gert van Putten ist davon überzeugt, dass man an jeder Beziehung arbeiten sollte: »Investieren Sie in die Liebe. Oft können Beziehungen durch Gespräche verbessert werden, manchmal auch mit Hilfe Dritter.« Entsprechend wichtig nimmt er das Verhältnis zu seinen Mitarbeitern. »Jeder Angestellte sollte ein Spezialist in seinem Fach sein. Da muss man selbst mit gutem Beispiel vorangehen. Fähig zu sein, mit den Mitarbeitern in angemessener Weise umzugehen, ist aber das Wichtigste.« Wegen seiner warmherzigen Art und der hohen Maßstäbe, die Gert van Putten stets anlegt, haben sich die Beziehungen zu seinen Angestellten im Laufe der Jahre verbessert. »Ihre Kunden können leicht herausfinden, ob Sie eine gute Beziehung zu Ihren Angestellten haben. Der Ruf Ihrer Firma kann schnell durch einen verärgerten Mechaniker oder Fahrer zerstört werden.«

Verantwortung im und für das Unternehmen bezeichnet Gert van Putten so: »Wir übertragen unseren Arbeitern viel Verantwortung, um ihnen das Gefühl zu vermitteln, dass ihnen ein Teil der Firma auch selbst gehört. So motivieren wir unsere Angestellten. Einige von ihnen arbeiten seit 20 Jahren bei uns.« Da er zu 100 % für sein Unternehmen verantwortlich sein möchte, kommt es für ihn nicht infrage, mit seiner Firma an die Börse zu gehen. »Der Verlust an Verantwortung würde mir nicht erlauben, meine eigenen Ideen zu verwirklichen. Ich würde zweifellos mehr Fehler machen.«

Eine einfache, aber klare Firmenphilosophie

Grundsätze, nach denen ein Unternehmen erfolgreich geführt werden kann, müssen nicht kompliziert sein. Das hat Gert van Putten über Jahrzehnte bewiesen. »Investiere dich in deine Mitarbeiter und lasse sie in jeder Hinsicht gedeihen. Produziere hohe Qualität und verkaufe sie zu niedrigen Preisen. Erwirtschafte so viel wie möglich mit dem Unternehmen und setze den Gewinn für einen Zweck ein, der Menschen weiterhilft.«

Durch diese Ziele wurden Gert van Putten und seine Frau Rie stets zum Segen für ihr Unternehmen. Auch aus dem Verkauf ihrer ersten Firma setzten sie den Erlös zugunsten Zonne-Ei-Farm und der Stiftung ein, die nach Projekten sucht, die für viele Menschen von Nutzen sind. »Unsere Entscheidung wurde von unserer christlichen Motivation vorangetrieben.« Denn bevor sie die Kükenbrüterei verkauft haben, waren die Puttens bereits aktiv an der Entwicklungshilfe in Äthiopien, Eritrea, Kenia und Haiti beteiligt. »Diese Arbeit hat nicht nur einen Einfluss auf die Gesellschaft dort, sondern auch auf uns als Ehepaar und auf die Menschen, die uns gelegentlich zu diesen Projekten begleiten.« ›Double Harvest‹ nennt sich das ursprünglich in den USA entwickelte Projekt, von dem Gert van Putten 1990 die Hälfte übernahm. »Der Technologie-Transfer funktioniert, denn wir können unser Wissen und unsere Erfahrung an die 300 Mitarbeiter weitergeben, die in Äthiopien rund um die ›Genesis Farm‹ arbeiten. Mit Gemüseanbau, Legehühnern, einer Brüterei, Schlachterei, Futterfabrik u. v. m. wurden Arbeitsplätze und Nahrungsmittel in einem der ärmsten Länder der Welt geschaffen. Die gut besuchten Gottesdienste finden in einem Zelt statt. Double Harvest trägt auch zur Ausbildung von geistlichen Leitern für die Region bei.

»Die Bibel ist das Handbuch für Geschäftsleute!« Davon ist Gert van Putten überzeugt und empfiehlt allen Unternehmern: »Ziehe nicht am gleichen Joch mit den Ungläubigen, lasse kein Schwarzgeld zu und akzeptiere keine unlauteren Verträge. Für jedermann sollen alle Geschäfte wie ein offenes Buch sein. Wir können vor Gott nichts verheimlichen.« Gert van Putten hat privat schon vielen Geschäftsleuten gerne seine Lebenserfahrung mit Gott weitergegeben. Als Vorstandsmitglied von CBMC Niederlande erinnert er sich an die erste Gebetsgruppe, die mit Geschäftsleuten im Jahr 1980 begann. Daraus sind bis heute 70 Gruppen entstanden. Geehrt wurde der Unternehmer als ›Manager des Jahres 1995‹ der Niederlande.

Gert van Putten hat sich im Jahr 2001 aus dem operativen Geschäft zurückgezogen und dient seitdem mit der Hälfte seiner Zeit Zonne-Ei-Farm ehrenamtlich als Berater. Ohne Bezahlung ist er in der restlichen Zeit für Double Harvest in Äthiopien tätig. Wenn er nicht gerade dort ist, zieht es ihn zu sportlichen Aktivitäten, wie Tennis, Radfahren, Laufen und Fliegen von Sportflugzeugen, oder er engagiert sich bei dem zweijährlichen Jugendmissionskongress in den Niederlanden.

Was machen Gert van Putten und Zonne-Ei-Farm B. V., um das Evangelium in der Geschäftswelt zu verbreiten?

- Gert van Putten betet für die Mitarbeiter und deren Familien.
- Er überreicht jedem Mitarbeiter eine Bibel.

- Es findet eine tägliche Morgenandacht (20 Min.) für alle Mitarbeiter (90 % Teilnahme) statt.
- Er hat seine Unternehmensbroschüre angefüllt mit biblischen Weisheiten, Lebenswahrheiten und Lebenserfahrungen.
- Er stellt der Gemeinde in seinem Betrieb Räumlichkeiten zur Verfügung.
- Er verschenkt Waren an Gemeinden.
- Er druckt Bibelsprüche auf seiner Visitenkarte ab.
- Er hat zwecks Übereignung des Firmeneigentums eine Stiftung für Entwicklungshilfe mit Gemeindearbeit und Unterstützung von künftigen geistlichen Leitern gegründet.
- Er nimmt kein Gehalt, damit die Erwirtschaftung zugunsten der Stiftung geht.
- Er unterstützt christliche Veranstaltungen für Missionsarbeit unter jungen Leuten.

Die Zonne-Ei-Farm B. V. in Terschuur, Niederlande.

FIRMENPROFIL

Name:	Zonne-Ei-Farm B.V.
Gründung:	1970 durch Gert van Putten
Mitarbeiter:	Niederlande: 35, Polen: 20
Kunden:	Eier: Deutschland; Ställe: Niederlande, Belgien; Düngerkügelchen: Taiwan, Naher Osten, Afrika, Portugal, Österreich
Branche:	Landwirtschaft
Produkte:	Eier, Junghennen, Hühnerstallbatterien, Düngerpellets
Umsatz:	14 Mio. EUR 2001
Adresse:	Eendrachtstraat 31, 3784 KA Terschuur, Niederlande
Telefon:	+ 31 342 460 020
Fax:	+ 31 342 461 734
E-Mail:	gvanputten@zonneeifarm.nl
Website:	www.zonneeifarm.nl www.doubleharvest.nl

Die 10 Gebote
als Wegweiser des Erfolges

Das kleine Appartement wirkt nicht besonders einladend. Einfache Möbel, die nicht zusammenpassen, Unordnung, wo man hinschaut, und stolze sechs Meter okkulte Literatur in den Regalen sowie eine unübersehbare Buddha-Statue in der Ecke. Kein Ort des Lichts und der Wärme, an dem man sich besonders wohl fühlt. Der Bewohner ist auf der Suche nach Gott. Er probiert alles aus, aber nichts erfüllt ihn. Im Alter von 16 Jahren hatte er die Schule verlassen, ohne recht zu wissen, was nun werden sollte. Er jobbt mal hier, mal da, aber ohne Berufausbildung hat er kaum Chancen auf einen vernünftigen Arbeitsplatz. Die Flucht in Alkohol und Drogen führt zu ersten Depressionen; auch als Folge jahrelanger Einsamkeit. Von Jahr zu Jahr nimmt seine Lust zu leben immer mehr ab. Erste Gedanken an Selbstmord kommen auf. Die Nachfolge von Buddha als Ausweg lässt ihn nur noch depressiver werden. Zwei Selbstmordversuche sind die Folge. Jetzt mit gerade mal 26 Jahren scheint sein Dasein schon zu Ende zu gehen. »Damals, im dunkelsten Moment meines Lebens, kamen zwei Leute an die Tür meines Appartements, um mir das Evangelium zu verkünden. Die beiden waren wie Engel, ihre Augen funkelten voller Freude. Ich kannte Gott, aber nicht Jesus Christus, und wusste nicht, dass ich Jesus mein Leben zu übergeben habe. Ich ließ sie herein und gab ihrer Bitte nach, mit mir beten zu dürfen. Daraufhin brach ich zusammen und übergab mein Leben Jesus Christus.«

Was danach folgte, mutet wie die Erzählung aus einem Märchenbuch an, das von einem zielstrebigen, erfolgsverwöhnten Unternehmer handelt – zu schön, um wahr zu sein. Richtig ist aber, dass hier der Werdegang von Anton Niese beschrieben wird und wie dieser seinem Schöpfer dient.

Den Kunden in den Mittelpunkt stellen

➔ TopTech wurde 1990 in Rijswijk, Niederlande, von Anton Niese als Zeitarbeitsfirma gegründet. Mit dem Ziel, den Kunden Qualitätslösungen anzubieten, hat man sich in Bezug auf die Handlungsweise von Anfang an auf klare Aussagen festgelegt (10 Gebote umformuliert als »De Niese Code«), die gegenüber allen Mitarbeitern, Kunden und Lieferanten vertreten werden. »Die im Unternehmen gelebten Werte leiten sich ausschließlich von christlichen Prinzipien ab und bestimmen unsere Unternehmenskultur.«

Nach erfolgreichem Start in Rijkswijk ist TopTech jedes Jahr um über 20% gewachsen und hatte im Jahr 2001 einen Umsatz von 12 Mio. EUR. Bedingt durch die geographische Ausweitung des Einsatzgebietes wurde dem Wunsch der Kunden Rechnung getragen und 1995 eine Filiale in Utrecht eröffnet. Im gleichen Jahr folgten zwei weitere Filialbüros in Rotterdam. Seit dem Jahr 2000 ist TopTech auch in Gouda und in Delft vertreten.

Da Anton Niese von Anfang an bestrebt war, den Qualitätsstandard im Management der TopTech wie auch den der angebotenen Leistungen zu steigern, gelang im Jahr 1995 die Zertifizierung nach ISO 9002. TopTech vermietet technisch ausgebildete Zeitarbeiter an kleine und große Unternehmen in der Niederlanden. Diese 300 Personen umfassende Gruppe der ›Blaumänner‹ setzte sich bisher aus Gas- und Wasserinstallateuren, Heizungsbauern, Elektrikern, Schweißern, Schreinern etc. zusammen. Wiederum auf Wunsch der Kunden wird das Dienstleistungsangebot seit dem Jahr 2000 um technisches Personal mit höheren Qualifikationen erweitert. Anton Niese sagt zu den sich verändernden Bedürfnissen des Marktes: »Technische Zeichner, Maschinenbauingenieure, Ingenieure für Hoch- und Tiefbau etc. werden in den kommenden Jahren der TopTech weiteres Wachstum bei vorhandenen und neuen Kunden sichern. Auch wenn TopTech zusätzliche Dienstleistungen wie Lohnabrechnung, Personalsuche und -auswahl, Ausbildung oder Kündigungsabwicklung seinen Kunden anbieten könnte, wollen wir uns doch auf unsere Kernkompetenz konzentrieren und auch weiterhin erstklassige Zeitarbeiter zur Verfügung stellen.« Jährlich findet eine Befragung aller Kunden und Zeitmitarbeiter durch eine Beratungsfirma statt. »Wir wollen wissen, ob Qualität und Zufriedenheit stimmen und wir auf dem richtigen Wege sind.« TopTech ist die einzige christliche Zeitarbeitsagentur in den Niederlanden und der Ruf Anton Nieses als Christ branchenweit bekannt.

Präsident werden – auch ohne Berufsausbildung

➔ Anton Niese wurde in Den Haag, Niederlande, im Jahr 1948 geboren. Als jüngstes Kind wuchs er im katholischen Elternhaus mit vier Schwestern und einem Bruder auf und schloss seine Schulausbildung mit der mittleren Reife ab. Ohne sich um eine fundierte Berufsausbildung zu kümmern, zog es ihn zuerst zum Jobben in den Handel. Danach arbeitete er bei verschiedenen Zeitarbeitsfirmen, wo Anton Niese das Rüstzeug für seine spätere Firma erhielt. Seine Entscheidung für Jesus Christus gab seinem Leben die ausschlaggebende Wende. Er wurde in eine christliche Gemeinde mitgenommen, wo man sich liebevoll um ihn kümmerte. Sechs Monate wohnte Anton Niese bei einem jüdisch-messianischen Ehepaar und wurde dort geistig und körperlich wieder hergestellt. »Ich hatte jetzt ein Zeugnis der Liebe Jesu.« Mit 33 Jahren lernte er seine Frau kennen, die bereits Christin war. »Patrizia ist auch wie ein Engel. Sie hat über mich gewacht, auch wenn mir das anfänglich nicht leicht fiel. Bei Geschäftsentscheidungen beziehe ich sie immer mit ein.« Das tat er auch 1990, als er TopTech mit ihr gemeinsam gegründet hat. Sein Rat an jeden Mann: »Höre auf deine Frau!«

Da Anton Niese in der Vergangenheit zahlreiche Arbeitsplätze kennen gelernt hatte, war ihm bewusst geworden, was man dort besser nicht tun sollte. »Immer wieder wurde ich damit konfrontiert, dass der Chef ein Verhältnis mit seiner Sekretärin hatte oder dass Schwarzgeld ein übliches Zahlungsmittel ist. Die Werte meiner Vorgesetzten entsprachen nicht den Werten Gottes. Ich dachte, wenn ich jemals von Gott die Möglichkeit bekomme, eine eigene Firma zu haben, dann werde ich nichts tun, was gegen sein Wort verstößt.«

1989 wurde Anton Niese von Peter Briscoe zu einer CBMC-Gruppe eingeladen. »Dort informierte uns Peter über die Notwendigkeit, sein Unternehmen nach biblischen Prinzipien zu führen. Das war mir völlig neu.« Im Focus stand Gott, den der Unternehmer mit seiner Firma ehren soll. »Aber irgendwie sprach das zu meinem Herzen. Ich startete 1990 selbst eine CBMC-Gruppe in meiner Firma und verkündete, dass wir ab sofort jede Woche mit einer Gebetszeit beginnen.«

Anton Niese war sich über die Versuchungen im Klaren, denen besonders ein Jungunternehmer erliegen kann. Das Geschäft ehrlich zu führen, auch kleine Lügen nicht zuzulassen und zwielichtige Angebote entschieden abzulehnen, war für Anton Niese nicht leicht. Er bat Peter Briscoe um dessen Begleitung als Coach. »Besser zu werden, ist ein Prozess von Jahren. Ich befleißigte mich, ehrlich auf die kritischen Fragen von Peter einzugehen.« Die Bemühungen Anton Nieses, Gottes Werten nachzueifern, trugen TopTech bereits im ersten Jahr einen Gewinn nach Abzug der Steuern von 45.000 EUR ein. Das Geschäft weitete sich aus und nach einem Jahr bedurfte es eines Mitarbeiters – eines christlichen Mitarbeiters.

Hans Glas, Holländer, bisher Missionar in Afrika, suchte einen Job. Mit akuter Hepatitis begab sich dieser ins Bewerbungsgespräch ... »Als ich ihn erblickte, wusste ich sofort – das ist mein Mann!« Dass es auch Gottes Mann für Anton Niese war, stellte sich schnell heraus, obwohl Hans Glas bei Eintritt in die Firma über keinerlei spezifischen Berufs- oder Branchenkenntnisse verfügte. Von Anfang an war er die rechte Hand des Chefs und wurde 2001 als dessen Nachfolger zum Direktor berufen. Die guten Erfahrungen aus dem ersten Bewerbungsgespräch haben Anton Niese nachhaltig geprägt: »Für die Auswahl wichtiger Personen führe ich ein zweistündiges Bewerbungsgespräch. Dabei verwende ich eine Stunde allein dafür, wie der Bewerber sein Leben als Christ führt und wie er über die Grundsätze der Bibel denkt.«

» 10 Gebote – die alles verändern können «

Aber auch äußere Faktoren haben Anton Niese veranlasst, Gott den ersten Platz in seiner Firma einzuräumen: »Wegen des Golf-Krieges gab es 1993 in den Niederlanden eine Rezession. Wir hatten kaum noch Aufträge. Hans und ich haben dann jede Woche gebetet und den Herrn bestürmt, dass es wieder aufwärts gehen möge. Aber Gott schickte nur Menschen, die uns lediglich ermutigten, dass es wieder werden würde.« Im Folgejahr lud Peter Briscoe Anton Niese zu einem Workshop zum Thema »10 Gebote« ein. Darin wurde bekannt, dass alle US-Firmen, welche die 10 Gebote zu ihren Geschäftsprinzipien gemacht hatten, auf vielen Gebieten weitaus erfolgreicher waren. »An diesem Nachmittag erkannte ich das als die Lösung für meine Firma und deren anhaltende Auftragsknappheit.« Drei Monate später war dieser Schritt vollzogen, der »De Niese Code« geboren und sämtliche Mitarbeiter darauf eingeschworen.

De Niese Code

- Wir ehren Gott in allem, was wir tun.
- Wir konzentrieren uns auf unser eigenes Ziel.
- Wir streben nach ehrlicher und zielgerichteter Kommunikation.
- Wir sorgen für regelmäßige Ruhe, Reflexion und Erholung.
- Wir lernen von der Erfahrung und Lebensweisheit Älterer.
- Wir wahren die Würde und die Rechte eines jeden Einzelnen.
- Wir wahren die Stabilität der Familien.
- Wir gehen mit den uns anvertrauten Mitteln sorgfältig um.
- Wir gründen unsere Auskünfte auf Wahrheit und Fakten.
- Wir gönnen einander den erworbenen Besitz.

Alle Arbeitsverträge, Visitenkarten, Firmenbroschüren und die nächsten Weihnachtskarten wurden sofort damit bedruckt. »Bis zu diesem Zeitpunkt war mein Christsein außerhalb der Firma niemandem bekannt. Das änderte sich durch den neuen Auftritt nach außen schlagartig, ohne dass es eine negative Reaktion gab oder wir einen Kunden verloren hätten. Ganz im Gegenteil, Kunden wünschen einen Partner, der offen und ehrlich ist!« Ab diesem Moment wuchs TopTech wieder kontinuierlich.

»Mein Vorbild, in der Firma unerschrocken biblische Prinzipien zu leben und zu verlangen, hat mit den Jahren dazu geführt, dass meine Mitarbeiter Jesus oft konsequenter nachfolgen als ich selbst.« Anton Niese hat Sprüche 3, 4-6 zum Leitvers für sich persönlich, aber auch für sein Unternehmen gemacht: ›... so wirst du Freundlichkeit und Klugheit erlangen, die Gott und den Menschen gefallen. Verlass dich auf den Herrn von ganzem Herzen, und verlass dich nicht auf deinen Verstand, sondern denke an ihn in allen deinen Wegen, so wird er dich recht führen.‹ Täglich nutzt er jede Gelegenheit zur Weitergabe des Evangeliums. Er betet mit den Zeit-Angestellten, wenn gerade Bedarf besteht und sendet diesen zu Weihnachten regelmäßig einem Früchtekorb mit Bibel oder christlicher Literatur. Alle Mitarbeiter können das Seminar ›Business by the Book‹ besuchen, sie verdienen 20 % mehr als branchenüblich, dürfen aber nicht mehr als 40 Stunden wöchentlich arbeiten, damit genügend Zeit für die Familie und kirchliche Engagements bleibt. »Alle Mitarbeiter sind sehr zufrieden mit ihrem Arbeitsplatz. Mir ist aber wichtiger, dass auch die Ehefrauen mit dem Job ihres Mannes einverstanden sind.« Diese eher außergewöhnlichen betrieblichen Schwerpunkte sind verantwortlich für das gute Betriebsklima und die Kundenbindung und haben maßgeblich zu den Erfolgen sowie zum Wachstum von TopTech beigetragen. »Das Unternehmen mit Gott zu führen, ist weitaus leichter als ohne Gott. Gott hilft mir jeden Tag!«, versichert der Unternehmensgründer im Brustton der Überzeugung.

Anton Niese orientiert sein Verhalten als Chef stets an den folgenden sieben Grundsätzen:

- Gehe als Vorgesetzter immer mit gutem Beispiel voran!
- Sei ein 1-Minuten-Manager (lobe deine Mitarbeiter)!
- Sei immer zum Gebet mit deinen Mitarbeitern bereit!
- Nutze die Mittagspause für Gespräche von Herz zu Herz!
- Zeige Interesse an den Mitarbeitern und ihren Familien!
- Gib ihnen ein Gefühl der Sicherheit in deiner Firma!
- Bringe sie in eine Haltung der Miteigentümerschaft!

Den Umgang mit dem Zehnten betrachtet Anton Niese genauso großzügig wie die Bezahlung seiner Mitarbeiter: »Das Geben des Zehnten muss von Anfang an gelernt werden, damit auch bei Eintritt der großen Zahlen die entsprechende Bereitschaft dazu vorhanden ist.« Bei TopTech werden immer am Jahresanfang zwischen 10 bis 20 % der Jahresgewinnerwartung im Voraus gespendet. 10 % werden grundsätzlich an Missionsprojekte in der ganzen Welt gegeben.

Anton Niese, der von sich selbst behauptet, der am wenigsten Gebildete in seiner Firma zu sein, hat erkannt: »Bildung ist wichtig, noch wichtiger aber ist es, die Talente auszuüben und auszubauen, die Gott uns gegeben hat.« Sein Hobby ist deshalb die TopTech. Rein privat hat er Interesse an Golf, Tennis, Reiten und Body shaping – aber alles nur in Maßen. Er ist aktives Mitglied des CBMC und im Vorstand von Operation Mobilization der Niederlande.

Was machen Anton Niese und TopTech, um das Evangelium in der Geschäftswelt zu verbreiten?

- Die 10 Gebote stehen als Unternehmenscode auf den Visitenkarten, Broschüren, Weihnachtskarten und in allen Arbeitsverträgen.
- Anton Niese stellte seinen ersten Mitarbeiter mit Hepatitis, aber ohne Fachwissen ein. Dieser ist heute Chef der Firma.
- Alle Bewerbungsgespräche haben christliche Verhaltensweisen der Kandidaten zum Schwerpunkt.
- Er sieht sich geistlich verantwortlich für alle Mitarbeiter und wacht darüber, dass sie ein Gott wohlgefälliges Leben führen.
- Alle 30 Mitarbeiter sind Christen geworden.
- Es findet ein wöchentliches und manchmal tägliches Gebet vor Arbeitsantritt in verschiedenen Filialen statt.
- Er betet mit den Mitarbeitern zu vielen Anlässen.
- Er zahlt 20 % mehr Gehalt als üblich bei strikter Einhaltung der 40-Stunden-Woche (genügend Freizeit für Familie und Gemeinde ist wichtig).
- Er erachtet die Nachfolge Jesu seiner Mitarbeiter genauso wichtig wie die eigene.
- Er schenkt allen 300 Zeitangestellten zu Weihnachten stets einen Früchtekorb mit Bibel oder christlicher Literatur.
- Sie entnehmen für Spenden 10 bis 20 % aus der Gewinnerwartung bereits am Anfang des Geschäftsjahres.
- Sie haben eine CBMC-Gruppe in der Firma.

FIRMENPROFIL

Name:	TopTech Holding
Gründung:	1990 durch Anton Niese
Mitarbeiter:	30, Zeitangestellte 300
Branche:	Zeitarbeit
Produkte:	Dienstleistungen von Zeitarbeitern technischer Ausrichtung
Umsatz:	12 Mio. EUR 2001
Adresse:	Jaap Bijzerweg 25, 3446 CR Woerden, Niederlande
Telefon:	+ 31 348 435 040
Fax:	+ 31 348 435 049
E-Mail:	anton.niese@toptech.nl
Website:	www.toptech.nl

Die 10 Gebote des »De Niese Codes«.

»Breite das Evangelium in Zentralasien aus!«

Für Sergey Lisunov brach im Jahr 1993 das Leben zusammen: »Als Geschäftspartner stand ich am Rande des Bankrotts. Unsere Joint-Venture-Firma hatte große Schulden und die Gläubiger verstärkten ständig ihren Druck. Damals wollte ich mit niemandem mehr Geschäfte machen und entschied deshalb, mich ganz aus dem Geschäftsleben zurückzuziehen. Von den Menschen völlig enttäuscht zweifelte ich an meiner eigenen Fähigkeit, noch irgendetwas Lohnendes anzupacken. Genau in jener Zeit konnte Gott mein Herz berühren. In den sechs Monaten danach konnte ich nichts anderes tun als nur die Bibel zu lesen. Allmählich lösten sich die Probleme auf und ich begriff, dass alles, was ich zuvor unternommen hatte, auf fragwürdigen Motiven beruht hatte. Nur eine Katastrophe konnte das einzige Ergebnis meiner früheren Anstrengungen sein. Zu guter Letzt erntete ich das, was ich verdient hatte.«

Ein Licht im Herzen von Zentralasien

→ Im Jahr 1995 befand sich Kirgisistan immer noch im Freudentaumel über die eigenständige Nationalität und die Unabhängigkeit von der ehemaligen Sowjetunion. Die traditionellen religiösen Vorstellungen waren in jedem Bereich der Gesellschaft auf dem

Vormarsch. Zur gleichen Zeit beheimatete das kleine Land eine Gemeindegründungsbewegung, sodass christliche Literatur dringend benötigt wurde. Solches Schrifttum vor Ort herzustellen war so gut wie unmöglich. Andererseits war der Vertrieb von importierter christlicher Lektüre schwierig, denn die Leute schlugen die erste Seite auf, lasen, wo es gedruckt war, und lehnten es als ›Propaganda aus dem Ausland‹ ab. Das führte zu der Einsicht, dass ein inländischer Verlag erforderlich ist, um hier das Evangelium in Schriftform verbreiten zu können. Die Idee für den Al Salam Verlag (deutsch: ›Der Herr des Friedens‹) war geboren. Sergey Lisunov, einer der einheimischen Gläubigen, hatte die erstaunliche Vision, die erste christliche Zeitung in Zentralasien herauszubringen. Zu ihm gesellte sich ein missionarischer Linguist aus den USA namens Joel Freitas mit seiner Vision, ein Zentrum für christliche Literatur in Zentralasien zu errichten. Diese beiden Glaubensbrüder wagten es, den Herrn um das Unmögliche zu bitten: einen behördlich eingetragenen Verlag, der alle Leistungen erbrachte, um sowohl gewerbliche Aufträge als auch christliche Literaturprojekte für ganz Zentralasien und darüber hinaus abzuwickeln.

Die bescheidenen Anfänge von Al Salam waren abenteuerlich. Als neue christliche Zeitung wurde ›Your Pathway‹ (deutsch: ›Dein Pfad‹) ohne Einrichtungen, Kapital oder gar Druckerfahrung ins Leben gerufen. Sergey Lisunov baute Kontakte zu allen privatisierten Druckereigeschäften im Lande auf. Auf der Suche nach größeren Mengen an Rohmaterial waren einige Druckereien im Austausch bereit, kleinere Aufträge zu erfüllen. In der Zwischenzeit waren Gruppen von Gläubigen in zwei kleinen alten Häusern damit beschäftigt, an gespendeten 486er PCs zu schreiben und christliche Literatur zu übersetzen. »Wir verlegten unter dem Namen einer eingetragenen Gemeinde und druckten über meine Geschäftskontakte.« So wurden im Laufe von zwei Jahren über 2,5 Mio. Exemplare christlichen Schrifttums produziert und verteilt – praktisch ohne eigene Maschinen. Es strömten einfarbige Druckaufträge herein und innerhalb eines Jahres stieg das Geschäft auf über 100.000 USD. Für die christliche Zeitung gab es eine eigene Gesellschaft, und die beiden Gründer konzentrierten sich auf den Aufbau eines Druckzentrums, das die ganze Region mit dem Evangelium erreichen sollte.

»Unser Weg war zum Teil abenteuerlich. So rissen unsere Techniker ein Elektrogehäuse von der Wand, nahmen etwas Glas, eine Lampe und einen Staubsauger und stellten damit einen Druckplattenbrenner her. Da gab es Zeiten, in denen wir der Mafia gegenüberstanden – aber wir sahen, wie der Herr ihre Pläne vereitelte. Bei jedem Schritt haben wir den Widerstand des Feindes bemerkt, aber die allmächtige Hand Gottes hat jede Auflehnung hinweggefegt. Sogar eine hübsche ›Heidelberg-Druckpresse‹ konnten wir nach Beschlagnahmung durch den Zoll auch ohne die Zahlung hoher Bestechungsgelder genau am Tage der Einweihung der Druckerei in Empfang nehmen. Noch während der Feier, bei der wir dem Herrn für seine Versorgung dankten und die Leute auf dem leeren Boden des Druckpressenraumes beteten, wurde draußen mit einem Kran unsere ›Heidelberg‹ abgeladen.«

Heute publiziert der Al Salam Verlag weltliche und christliche Literatur in den verschiedensten Sprachen und Schriftzeichen mit regionaler Verbreitung in Zentralasien. Dadurch kommt das Königreich Gottes kraftvoll voran.

Bescheidene Anfänge

➔ Bei seinem Wiedereintritt ins Geschäftsleben im Jahr 1994 hatte Sergey Lisunov nur ein Ziel im Kopf: »Wie kann ich von Gott gebraucht werden?« Dabei dachte er an sein bisheriges Schicksal. Jedes richtig erfolgreiche Geschäft basiert auf etwas, das die Menschen wirklich brauchen. Was konnte er tun, um den Menschen zu nutzen? Und alles, was er künftig tun würde, sollte unter Gottes

Segen stehen. So begann er mit der Überzeugung, dass die Menschen am meisten das Evangelium brauchen. Eine Zeitung könnte Gottes Wort in die Welt hinaustragen. »Ich hatte kein Geld, kein Wissen und keine Beziehungen, aber ich spürte in meinem Herzen, dass ich diese Aufgabe übernehmen sollte – aber ohne die Hilfe eines Geldgebers.« Mit 2.400 USD, die ihm seine früheren Geschäftspartner noch schuldeten, fing Sergey Lisunov sein neues Unternehmen an.

Zur finanziellen Durchführbarkeit der Zeitung wurde monatlich eine Verkaufsauflage von mindestens 20.000 Exemplaren benötigt. »Meine Gemeinde konnte nur 300 abnehmen, aber wir gingen trotzdem voran.« Mit seiner Frau Lena bildete er das Herausgeber- und Redaktionsteam und begann zu arbeiten. Am Anfang war alles neu für die beiden. In den folgenden Monaten kontaktierten sie zahlreiche christliche Organisationen in Kirgisistan, Kasachstan, Usbekistan und Russland. Dort fanden sie genug Interesse, um das Projekt aufrechterhalten zu können. »Der Herr war treu, und uns war es möglich, das zu erreichen, was vorher für unmöglich gehalten wurde. Die Menschen brauchten die Frohe Botschaft – und jetzt konnten sie diese empfangen!«

Nachdem die Zeitung ausgegliedert worden war, nahm Sergey Lisunov das Druckereigeschäft in Angriff. Auch hier waren die Anfänge bescheiden. Einige alte Druckmaschinen, eine Hand voll Angestellte, und die Arbeit konnte beginnen: in der gleichen schlechten Qualität und mit derselben Arbeitseinstellung, die typisch war für Geschäfte in der Zeit nach der Sowjetära. »Ich verstand, dass Gott unseren Betrieb nur segnen konnte, wenn wir bereit wären, ganz von vorne zu beginnen.«

Das Erste, was sie taten, war, sich vorzustellen, was aus der Firma werden könnte, wenn es keine Begrenzungen gäbe. In einem zweiten Schritt setzten sie sich ›Reich Gottes-Ziele‹. Was könnte die Firma für Gott tun, wenn sie erfolgreich würde? Als dritte Maßnahme wurde eine ganz neue Arbeitsethik bestimmt, die es erlaubte, Jesus täglich während der Arbeit zu verherrlichen. So wollten wir eines Tages zu den besten Druckereien in Kirgisistan gehören, die Aufträge aus ganz Zentralasien erhalten wird. Ein mehrschrittiges Projekt wurde entworfen, das Al Salam technologisch in die vorderste Reihe bringen sollte. Es bedurfte aber noch eines Spezialisten, der die Entwicklung des Projekts leiten konnte. »Wir brachten unser Anliegen vor den Herrn und Gott beantwortete unsere Gebete mit Joe Gossen, einem Profi mit mehr als 20-jähriger Erfahrung.« Aber auch die nächste Aufgabe schien unmöglich, denn es war kein Investor zu finden. Wer würde so viel Geld in Kirgisistan investieren? »Wieder begannen wir zu beten, aber Gott zeigte uns genau das Gegenteil: Wir sollten die Investitionen nicht für unsere Firma suchen, sondern andere unterstützen. 1995 hatten wir eine Gruppe mit 4 bis 6 christlichen Unternehmern gegründet, die aber nicht wachsen konnte, weil es sonst keine anderen christlichen Geschäftsleute gab. So lehrte uns Gott, die wir selbst die wenigste Ahnung hatten, anderen zu helfen, ihr Geschäft zu beginnen und es voranzubringen.« Potenzielle christliche Geschäftsleute wurden oft zu Al Salam eingeladen, um ihre Vision zu vergrößern. »Wir mögen es, unser Konzept vorzustellen, wie wir unter Gottes Prinzipien arbeiten. Wenn es bei uns funktioniert, so gilt das auch für andere.«

So begann der Dienst von Sergey Lisunov mit den Geschäftsleuten. »Wir trafen uns zweimal im Monat, beteten und sprachen über die Grundlagen von Geschäften.« Rund 40 Personen aus unterschiedlichen Gemeinden waren daran beteiligt. Erst im Jahr 1998 wurden die Gebete beantwortet. Die Gruppe traf Jürg Opprecht, einen Schweizer Geschäftsmann, der ein Herz hatte, Zentralasien zu erreichen.

Al Salam unterhält auch tief gehende Beziehungen zu allen Gemeinden in Kirgisistan. »Wir bemühen uns um eine direkte und überkonfessionelle Zusammenarbeit mit einer Vielzahl von Gemeinden. Der Vorstand des Projekts ›Sprüche Salomons‹ besteht aus einem breiten Spektrum von Repräsentanten verschiedener christlicher Organisationen. Wir ziehen großen Gewinn aus deren Weisheit und Gebetsunterstützung.«

Die konsequente Umsetzung biblischer Prinzipien hat in Sergey Lisunovs Unternehmen dazu geführt, dass heute der überwiegende Teil aller Mitarbeiter Christen sind. »Sie stellen ein lebendiges Zeugnis für die noch nicht an Jesus Gläubigen dar. Auch in Bezug auf die öffentliche Verwaltung wollen wir unser Geschäft und seine Ziele ehrlich und offen ausführen. Deshalb übernehmen wir keine Aufträge, die nicht mit unseren christlichen Prinzipien übereinstimmen.«

Der heutige Standard an Arbeitsethik, Mitarbeiterkompetenz und Produktqualität bei Al Salam ist der kontinuierlichen Bereitschaft auf Gottes Wort zu hören sowie der fortgesetzten Schulung der ehemals unqualifizierten Mitarbeiter zu verdanken.

Sergey Lisunov hat beim Bau seiner Firma folgende Grundsätze festgelegt:

- Heiligung des Geschäfts für sein Königreich
- Befolgung christlicher Geschäftsprinzipien
- Herstellung eines Grundstocks fähiger und treuer Mitarbeiter

Was machen Sergey Lisunov und Al Salam, um das Evangelium in der Geschäftswelt zu verbreiten?

- Sie unterstützen andere ähnlich orientierte Unternehmen, indem deren Mitarbeiter oft eingeladen werden, um Al Salam, seine Organisationsstruktur sowie die Produktionsmethoden kennen zu lernen.
- Sie laden wichtige christliche Leiter verschiedener Organisationen ein zwecks Erörterung wesentlicher Projekte oder bei Veränderungen in der Firma.
- Sie lassen den Arbeitsablauf durch wöchentliche Gebetstreffen bestimmen.

- Sie bieten jedem Arbeiter eine Bibel und ein christliches Arbeitsumfeld an.
- Sie können christliche Druckaufträge zu einem reduzierten Preis annehmen, weil sie die Subventionen der säkularen Aufträge nutzen.
- Sie geben mit Genehmigung des Erziehungsministeriums eine Schulserie Ethiktextbücher auf Grundlage der Sprüche von Salomon heraus.
- Sie stehen Pate für die Entwicklung anderer christlicher Druckereien.
- Sie weisen Druckaufträge zurück, deren Inhalte biblischen Grundsätzen widersprechen, und diskutieren darüber mit den Kunden.

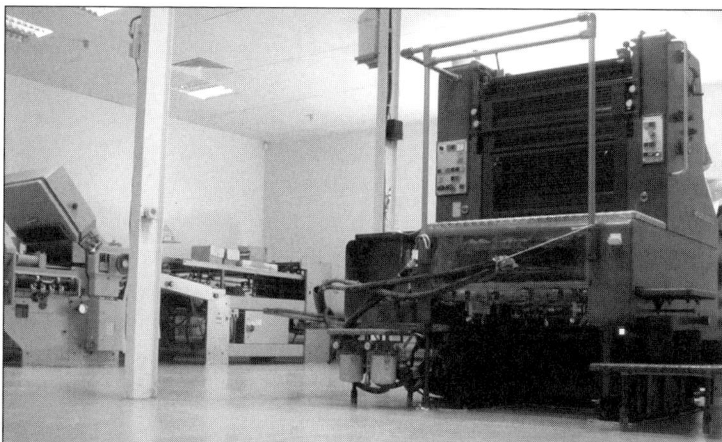

Einblick in Al Salams Maschinenpark.

FIRMENPROFIL

Name:	Al Salam Publishing House Ltd.
Gründung:	1997 durch Sergey Lisunov und Joel Freitas
Mitarbeiter:	18
Branche:	Druckerei und Verlag
Produkte:	Christliche Literatur aller Art und ausgewählte säkulare Literatur
Umsatz:	120.000 USD jährlich
Adresse:	Simferopalskaya Straße 85, Bishkek, Kirgisistan
Telefon:	+ 996 312 54 2252
Fax:	+ 996 312 54 2202
E-Mail:	asphouse@securenym.net
Website:	www.asphouse.org

8000 Mitarbeiter beten wöchentlich während der Arbeitszeit

Es ist Mittwoch, 12 Uhr. Im Headquarter der indonesischen Asih Group sitzen die 25 Direktoren beim Mittagessen. Der Konzern beschäftigt insgesamt 8000 Mitarbeiter. Der größte Teil von ihnen verkauft Lebensversicherungen. Aber auch eine Hotelkette, die Produktion von Nahrungsmitteln, eine Druckerei usw. sind in den letzten Jahren dazugekommen.

Mittlerweile ist es 12.30 Uhr und die Gruppe erhebt sich wie jeden Mittwoch, um sich in ein großes Sitzungszimmer auf der anderen Seite des Ganges zu begeben. Der Raum ist vorbereitet. Es gibt Bibeln und Gesangbücher. Jemand spielt auf einem Harmonium.

Eröffnet wird das Treffen mit Gebet, Lied und einer kurzen Vorstellung der anwesenden Gäste.

Der 79-jährige Gründer, Mr. Karel Mompang Sinaga, erhebt seine Stimme. Der sonst eher introvertiert und schüchtern wirkende ältere Herr ist plötzlich ein ganz anderer. Mit Begeisterung und Emotion beschreibt er das Firmenziel. Der vollständige Name der Firma heißt »BUMI ASIH JAYA«. BUMI heißt auf Indonesisch »Welt«, ASIH heißt »liebt einander« und JAYA heißt »groß«. Man könnte übersetzen: Ein Platz, an dem die Liebe regiert, ist großartig. – Heute übersetzt er den Namen: »Liebt einander und seid stark, wenn es darum geht, einander zu dienen.« Er spricht davon, dass seine Firma natürlich auch Geld verdienen muss und dass es nichts Verkehrtes ist, Fische zu fangen. Aber, so sagt er deutlich, unser Ziel ist es, nicht in erster Linie Fische zu fangen, sondern unser Ziel ist es, Menschen zu fischen. Diese Firma wurde nicht nur gegründet, um neue Standards in das oft korrupte Geschäft mit Lebensversicherungen zu bringen. Nein, diese Firma wurde gegründet, um Gott die Ehre zu geben. Diese Firma ist ein »Ministry«. Unser Name ist zwar Asih Group, aber eigentlich müsste es heißen: »Asih Group Ministry«.

Heute, wie jeden Mittwoch, wird eines der 39 Kapitel aus dem Buch »Doing Business God's Way« (eine Publikation des Christian Business Committee in den USA) durchgearbeitet. Konkret geht es heute um das Thema Nr. 21: »Establishing Business Partnerships«. Die Frage ist also, wie man Partnerschaften gründet und was die Spielregeln dafür sind. Kein einfaches Thema, denn bei den in den USA erstellten Unterlagen geht es ganz stark um die Frage, inwiefern Christen und Nichtchristen gemeinsam Verantwortung für eine Firma übernehmen können. Stellen wie 2. Korinther 6, 14-16 und Epheser 5, 3-7 werden gelesen. Wenn auch alle Direktoren des Konzerns Christen sind, so sieht es doch auf der Mitarbeiterebene ganz anders aus. Indonesien ist ein Land mit 70% Moslems. In der Firma beträgt der Prozentsatz etwa 60%. Da ist es hilfreich, dass einer der anwesenden Direktoren, ein früherer Imam (Vorbeter in der Moschee) war, der sich vor Jahren für ein Leben mit Jesus Christus entschieden hat. Er kennt einerseits den Koran in- und auswendig, andererseits ist er mit der Bibel bestens vertraut und versteht es immer wieder, die Dinge auf den Punkt zu bringen.

Der Koran ist eine Sammlung von Anweisungen, wie Allah (Gott) möchte, dass Menschen auf der Erde leben. Mohamed war wichtig. Er hat uns Anweisung gegeben, wie wir gute Menschen werden. Jesus hat etwas anderes gebracht: er rettet. Hier Anweisungen, dort ein liebendes Verhältnis.

Die Leitung des Treffens rotiert unter den anwesenden Direktoren. Heute ist der Direktor einer Schwester-Versicherung in Jakarta für das Treffen verantwortlich. Der Austausch über die gestellten Fragen ist rege: manchmal nachdenklich, manchmal untereinander diskutierend, manchmal nach einem witzigen Beitrag ein schallendes Lachen. Plötzlich mitten im Satz ein Klingelzeichen, der das Ende des Treffens signalisiert. Die Zeit ist um. Einige klatschen und danken der engagierten Diskussionsleitung. Jetzt sind noch 15 Minuten, die man für das Gebet nutzen will. Drei der Teilnehmer haben sich darauf vorbereitet. Sie haben Gebetsanliegen gesammelt, die sie jetzt vortragen.

Mittlerweile ist es kurz nach 14 Uhr. Die Bibeln und Gesangbücher werden zusammengepackt, jeder strebt zurück in seine Abteilung, wo er sich wieder dem Tagesgeschäft widmet.

Asih Group – Jakarta

➔ Aus tiefer Sorge wegen der Not der Armen, Arbeitslosen, Waisen und Alten in seinem Land hat Mr. Sinaga 1967 zusammen mit vier Partnern die Lebensversicherungsgesellschaft Bumi Asih Jaya (BAJ) gegründet. Bedingt durch die hohe Inflationsrate in Indonesien zu dieser Zeit haben die Versicherten aber bald ihr Vertrauen in die Versicherung verloren. BAJ überwand dieses Problem, indem es die Policen auf US-Dollar umstellte; übrigens als erste Lebensversicherung in Indonesien. Mit 263 Vertretungen und 5.550 Angestellten gehört BAJ heute zu den größten Lebensversicherungsgesellschaften in diesem Land. Die BAJ ist, wenn man die Zahl der Kontrakte ansieht, der fünftgrößte Anbieter von Lebensversicherungen. Mit Blick auf die Zahl der gezeichneten Versicherungssumme ist es die Nr. 10 in Indonesien. Es gibt auch ausländische Lebensversicherungsanbieter im Lande, wie z. B. die Allianz aus Deutschland. Zur Asih Group gehören noch eine Allgemeine Versicherungsgesellschaft, eine Hotelkette mit elf Hotels, die jetzt um 15 Häuser erweitert wird, eine Beratungsfirma, Banken, eine Bauunternehmung, Schulen sowie Nahrungsmittelverarbeitung und Druckereierzeugnisse.

Der Firmengründer, Mr. Sinaga, ist dabei, die Verantwortung seiner 8000-Mitarbeiter-Firmengruppe in jüngere Hände zu übergeben. Drei Kinder haben bereits Top-Positionen übernommen. Eine weitere Tochter ist Künstlerin. Von ihr wünscht er sich einmal eine Skulptur von sich im Eingangsbereich seines 8-stöckigen Firmenhochhauses. Die erfolgreiche Künstlerin auf den Wunsch des Vaters: »Sehr, sehr gerne, aber erst, wenn du tot bist.« Dies macht deutlich, dass man in der Konzernzentrale nicht viel von »Heldenverehrung« hält. Dafür geht es um harte und zielstrebige Arbeit, die Gott die Ehre geben soll. Das Leitbild der Firma, Mission und Vision, liegen fein säuberlich ausgearbeitet mehrsprachig vor. Man will gegenüber einer verunsicherten Öffentlichkeit (Indonesien hat extrem hohe Inflationsraten), aber auch gegenüber Gott transparent und durchsichtig sein.

Mr. Sinaga selbst stammt aus einer Region, die Toba heißt. Dort haben deutsche Missionare gewirkt und die Region ist von Christen besiedelt. Die Bibel wurde in den dortigen Dialekt übersetzt. Als nächstes großes Projekt hat sich Mr. Sinaga vorgenommen, dort die christliche Universität »Nehemia« zu gründen.

Rechts:
Lebenslauf von Karel Mompang Sinaga, der deutlich macht, wie er zum christlichen Unternehmer wurde und in welchen Geschäftsbereichen er sich investiert.

KAREL MOMPANG SINAGA – GRÜNDER DER ASIH GRUPPE

KAREL M. SINAGA wurde am 3. September 1923 in Sibolga, Nord-Sumatra, Indonesien, geboren. Als ein Nachfolger Jesu zogen er und seine ihn unterstützende Ehefrau Pinta Nor Sihombing ihre 2 Söhne und 6 Töchter mit endloser Geduld auf und sorgten für eine gute Ausbildung, bis alle das »Nest« verlassen hatten, ausgestattet mit dem Wort Gottes und einem Universitätsabschluss. Im Kreise ihrer 20 Enkel und einem Urenkel feierten sie am 22. Februar 1996 fröhlich ihren 50. Hochzeitstag.

Nachdem er die holländische Grund- und höhere Schule in H.I.S. und MULO Tarutung beendet hatte, machte der junge KM, wie man ihn gemeinhin nennt, im Jahre 1942 eine militärische Ausbildung in Singapore. Später dann in den Jahren 1963–1969 studierte er am erweiterten juristischen Seminar der indonesischen Universität und dem theologischen Kolleg in Jakarta.

Anfang 1961 empfing er einen Ruf Gottes, als Ältester der HKBP (lutherisch-protestantische ethnische Batak Gemeinde) in Palembang zu dienen, eine Aufgabe, die er als Vikar (Assistenz-Pastor) der Jalan Jambu 46 HKBP Gemeinde in Jakarta von 1964 bis 1981 fortführte.

KM begann seine Versicherungs-Karriere bei der Bumi Putera 1912 Mutual Life Insurance Company, in der er von 1950 bis 1964 arbeitete und sich dort Erfahrungen und Kenntnisse aneignete, beginnend als Verkaufskraft, bis hin zu einer Position als Zweigstellenleiter in Jakarta.

Ausgestattet mit seiner »Bumi Putera 1912« Erfahrung und einem Startkapital von nur 1 Mio. Rupien gründete er am 10. Juni 1967 zusammen mit Freunden in Jakarta die Bumi Asih Jaya Lebensversicherungsgesellschaft, genau während der Zeit der galoppierenden Inflation von 600 %. Dies jedoch motivierte ihn, seine Gesellschaft auf drei feste Prinzipien zu gründen: Menschen zu lehren, sparsam zu sein; Menschen anzuleiten, weit voraus zu blicken; und Menschen darin einzuüben, sich gegenseitig zu helfen. Es verdient auch Beachtung, dass Bumi Asih Jaya als diejenige Gesellschaft in Indonesien bekannt ist, die als allererste Policen in US-Dollars verkaufte, um so die Inflation der indonesischen Währung zu überwinden. In den frühen Jahren war Bumi Asih Jaya mit vielen Schwierigkeiten konfrontiert, aber Gott kam immer zu Hilfe. Dies ist der Grund, warum KM fortwährend den HERRN verherrlicht und IHN als den Hauptbesitzer von Bumi Asih Jaya ansieht.

KM ist bekannt als gottesfürchtiger Mensch und harter Arbeiter mit straffer Disziplin, der im ernsthaften Gebet die Dinge wieder und wieder überdenkt, während er sein Geschäft weiterentwickelt und neue Gesellschaften gründet, alles geleitet von seiner Vision und Mission, Menschen zu helfen und deren Lebensglück zu vermehren.

Er entschied, lediglich in 6 Geschäftsbereichen aktiv zu sein:
1. **Versicherungen**, die finanzielle Risiken abdecken.
2. **Bankwesen**, um Menschen zu unterweisen, Geld zu sparen und effizient auszugeben.
3. **Häuserbau**, um niedrige Einkommensgruppen mit guten Unterkünften zu versorgen.
4. **Hotels**, um Gästen ein Optimum an Komfort zu vernünftigen Preisen zu bieten.
5. **Bildung**, um Menschen zu helfen, sich Kenntnisse anzueignen und ihre Intellektualität zu entfalten.
6. **Entwicklungshilfe**, um in unterentwickelten Regionen Entwicklungsanstrengungen zu unterstützen.

Alle diese Firmen sind in der »ASIH GRUPPE« zusammengefasst, die sich dem Prinzip verpflichtet hat, **»Geschäfte nach Gottes Willen«** zu betreiben.

Neben den oben erwähnten Firmen ist KM auch in verschiedenen sozialen und religiösen Institutionen aktiv, unter anderem als Berater der Child Evangelism Fellowship Indonesia, als assoziiertes Mitglied von Campus Crusades for Christ in Indonesien, als Präsident von Gideons Indonesia Camp III Jakarta, als 2. Vorsitzender des Christian Business Men's Committee International (CBMC), als Ehrenmitglied der Full Gospel Business Fellowship International (FGBFI) in Jakarta, als Mitglied des Lion Club Jakarta Metropolitan, als Gründungsmitglied der Christlichen Universität Indonesien sowie nicht zuletzt auch als Vorstandsvorsitzender des Haggai Institute International.

Hinweis: Im Anhang IV, S. 334ff. »Christliche Werte in einem nichtchristlichen Umfeld« sind die Werte der Asih Group dargestellt.

Indonesien ist ein Land mit 220 Mio. Einwohnern, das sich über eine Fläche von 3.500 km von Ost nach West erstreckt. Das Land besteht zu 70% aus Moslems, 20% aus Christen und 10% aus sonstigen Religionsgruppen.
In der Firma selbst stellt sich dies etwas anders dar:
60% Moslem
30% Christen
10% sonstige Religionsgruppen.
Die Direktoren und Manager sind jedoch durchweg Christen.

Die starken evangelistischen Bemühungen von K. M. Sinaga waren nicht immer unkritisch. Moslems haben dies als Christianisierung empfunden. Jetzt aber ist er mit seiner Firma, die Gott die Ehre gibt, anerkannt. Es gibt nur wenige, die in dieser Firma nicht arbeiten wollen, weil sie die Zusammenkünfte montags und freitags ablehnen.

Was machen Karel Mompang Sinaga und die Asih Group, um das Evangelium in der Geschäftswelt zu verbreiten?

➤ Mr. Sinaga gibt konsequent den Zehnten und lehrt auch seine Mitarbeiter dies zu tun.
➤ Mr. Sinaga dient als Mentor und Coach für verschiedene andere christlich geführte Unternehmen in Indonesien. Zum Beispiel bei einer großen Bank, deren Eigentümer Buddhist war und jetzt als Christ sehr konsequent lebt.
➤ Mittwochs eineinhalbstündiges Treffen der Direktoren zum Bibelstudium und Gebet. Dabei ist es Pflicht, dass jeder Manager dabei ist. Auch Firmenreisen werden so gelegt, dass der Mittwoch davon nicht tangiert ist.

- Alle Mitarbeiter treffen sich montags von 7 bis 8 Uhr für eine Stunde »Fellowship«. Dabei wird das Buch der Sprüche durchgearbeitet. Da das Sprüchebuch insgesamt 31 Kapitel hat, wird immer das Kapitel genommen, dessen Tag gerade dran ist. Zum Beispiel am Montag, den 12. wird das 12. Kapitel durchgearbeitet. Trifft man sich am 14., wird das 14. Kapitel durchgearbeitet.
- Freitags 16.30–17.30 Uhr treffen sich alle Mitarbeiter zu einer weiteren Stunde »Fellowship«. Außerhalb Jakartas, auf den Inseln findet diese Stunde samstags, von 12.30 bis 13.30 Uhr statt. Diese Treffen werden als Wochenabschluss gesehen. Man lädt reihum einen Gastsprecher ein. Dies kann ein Muslim sein, ein Buddhist, ein Hindu, dies ist je nach Region unterschiedlich, aber eben auch christliche Prediger, die dann nicht über »besseres Verhalten« reden, sondern die klar davon reden, dass »Jesus Christus errettet«.
- Im Firmenprospekt wird an mehreren Stellen Gott deutlich die Ehre gegeben.
- Mr. Sinaga fastet jede Woche von Freitag 20.00 Uhr bis Samstag 18.00 Uhr.
- Er hat viele Ämter begleidet, so z. B. war er lange Jahre Präsident der CBMC von Indonesien, Präsident des Haggai-Instituts, Indonesien.
- Örtlichen Gemeinden bzw. christlichen Institutionen wie CBMC werden kostenlos Räume zur Verfügung gestellt. (»Dies ist Gottes Gebäude.«)
- Jedes Zimmer in den Hotels seiner Kette ist mit geistlicher Musik, einem geistlichen Bild und mit geistlicher Literatur ausgestattet.
- Pastoren und Werke, die in den Hotels der Kette logieren, erhalten 50 % Vergünstigung vom regulären Preis. Jedes Hotel ist mit einem Raum für Gottesdienste oder Lobpreis ausgestattet.

FIRMENPROFIL

Name:	Asih Group
Gründung:	1967 als Lebensversicherung
Mitarbeiter:	8000
Branche:	Versicherung, Gastgewerbe, Banken, Schulen, Baugewerbe, Lebensmittel, Druckerei
Produkte:	Dienstleistungen
Adresse:	Jln. Matraman Raya 165-167, Jakarta 13140, Indonesien
Telefon:	+ 62 21 280 07 00
Fax:	+ 62 21 850 96 69
E-Mail:	baj@bajlife.com
Website:	www.bajlife.com

Die Direktoren der Asih Group beim Mittwochs-Gebet.

Das Gebäude der Hauptverwaltung der Asih Group in Jakarta, Indonesien.

Mit dem Heiligen Geist zur totalen Kundenorientierung

Gerade erst vier Jahre alt, erkrankte der kleine Theam in seiner Heimat Malaysia an einer mysteriösen Infektion, die ihm damals fast das Leben gekostet hätte. Ohne Hoffnung auf ärztliche Hilfe legten seine gläubigen Eltern ihm die Hände auf, worauf er nach kurzer Zeit vollständig gesund wurde. Noch heute erinnert sich Khoo Oon Theam oder Mr. Khoo (gesprochen: Kuu) lebhaft an den Ausruf seiner Mutter: »Gott hat dich für einen bestimmtem Zweck gerettet!« Und welche Absicht Gott mit ihm hatte, wurde Mr. Khoo bei Eintritt in das Berufsleben schnell klar: Er sollte für Gott arbeiten. Und das tat er als wiedergeborener Christ auch mit ganzer Inbrunst. Zum Studieren zog es ihn in die USA. Dort stürzte er sich sogleich in die christliche Jugendarbeit. In Chicago engagierte sich Mr. Khoo bei Blinden, geistig Behinderten, Prostituierten und Gangstern. Sein soziales Engagement bewirkte, dass man ihn nach seiner Asienrückkehr schnell zum leitenden Direktor des CVJM (YMCA) in Singapur beförderte. Mr. Khoos strikte Orientierung an Leistung und Karriere ließ ihn weiter aufsteigen. Auf dem Höhepunkt seines ›Dienstes‹ übernahm er das respektvolle Amt des Vorsitzenden der ›Interreligious Society Singapore‹, einer kulturellen Vereinigung aller großen Religionen (Buddhisten, Muslime, Hindus, Juden, Taoisten und Christen) des Landes. Das Ziel war erreicht, seine gesellschaftliche Anerkennung als Christ und geistlicher Führer war kaum zu überbieten. »Das muss Gott doch gefallen!«, dachte Mr. Khoo. Er war von seinen wichtigen Aufgaben derart eingenommen, dass für die tägliche Bibellese keine Zeit mehr blieb. »Vom Erfolg verwöhnt, habe ich damals alles ohne Gott gemacht; ohne wirklich nach seinem Zweck für mein Leben zu fragen. Ich war zwar sein Werk, aber nicht in seinem Willen.« Erst als sich in der Ehe massive Probleme einstellten, begann Mr. Khoo nach dem tieferen Sinn des Lebens zu fragen. »Eines Tages bat ich Gott um ein klares Zeichen seiner Existenz: ›Wenn es dich wirklich gibt, so sprich zu mir!‹, forderte ich ihn heraus.« Ganze sechs Monate musste Mr. Khoo warten, um in seinem Inneren Gottes Stimme zu vernehmen: »Mein lieber Sohn, dies ist das erste Mal, dass du bereit bist, auf mich zu hören. Deine Zukunft liegt in meinen Händen. Ich leite dich auf meinem Weg. Ich werde meinen Plan in dein Leben bringen, dein Schicksal und deinen Zweck bestimmen.«

Ein Segen für alle sein!

➔ In Jahr 1972 war das Gebäude der ›Asia Insurance‹ das höchste Bauwerk von Singapur. Er siedelte seine erst zehn Jahre später gegründete Firma dort im obersten Stockwerk an. Als es dann 1982 zur Gründung der OTi Consulting kam, waren zwar in der Zwischenzeit weitaus höhere Bürokomplexe in Singapur entstanden, was Mr. Khoo aber nicht daran hinderte, mit seiner Sekretärin im Penthaus des ›Asia Insurance Building‹ zu starten. »Die ersten Jahre meines Beratungsgeschäfts waren sehr bescheiden. Mit einigen wenigen Mitarbeitern gelang es, mir bei meinen Kunden einen Namen zu machen. Später gründete ich mit einer Reihe anderer Teilhaber eine zusätzliche Beratungsgesellschaft namens ›Rhema Ventures‹, die aber sehr verlustreich war. Auch wenn wir keine Gewinne verzeichneten, gaben wir hartnäckig den Zehnten von den Einnahmen. Im Jahr 1994 verließ ich diese Firma, als ich erkannte, dass wir zwar alle geistlich das Beste wollten, ein geistlicher Dienst jedoch ohne betriebswirtschaftlichen Sachverstand keine Aussicht auf dauerhaften Erfolg hat.« Die OTi Consulting wurde daraufhin wieder erfolgreicher und Mr. Khoo begann in seine Mitarbeiter zu investieren. Statt den Zehnten des Gewinns zu spenden, kommt der Geldbetrag nun den Mitarbeitern zugute. »Gott hat mir gezeigt, meine Mitarbeiter zu segnen, damit diese mit einem höheren Einkommen ein Segen für ihre Familien und beim Geben von Zehnten und Opfern sein können.« So wird der Gewinn zu 100 % in die Firma reinvestiert. Von einem Teil erhalten die Mitarbeiter einen Bonus, der Rest fließt in die Entwicklung neuer Projekte. Hier handelt es sich um wertorientierte Programme, Prozesse und Projekte, mit denen eine Firma ihr volles Leistungspotenzial erzielen kann. Zusätzlich wird bei den Kunden ein wesentliches Augenmerk auf die richtige Mitarbeiterauswahl und -weiterbildung gelegt, die durch Lehrprogramme und Persönlichkeitstests optimiert werden soll. Eine Softwareunterstützung für den Sektor Personal und alle Organisationsbereiche runden das Dienstleistungsangebot der OTi Consulting ab.

Im Jahr 1990 hatte Mr. Khoo für seine Firma einen weiteren Eindruck von Gott: »Wie Laserstrahlen soll der Geist Gottes durch die beratenden Mitarbeiter in den Außenbüros zu den verschiedenen Firmen fließen, die in einigen Ländern Südostasiens und der USA verteilt sind. Die Mitarbeiter der OTi Consulting gleichen Bäumen, die am Ort der Kunden Wurzeln schlagen, indem sie eine segnende Beziehung zu den Kunden aufnehmen. Unsere durchweg wiedergeborenen Berater führen aber nicht nur Werte, wie Integrität, Initiative, Innovation und unternehmerisches Denken bei den Mitarbeitern der Kunden ein, sondern orientieren sich mit ihrer gesamten Beratung konsequent am Geist Gottes. Darüber hinaus stehen sie den Gemeinden vor Ort als unentgeltliche Trainer in Sachen Leitung, Organisation und Veränderung zur Verfügung.«

Industriekonzerne wie Shell, Daimler Chrysler, Seagram und Schering sowie die Regierung von Singapur mit den verschiedenen Ministerien und die öffentliche Verwaltung von Singapur wissen wie über 200 weitere Kunden diese Beratung von Christen zu schätzen: »Die Kunden sagen mir immer wieder, dass unsere Firma einen anderen Geist hätte. Geduld, Freude und Begeisterung würden die Berater auszeichnen. Das bestätigte im Januar 2002 auch die Regierung Singapurs, welche der OTi Consulting den »Partner of the Year Award« zuerkannt hat, den die beste Unternehmensberatung des Landes alljährlich verliehen bekommt. Bereits im Jahr davor hatte die OTi Consulting den »People Partner Award« für hervorragende Leistungen im Bereich der Entwicklung von Personalstandards gewonnen. Beide Auszeichnungen sind für uns eine sehr gute Gelegeheit, Gott die Ehre zu geben, für das, was er durch unsere Firma macht.« Die Richtigkeit des außergewöhnlichen Beratungsansatzes wird durch die Wachstumsraten der Firma deutlich belegt. Trotz der durch die Asienkrise bedingten Rezession wächst OTi Consulting seit 1998 jährlich um 40 %, was sich auch in der Zahl der Mitarbeiter ausdrückt, die in ähnlicher Größenordnung zunimmt. Mit der Expansion stieg der Geldbedarf, der bis heute ohne Bankkredite aufgebracht wird. »Gott hat uns mit allem versorgt. Er hat die OTi Consulting zu einer sehr profitablen Firma gemacht!«

Berater und Priester

➔ Mr. Khoo wurde im Jahr 1934 in Malaysia geboren. Seine Großmutter war eine Missionarin aus China, der Großvater Pastor in Malaysia und der Großonkel Missionar in San Francisco. Nach der Schulausbildung belegte Mr. Khoo einen Studiengang für Sozialarbeit. Es schlossen sich Stipendien bei der Asia Foundation und den Vereinten Nationen an. In den USA studierte er Betriebswirtschaft mit den Schwerpunkten Organisation und Verwaltung sowie Soziologie.

Als Angestellter war Mr. Khoo in den 60er und 70er Jahren bei einer britischen Unternehmensberatungsgruppe in Asien tätig. Als deren erster Direktor in Asien sah er, wie Gott ihn in dieser Position gebrauchte. »Es war die Zeit, in der der Heilige Geist Singapur zum zweiten Mal berührte. Die Menschen waren sehr offen und ich konnte über meinen Glauben mit meinen Mitarbeitern sprechen. Als Vizepräsident an der Seite von Demos Shakarian und als Präsident einer Vereinigung von christlichen Geschäftsleuten lud ich viele Geschäftsleute zu den Chaptertreffen ein. In meinem großen Haus hatte ich eine Gruppe, die sich über acht Jahre lang traf. Ich holte viele bekannte Evangelisten nach Singapur. Gott wirkte ein Wunder nach dem anderen. Tausende entschieden sich hier für Jesus Christus und sehr viele wurden geheilt.« Mr. Khoo organisiert heute noch jedes Jahr eine christliche Konferenz in Singapur.

» Der Heilige Geist auch als äußeres Zeichen «

Das Logo der OTi Consulting ist durch eine nach links unten fliegende Taube symbolisiert. »Weil die Firma durch die Führung des Heiligen Geistes entstand, war es für mich ganz natürlich, eine weiße Taube als Wiedererkennungsmerkmal von OTi Consulting zu wählen. Kunden sprechen uns immer wieder darauf an und das gibt Anlass, gleich aufs Thema zu kommen.« Management mit geistlichem Dienst zu verbinden, war das Herzensanliegen von Mr. Khoo für die Gründung seiner Firma. »Alles, was OTi Consulting macht, soll auf der Basis von Gottes Wort geschehen.« Auf der Grundlage von Jeremia 1, 11 + 12 hat er die Firma gestartet: ›Und es geschah des Herrn Wort zu mir: Jeremia, was siehst du? Ich sprach: Ich sehe einen erwachenden Zweig. Und der Herr sprach zu mir: Du hast recht gesehen; denn ich will wachen über meinem Wort, dass ich's tue.‹ Mr. Khoo nennt noch einen weiteren Grundsatz, auf dem sein

Handeln beruht: »Menschen werden mit ihren Nöten zu dir kommen – damit ihren eigentlichen Nöten begegnet wird.« (People will come to you with their needs ... only to have their greater needs met ...) Weil er sich als Wirtschaftsmissionar versteht, hat der Firmengründer gleich zu Anfang eine allmorgendliche halbstündige Andacht zu Arbeitsbeginn für alle Mitarbeiter auf feiwilliger Basis eingeführt. »Wir lehren die Mitarbeiter, wie sie Gott vertrauen können.« Dementsprechend liest sich das ›Mission-Statement‹ der OTi Consulting:

- Wir wollen Leben berühren und Menschen wachsen lassen.
- Wir wollen Firmen verändern.
- Wir wollen unsere Vision in die Nationen tragen.

Vor jedem Meeting der Mitarbeiter und bei allen Entscheidungen wird Gott um die Offenbarung seines Willens gemäß Jesaja 48, 17 gebeten: »So spricht der Herr, dein Erlöser, der Heilige Israels: Ich bin der Herr, dein Gott, der dich lehrt, was dir hilft, und dich leitet auf dem Wege, den du gehst.«

Auch bei der Auswahl neuer Mitarbeiter verlässt sich Mr. Khoo auf die Eindrücke des Heiligen Geistes. »Berufliches Wissen und spezielle Fertigkeiten kann ich den Neuen selbst beibringen, das setze ich nicht voraus. Hingegen ist die Hingabe an Gott eine Eigenschaft, die bisher alle Mitarbeiter bereits mitgebracht haben und die von mir nur bedingt verstärkt werden kann. Ich musste noch niemandem kündigen. In einem Falle war die Leistungsbereitschaft dauerhaft nicht gegeben. Ich betete, dass Gott eine Veränderung oder den Weggang des Mitarbeiters gab. Letzteres war das Ergebnis.«

Die langjährigen beruflichen Erfahrungen sowie das Wissen aus verantwortlichen Positionen christlicher Geschäftsleutebewegungen ließen Mr. Khoo zu folgenden wichtigen Schlüssen kommen:

- »Unternehmensführer, die Christen sind, haben eine Schlüsselrolle, wenn es darum geht, Strukturen zu schaffen, zu vermitteln, zu organisieren, Brücken zu bauen (apostolischer Dienst).

Diese Aufgabe kommt ihnen schon wegen der überregionalen oder internationalen Tätigkeit zu. Sie sind das Aushängeschild Gottes in der Wirtschaft.«

- »Geschäftspartner muss der Herr zusammenführen und es durch den Heiligen Geist bestätigen. Das gilt auch für andere wirtschaftliche Aktivitäten von christlichen Geschäftsleuten. Ich habe zehn Jahre verloren, um zu erkennen, dass nur Gottes Wille und Plan in unserem Leben zählt. Wenn wir arbeiten, ohne Gottes Wort zu kennen, ohne seinen Willen zu beachten und ohne seinen Weg zu gehen, dann arbeiten wir aus dem Fleisch und können von Gott nicht gesegnet werden.« ›Sondern gedenke an den Herrn, deinen Gott; denn er ist's, der dir Kräfte gibt, Reichtum zu gewinnen, auf dass er hielte seinen Bund, den er deinen Vätern geschworen hat, so wie es heute ist (5. Mose 8, 18).

Biographisches

→ Mr. Khoo ist mit Maisie, einer Brokerin aus Singapur, verheiratet. Im Anschluss an seine persönliche Zeit mit dem Herrn beten beide täglich gemeinsam für die OTi Consulting. »Wenn es Probleme gibt, bitten wir gemeinsam Gott um einen Eindruck.« Da die Khoos keine Kinder haben, wird die Firma später den Mitarbeitern übergeben werden. Ein Rückzug in die Rente kommt für Mr. Khoo aber nicht infrage, denn das sei unbiblisch. Er will vielmehr wie Kaleb sein und bis zum Schluss von Gott gebraucht werden und das Evangelium weitergeben, bis er stirbt.

Was machen Mr. Khoo und OTi, um das Evangelium in der Geschäftswelt zu verbreiten?

- Mr. Khoo stellt ausschließlich engagierte Christen ein.
- Er bietet eine tägliche Andacht mit Gebet.

- Er betet vor allen Entscheidungen um die Offenbarung von Gottes Willen.
- Er betet mit Mitarbeitern namentlich für Kunden. – Sein Wunsch ist, dass alle Mitarbeiter sich bei ihrer Beratung vom Heiligen Geist führen lassen.
- Er ermutigt die Mitarbeiter zur Übernahme von Leitungsverantwortung und zur Weitergabe des beruflichen Wissens in deren Gemeinden.
- Er lädt Mitarbeiter und deren Familien zu geistlichen Freizeiten ein.
- Er hält Vorträge auf christlichen Konferenzen und anderen Veranstaltungen.
- Er veranstaltet regelmäßig evangelistisch ausgerichtete Geschäftsleutetreffen und eine jährliche Konferenz.
- Er lädt vor Weihnachten alle Kunden mit ihrem Ehepartner zu einem Ball mit christlicher Musik in ein Hotel ein.
- Er arbeitet an einem Internetauftritt mit klarem Hinweis auf das geistliche Selbstverständnis der Firma.

Das Personal der OTi Consulting in Singapur.

FIRMENPROFIL

Name:	OTi Consulting
Gründung:	1982 durch Khoo Oon Theam
Mitarbeiter:	50 (10 in Shanghai und Manila)
Kunden:	rund 2000 seit 1982 in Singapur, China, Hong Kong, Indonesien, Malaysia, Philippinen, Taiwan, Philippinen
Branche:	Unternehmensberatung
Produkte:	Dienstleistungen der Unternehmensberatung in den Bereichen Organisation, Veränderung, Transformation
Adresse:	2 Finlayson Green, Asia Insurance Building, 18. Stock Singapur 049247
Telefon:	+ 65 6 225 78 11
Fax:	+ 65 6 224 07 23
E-Mail:	khoo_oontheam@oticonsulting.com
Website:	www.oticonsulting.com

OTi Consulting

Khoo Oon Theam hat eine weiße Taube als signifikantes Logo für die OTi Consulting ausgewählt.

Das Lebenszeugnis vorne im Versandkatalog

Als sich Edward Su am 10. September 1991 entschied, sich taufen zu lassen, erhielt er einen Anruf von einem lokalen Fernsehsender mit der Bitte um ein Interview am Nachmittag des gleichen Tages. Die Mitarbeiter wurden gebeten, den Ausstellungsraum sofort dafür herzurichten. Dass im Anschluss an das Interview auch die Kunden vor laufender Kamera vom Reporter zu den Produkten und der Firma befragt werden sollten, steigerte Edward Sus Nervosität noch beträchtlich. Doch zum Glück fielen die Antworten durchweg positiv aus. Das Interview wurde noch am selben Abend in den Nachrichten ausgestrahlt, was viele Kunden und Freunde dazu veranlasste, Edward Su Anerkennung auszusprechen. »Zum ersten Mal habe ich öffentlich von meinem Glauben gesprochen und Jesus Christus als meinen Herrn bekannt. Nach dem Fernsehinterview begann unser Geschäft zu boomen.«

Das Unternehmen

→ Die Import-Export-Firma Taipei Overseas Co., Ltd. wurde am 8. Juni 1981 von Edward Su gegründet. Damals lebte die Firma vom Export. Es gab drei Produktserien: gestrickte und modische Stoffe aus Wolle, modisches Gepäck, Taschen und Kalender aus Kunstleder sowie Produkte aus der Gesundheitsindustrie. Später kam noch das Importgeschäft von gängigen Versandartikeln hinzu. Daraus wurde 1991 die Taiwan-Vertretung der größten britischen Versandhandelsmarke »Freemans of London«, eine fast 100 Jahre alte Bekleidungsmarke. Für besondere Leistungen in der Zusammenarbeit mit Freemans of London hat Edward Su im Jahr 1995 den »Queens Award for Export Achievement« von Königin Elisabeth erhalten.

Als 1997 die asiatische Wirtschaftskrise Taiwan erfasste, wurde auch das Importgeschäft der Taipei Overseas davon betroffen. »Ich sorgte mich aber nicht, da Gottes Wort im 2. Samuel 7, 9+16 sagt: ›... und ich bin mit dir gewesen, wo du hingegangen bist, und habe alle deine Feinde vor dir ausgerottet, und ich will dir einen großen Namen machen gleich dem Namen der Großen auf Erden. ... Aber dein Haus und dein Königtum sollen beständig sein in Ewigkeit vor mir ...‹« Edward Su: »So hatte Gott mein Gebet erhört, so wie er auch dafür sorgte, dass tüchtige Christen als Mitarbeiter in meine Firma kamen. Gleichzeitig nutzte Edward Su die neu gewonnene Freiheit, um kranke und vom Schicksal getroffene Menschen in die Firma einzuladen, damit diese das Evangelium hören. Jeder war in seinem wöchentlichen Gebets- und Andachtstreffen herzlich willkommen.

Das Angebot an Exportwaren hatte sich inzwischen auf Lederwaren wie Hand- und Brieftaschen, Koffer, Schmuck und Textilien ausgedehnt. Heute werden die Waren nach England, Amerika, Kolumbien, Argentinien, Südafrika und in den Nahen Osten exportiert. Ortsübliche Versandhandelsprodukte mit buddhistischem Bezug, wie Glücksjade, Perlen, Tempelzeitschriften oder Bücher bekannter buddhistischer Autoren, werden aber bewusst nicht im Katalog angeboten. »Dies tun wir, obwohl wir gerade diese Produkte gut an unsere Versandhandelskunden verkaufen könnten. 97 % der Taiwanesen sind Buddhisten oder gehören anderen Religionen an.«

Beim Importgeschäft mit Freemans of London werden die Bestellungen der Kunden aus Taiwan nach England gegeben. Die Ware kommt auf dem Luftweg nach Taiwan und wird ab Bestellungseingang innerhalb von zwei Wochen direkt an die Kunden ausgeliefert

In Sinne der Unternehmenskultur wurden drei Grundsätze formuliert:

I. Wir wollen durch unser freundliches und vertrauenswürdiges Verhalten Vorbild in allen unseren Geschäftsbeziehungen sein.
II. Wir bieten inländischen und internationalen Kunden sehr gute Waren zu fairen Preisen an.
III. Wir leben Kundenorientierung, indem wir den Kunden konsequent dienen.

Der Gründer

➔ Bevor Edward Su am 15. September 1991 getauft wurde, war er nur ein ganz gewöhnlicher Arbeiter, der jeden Tag von 9.00 bis 18.00 Uhr seiner Pflicht nachging, sich abends am Fernsehprogramm erfreute und seine Familie in den Ferien in Freizeitparks führte. Doch nach seiner Taufe änderte ihn Gott schrittweise. »Ich arbeitete nicht mehr, um nur dem Gewinn hinterherzujagen. Ich be-gann allmählich meine Arbeit und die Firma so zu betrachten, wie Gott es mir in fünffacher Weise aufgezeigt hatte. Daraus hat sich auch die Unternehmensphilosophie von Taipei Overseas Co., Ltd. entwickelt.

Management by Holy Spirit

1. Verachte deine Arbeit nicht, denn das ist deine Berufung von Gott!

Manche sind zu einem Landwirt, einer Hausfrau, einem Arbeiter, einem Manager usw. berufen. Es ist gleich, wie andere Personen diese Stellungen ansehen, in Gottes Augen sind alle Menschen einzigartig. Ich bin dankbar, dass Gott mich als Geschäftsführer über Taipei Overseas Co., Ltd. gesetzt hat. Ich gewinne Freude und ein mutiges Herz, in dem ich mich zu jeder Zeit vom Heiligen Geist inspirieren lasse. Beim Sprechen und Handeln muss ich den Stil von Jesus übernehmen, um auf meine Mitarbeiter geistlich einwirken zu können.

2. Das Büro ist der Ort für Anbetung

Anbetung darf nicht nur auf den Gottesdienst beschränkt sein. Jeden Tag gehe ich in mein Büro mit einem anbetenden Herzen. Ganz automatisch helfen mir Gottes Segen und seine Stärke bei der Bearbeitung der zahlreichen Kunden- und Geschäftsangelegenheiten. Einmal wöchentlich montags von 8.30 bis 9.30 Uhr halten wir eine Gebets- und Bibelstunde ab, was drei Monate nach deren Beginn zu zwei Entscheidungen für Jesus unter den Mitarbeitern geführt hat, sodass jetzt alle 5 Vollzeitmitarbeiter Christen sind. Wir danken dem Herrn stets für sein Wohlwollen in der vergangenen Woche. Wir beten für jeden Mitarbeiter, die Kunden, unsere Produkte, Werbung etc. Danach studieren wir die Bibel. Jeden Donnerstag erstelle ich die Tagesordnung für unser nächstes Montagstreffen. Ich gebe den Mitarbeitern Themen aus der Bibel als Aufgaben für Samstag und Sonntag mit, die sie dann montags mit uns teilen können. Darüber hinaus wird der Ausstellungsraum jede Woche für ein Treffen von christlichen und säkularen Einzelhändlern zur Verfügung gestellt, in der Hoffnung, mehr Menschen im Handelsbereich für Gott zu gewinnen.

3. Die Arbeit ist unser Zeugnis

Gott gibt uns unterschiedliche Aufgaben. Es liegt an uns, nach dem Willen von Jesus Christus an unserem Arbeitsplatz als Chef oder Mitarbeiter zu leben. Wenn wir miteinander gut umgehen und gerne und hart arbeiten, sehen die Kunden unser gutes Verhalten. Dadurch werden sie Vertrauen in unsere Produkte gewinnen. Wenn Gott hinter uns steht, machen wir einen guten Eindruck. Das ist die beste Art, das Evangelium zu predigen. Deshalb ist unser Verhalten am Arbeitsplatz der beste Weg, eine Brücke von der Gesellschaft zur christlichen Gemeinde zu bauen. Die Bibel sagt uns: Was immer du tust, arbeite daran mit deinem ganzen Herzen, da du für den Herrn arbeitest und nicht für Menschen.

4. Die Arbeit ist eine Art des Dienens

Im Brief an die Galater wird deutlich, dass Menschen, die Gott dienen, gekennzeichnet sind durch Verhaltensweisen wie Liebe, Freude, Friede, Geduld usw. (Gal 5, 22). Klar, dass dies Auswirkungen hat sowohl nach innen in unsere Firmen als auch nach außen zu unseren Kunden. Lasst die Leute wissen, dass eine Firma mit Jesus Christus besser und aufrichtiger dient als andere. Lasst die Kunden die Freundlichkeit und Stärke des Herrn hinter uns sehen und gebt dem allmächtigen Gott die Ehre. So stellten wir die Person und Liebe Jesu Christi 1998 ganzseitig auf der zweiten Seite unseres Versandkataloges unseren 150.000 Versandkunden dar. Mit viel Mut, den es in Taiwan dazu braucht, schrieben wir, dass er der Erlöser der Menschheit ist sowie der Weg, die Wahrheit und das Leben. In diesem Artikel ermutigten wir unsere Kunden, in eine Gemeinde in ihrer Nähe zu gehen, um dort geistliche Lieder zu hören und den Schöpfer kennen zu lernen. Daraufhin wurde unsere Firma von manchen für eine Evangelisationsgesellschaft gehalten. Auch Bilder und das Buch mit dem Lebenszeugnis eines durch Contergan stark behinderten Mädchens haben wir darin abgedruckt, um bekannt zu machen, wie man mit Gott Schwierigkeiten überwinden kann. Als im gleichen Jahr ein Erdbeben der Stärke 7 die Stadt Gigi in der Mitte Taiwans erschütterte, rief unsere Firma zu Spenden auf. Ich danke Gott, zumal uns diese Aktion eine Menge neuer Kunden gebracht hat.

5. Arbeite, um das Haus Gottes mit Schätzen anzufüllen
Als christliche Geschäftsleute haben wir die Aufgabe, die Finanzen für die Ausbreitung des Evangeliums aufzubringen. Dafür hat uns Gott unsere Position, Weisheit und unser Arbeitsumfeld gegeben. Wir haben Sekretärinnen, Schreibtische und Computer. Dies aber bringt auch eine finanzielle Verantwortung mit sich. 1995 und 1996 gediehen unsere Geschäfte so gut, wodurch unsere Firma zweimal in beiden Jahren 16 000 USD an eine Evangelisationsgesellschaft spenden konnte.

Ich bin dem Herrn dankbar für meine würdevolle Arbeit und das wertvolle Leben, das ganz dem Heiligen Geist gehört, sodass ich mich in meiner Arbeitszeit ständig auf ihn verlassen kann. Ich hoffe, dass Gott jeden Mitarbeiter und mich mit Freude gebrauchen kann, damit wir Gefäße sind, die seinen Namen verherrlichen.«

Edward Su ist davon überzeugt, dass es richtig ist, den Zehnten und Opfer zu geben, wenn eine Firma Gewinn gemacht hat.

Biographisches

➔ Edward Su hat in Taiwan auf der nationalen Universität Cheng-Chi Politik studiert. Er ist mit Cindy Kang verheiratet und hat zwei erwachsene Söhne. Zu seinen Hobbys gehören Singen, Malen, Schwimmen, Bergsteigen und Kino. Als enger Mitarbeiter der Hua-Cheng-Gemeinde in Taipeh dient Edward Su sonntags als Lobpreisleiter und im Chor als Tenor. Er ist Herausgeber der monatlichen Zeitschrift seiner Gemeinde, mit der er durch Gottes Frohe Botschaft 600 Familien immer wieder ermutigt.

Liebe Freunde,

dieser Herbst und Winter des Jahres 2001 ist für Taiwan, für die USA, eigentlich für alle Länder der Welt recht ungewöhnlich. Die Mitarbeiter von Taipei Overseas Co., Ltd möchten gerne ihr Mitgefühl ausdrücken gegenüber den Opfern der Katastrophe, die durch den Taifun Nali ausgelöst wurde, und auch gegenüber den Tausenden von unschuldigen Opfern des schrecklichen Angriffs in New York.
Möge der allmächtige Gott den vereinigten Armeen helfen, den furchtbaren Terrorismus zu zerstören, sodass die Menschen dieser Welt wieder ohne Furcht ins Ausland reisen können.

Möge Gott Taiwan segnen, dass die Berge immer grün und die Flüsse rein sind. Dass es keine Flut mehr geben möge und nie mehr eine falsche Politik, die unsere Heimatländer ruiniert. Jeder, der in Taiwan lebt, egal ob er nun früher oder später in dieses Land eingewandert ist, hat ein dankbares Herz für diese wunderbare, von Gott geschaffene Nation ›TAIWAN‹, die 23 Mio. Menschen ernährt.

Kürzlich nahm ich an einem Konzert in meiner Gemeinde teil. Ich hörte eine berühmte Musikerin, Frau Professor Chien Wen-Show, die ihr Zeugnis gab. Sie sagte, sie sei mit der Sonntagsschule in ihrer Kirche aufgewachsen, wo ihr Glauben und Hymnen gelehrt wurden. Hierdurch wurde sie zu einer beliebten Musikerin. In der Liebe Jesu war es ihr möglich, viele dunkle Zeiten zu durchleben, eine Scheidung und Selbstmordversuche. Jetzt kann sie in der Gnade des Herrn Jesus zu mildtätigen Projekten wie der Leberkrebs-Stiftung beitragen.

Das bekannteste Buch der Welt, die Bibel, sagt: »Kommt her zu mir alle, die ihr mühselig und beladen seid; ich will euch erquicken.«
Liebe Freude, bewundern Sie sie? Bewundern Sie, dass es jemanden gibt, der Ihr starker Felsen sein kann, wenn Sie sich in Not befinden? Ich empfehle Ihnen von Herzen, den Liedern zuzuhören und die wahre Liebe Jesu durch eine Gemeinde in Ihrer Nähe zu empfangen. Es wird Ihr geistliches Leben reicher machen.

Möge Gott jeden Freund
von Taipei Overseas Co., Ltd. segnen.

Edward Su ermutigt seine Kunden in jeder Ausgabe seines Versandkatalogs ›Love in TOCO, Beauty in TOCO‹ (hier: Nr. 16, Seite 2), Jesus zu vertrauen.

Edward Su hat sich der christlichen Geschäftsleuteorganisation CBMC Taiwan angeschlossen. »CBMC hat mich wachsen lassen. Dadurch erwarb ich mehr Kühnheit, Gottes Namen zu bezeugen und lernte neue Fertigkeiten, das Evangelium zu predigen.« Inzwischen wurde er zum Leiter des CBMC Taiwan berufen.

Was machen Edward Su und Taipei Overseas Co., Ltd., um das Evangelium in der Geschäftswelt zu verbreiten?

- Sie drucken evangelistische Botschaften und Vorstellung der Person Jesu Christi auf Seite 2 ihres Versandkatalogs (Auflage 150.000 pro Jahr).
- Es findet eine wöchentliche Gebets- und Bibellesestunde aller Mitarbeiter statt.
- Edward Su unternimmt wöchentliches christliches Mentoring mit Mitarbeitern.
- Er verteilt christliche Literatur an die Mitarbeiter.
- Er bekennt seinen Glauben auf der Visitenkarte.
- Er verzichtet auf Artikel mit Bezug zu Buddhismus und anderen Religionen.

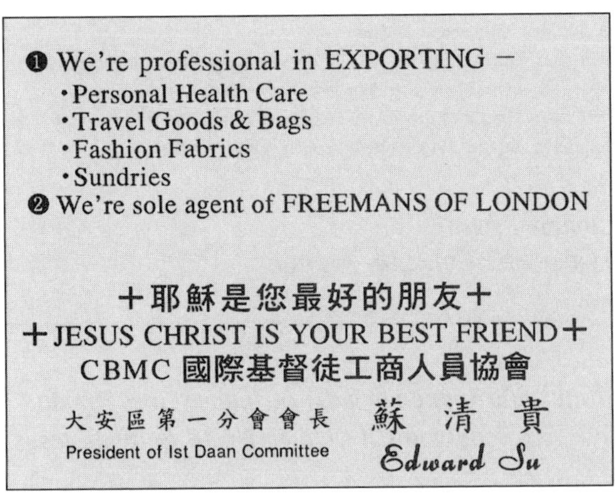

Visitenkarte mit Hinweis auf Jesus Christus.

FIRMENPROFIL

Name:	Taipei Overseas Co., Ltd.
Gründung:	1981 durch Edward Su
Mitarbeiter:	6 Vollzeitkräfte und 7 Teilzeitkräfte
Kunden:	150.000 in Taiwan, 200 Großhändler und 26 Importeure weltweit
Branche:	Versandhandel und Export
Produkte:	Modische Bekleidung, Textilien, Taschen und Koffer, Gesundheitsartikel, Schmuck
Umsatz:	Importgeschäft: 4.465.000 USD (vor Asienkrise) Exportgeschäft: 1.250.000 USD (vor Asienkrise)
Adresse:	6F-3, No. 293-3, Sec. 2, Fu Hsing South Road, Taipei 106, Taiwan
Telefon:	+ 886-2-27329088
Fax:	+ 886-2-27354671 & 27324996 & 27354821
E-Mail:	freemans@freemans.com.tw
Website:	www.freemans.com.tw

Wer im **Kleinen** treu ist – den setzt **der Herr** über mehr

»Wenige Jahre, bevor ich Christ wurde, empfahlen mir einige Geschäftsfreunde, ›Feng-Shui‹ in meiner Firma einzuführen. Das wäre gut und würde der Betriebsatmosphäre und der Arbeitsqualität förderlich sein. Ich folgte deren Rat und ließ Möbel umstellen, eine Buddhafigur und andere Götzen aufstellen. Die Lehre von Feng-Shui hatte Auswirkungen auf die gesamte Firma. Auch ohne sichtbare Ergebnisse glaubte ich so lange an die Wunderwirkungen dieses Programms, bis ich durch meine Hinwendung zu Jesus Christus die wahre Quelle des Lebens kennen lernte. Direkt am Morgen nach meiner Entscheidung für Jesus habe ich alle diese Götzen weggeworfen und Feng-Shui aus meinem Unternehmen verbannt.«

» **Auch mit Knöpfen und Preisschildern lässt sich Geld verdienen.** «

Im Jahre 1973 gründete Fernando Marchitelli die Acotex Far East Ltd., ein Handelshaus für diverses Zubehör des Bekleidungseinzelhandels mit Hauptsitz in Hong Kong sowie Büros in mehreren asiatischen Ländern. Zuerst verkaufte Acotex hauptsächlich an Kunden in Deutschland. Hauptkunde war damals ›C&A‹, eine große Warenhauskette für Bekleidung. Die Kaufhauskette ›Karstadt‹ sowie die Großhandelskette Metro hatten Acotex zu ihrem bevorzugten Lieferanten ernannt, um Kurzwaren an deren Bekleidungshändler in Hong Kong, China, Taiwan, Südkorea, Philippinen, Singapur, Thailand, Sri Lanka, Indien und Bangladesh zu verkaufen. Bei seiner ersten Reise zu europäischen Einzelhändlern stellte Fernando Marchitelli schnell fest, dass dort das Zubehör im Bekleidungshandel in der Ausführung eher unterschiedlich als einheitlich war. Er begann die Vereinheitlichung von Etiketten, Preisschildern und anderem Handelszubehör, das in den asiatischen Ländern produziert wurde, zu fördern. Dies erweiterte den Absatzmarkt der Acotex nachhaltig. Dadurch konnte Fernando Marchitelli 1982 seinen bisher kleinen Aktienanteil in einen Mehrheitsanteil umwandeln und wurde Eigentümer der Firma. Der australische Markt kam 1986 und der US-amerikanische im Jahr 1991 dazu. Acotex ist heute der Marktführer seiner Branche in Asien. Rund 63% des Umsatzes werden mit den USA gemacht.

Bei Acotex kümmern sich 150 Mitarbeiter um Hunderte von Produkten. Alle erdenklichen Arten von Knöpfen, Reißverschlüssen, Gürtelschnallen, Preisschildern, Kleiderbügeln, Kartons, Plastiktaschen etc. stehen in allen Größen und Farben bereit. Der Produktkatalog hat die Dicke eines Telefonbuchs einer deutschen Großstadt. Da gibt es nichts, was es nicht gibt.

Seit 1996 betreibt Fernando Marchitelli die Vertretung des amerikanischen Kleiderbügelherstellers ›Scovill‹ für Asien. Auf den Philippinen ist ein eigenes Werk zur Produktion von Plastikkleiderbügeln in Betrieb genommen worden.

Anfang des Jahres 2000 wurde Fernando Marchitelli zum Chairman und CEO der australischen ›Alpha Technologies Corp. Ltd.‹ und ihrer amerikanischen Tochtergesellschaft ›Alpha Sensors, Inc.‹, San Diego, Kalifornien mit insgesamt 300 Mitarbeitern berufen. In diesen Unternehmen werden Thermistoren (Temperaturfühler), Temperatursonden und Präzisionsthermometer konstruiert und gefertigt. Die Produktionsstätten befinden sich in Mexiko, Los Angeles und seit 2001 auch in China. Hauptkunden in den USA sind Siemens Building Technologies, Watkins Manufacturing Corp., Respiratory Support Products, Mallinckrodt Medical, Inc., Abbott Diagnostics Mfg., Inc., Manufacturing Research, Inc., Applied Biosystems, Curtis Instruments, C.R. Bard, Inc.

» Bekenne deinen Glauben – wo immer du kannst! «

Fernando Marchitelli wurde im Jahr 1940 in Italien geboren und wuchs in einem katholischen Elternhaus auf. Kindheit und Schulzeit verbrachte er in seiner Heimat, bevor es ihn an seinem zwanzigsten Geburtstag erst mal für vier Jahre in die Ferne nach Johannesburg in Südafrika zog. 1964 ging er in die USA, um in New York City während der folgenden vier Jahre am City College der City University of New York einen Bachelor of Arts in Volkswirtschaft zu erwerben. An der New York University schloss sich noch ein zweijähriges Aufbaustudium im gleichen Fach an. Zur gleichen Zeit arbeitete er als Trainee in der Wall Street bei Merrill Lynch.

Um gemeinsam mit einem Freund Geschäfte zu machen, zog Fernando Marchitelli im Sommer 1970 in die damals noch unter britischer Militärverwaltung stehende Kronkolonie Hong Kong. Aus den bescheidenen Anfängen hat er kontinuierlich ein international tätiges Unternehmen aufgebaut und leitet inzwischen zusätzlich noch ein weitaus größeres. »Ich wende die biblischen Prinzipien in all meinen Geschäften an. Mein vorrangiges Anliegen ist, dass alles, was ich tue in Wort und Tat, Gott zur Ehre gereicht.« Als die wichtigsten ihm von Gott gegebenen Gaben bezeichnet Fernando Marchitelli das Geben und den Glauben.

Im Jahr 1987 wurde er von einer Geschäftsleuteorganisation zu einem Evangelisationsbankett in Hong Kong eingeladen. »Als ich die Zeugnisse der Geschäftsleute dort hörte, habe ich den nicht wieder rückgängig zu machenden Entschluss getroffen, Jesus nachzufolgen.« Er besuchte Bibelstudienseminare, suchte die Gemeinschaft mit den Mitgliedern der christlichen Geschäftsleutegruppe in Hong Kong und nahm aktiv teil an deren Arbeit. In den folgenden neun Jahren besuchte er ›Hang Fook Camp‹, die von Jackie Pullinger in Hong Kong gegründete Gemeinde. Deren Dienst unter den Ärmsten der Armen und ihre Erfolge mit den Drogenabhängigen, die durch die Berührung mit Jesus Christus von ihrer Sucht befreit wurden, haben Fernando Marchitelli bewogen, Jackie Pullinger in seine Firma einzuladen, um allen Mitarbeitern durch ihre Erzählungen Jesu Liebe näher zu bringen. »Die positive Reaktion der Belegschaft ermutigte mich, diese mit Bussen zu einer Evangelisationsveranstaltung mit Billy Graham zu bringen, als dieser in Hong Kong zu Gast war.« So nutzt Fernando Marchitelli jede Gelegenheit, um in seiner Firma, aber auch bei jedem Geschäftskontakt, die Menschen mit Jesus bekannt zu machen. »Bei meinen Geschäftsreisen nach Indien, Afghanistan, Australien, die Philippinen und in die USA werde ich gefragt, welchen Glauben ich habe. Das eröffnet mir die Gelegenheit, Zeugnis zu geben. Wenn die Leute erfahren, dass ich Christ bin, haben sie ein größeres Vertrauen zu mir als Geschäftsmann.« Das gilt auch innerhalb seiner Firma. »Als ich noch nicht Christ war, war die Personalfluktuation enorm. Seit ich biblische Prinzipien auch in der Personalführung anwende, sind Kündigungen unter den Mitarbeitern selten geworden.«

Immer wieder organisiert Fernando Marchitelli im Rahmen der Geschäftsleuteorganisation festliche Evangelisationsbanketts, zu denen bis zu 1000 Gäste kommen. »Weil ich selbst auf so einer Veranstaltung zum Glauben an Jesus gefunden habe, weiß ich, wie wichtig solche Gelegenheiten sind, Geschäftsleute durch die Lebensberichte ihrer Kollegen mit der Liebe Jesu in Berührung zu bringen. Wir sollten alle Möglichkeiten nutzen, um unseren Glauben in Wort und Tat täglich in unserem beruflichen und privaten Umfeld zu bekennen.« Bei Acotex wird dies durch eine weiße Taube als Logo symbolisiert.

Fernando Marchitelli ist mit Karen, einer Engländerin, verheiratet. Er bat sie, für einige Monate in seiner Firma zu arbeiten, damit sie sein Geschäft kennen und verstehen lernte. »So kann ich sie als Beraterin mit einbeziehen und bei bevorstehenden wichtigen geschäftlichen Entscheidungen auch um Gebet bitten.«

Für die Zukunft hat Fernando Marchitelli geplant, eine Stiftung zu gründen, um den Bau von Gottes Reich noch effektiver unterstützen zu können. »Das setzt aber weiterhin einen erfolgreichen Geschäftsverlauf und Wachstum voraus, was ich mit der Hilfe des Herrn auch erwarten darf.«

Was machen Fernando Marchitelli und ACOTEX FAR EAST LTD., um das Evangelium in der Geschäftswelt zu verbreiten?

- Fernando Marchitelli betet dafür, dass seine Mitarbeiter sich für Jesus Christus entscheiden.
- Er führt in seiner Firma Bibelstudien mit eigenen und eingeladenen Führungskräften durch.
- Er hat Jackie Pullinger in seine Firma eingeladen, damit sie allen Mitarbeitern von ihrer Arbeit in den Armenvierteln und unter den Drogenabhängigen von Hong Kong berichtet.
- Er hat während der Arbeitszeit seine gesamte Belegschaft mit Bussen zu einer Evangelisationsveranstaltung mit Billy Graham gebracht.
- Er organisiert evangelistische Gala-Banketts (bis zu 1000 Gäste) für Geschäftsleute und ermutigt christliche Mitarbeiter zum Mitbringen von Noch-nicht-Christen.
- Er hat das Symbol des Heiligen Geistes, die Taube, zum Logo seiner Firma gewählt.
- Er bekennt seinen Glauben bei jeder Gelegenheit und verteilt bei seinen Reisen Traktate in verschiedenen Sprachen.

- Er unterstützt christliche Werke weltweit.
- Er verbannt Feng Shui aus seiner Firma.
- Er finanziert christliche Buchprojekte und hilft christlichen Autoren und Missionaren.

Eine der Produktionsstätten der ACOTEX FAR EAST LTD., die Acotex Industrial Corp. in Manila, Philippinen.

FIRMENPROFIL

Name:	ACOTEX FAR EAST LTD.
Gründung:	1973 durch Fernando Marchitelli
Mitarbeiter:	150
Kunden:	USA, Deutschland, Australien
Branche:	Zubehör für Bekleidungseinzelhandel
Produkte:	Preisschilder, Plastikbügel, Reißverschlüsse, Knöpfe etc.
Umsatz:	20 Mio. USD 2001
Adresse:	30/F Tsuen Wan International Centre 68 Wang Lung Street, Tsuen Wan, N.T., Hong Kong
Telefon:	+ 852 2413 7983
Fax:	+ 852 2415 3104
E-Mail:	webmaster@acotex.com
Websites:	www.acotex.com www.alphasensors.com www.scovill.com

7 Schritte auf dem Weg zur Kingdom Company

Einleitung

➔ Der Genfer Reformator Johannes Calvin (1509–1564) hat den Begriff »Berufung« als Erster nicht nur auf den geistlichen, sondern auch auf den weltlichen, beruflichen Bereich angewendet. Ob Schreiner, Unternehmer oder Arzt – es ist wichtig, dass wir gewiss sind, in unserer gottgegebenen Berufung zu wandeln.

Unser Zeitalter hat hier einen Rückschritt gemacht: Wenn wir von Berufung sprechen, meinen wir damit meistens den Ruf in den »vollzeitigen Dienst«. Unser Begriffsverständnis verbindet damit etwas Besonderes, was es eigentlich gar nicht ist, denn Vollzeitler sollten wir alle sein - wo und wie immer wir tätig sind. Wir sollten darin unsere Berufung erkennen und auf dieser Grundlage dem Herrn von ganzem Herzen dienen. Wir sollten im Bewusstsein leben, dass Gott einst von uns allen Rechenschaft über den Einsatz unserer Pfunde fordern wird. Er könnte uns zum Beispiel die Frage stellen:

» **Ich gab dir eine Firma, was hast du damit gemacht?** «

Damit würde er nicht in erster Linie meinen, wie viel Profit die Firma gemacht hat, sondern welchen Einfluss diese auf das Leben anderer Menschen hatte. Profit anzustreben ist keineswegs verwerflich, im Gegenteil, es ist ein Muss, wenn das Unternehmen überleben und wachsen will. Die Frage ist nur, wie wir damit umgehen.

John Wesley, Erweckungsprediger und Vater der Methodisten, stellte die These auf, dass dem Nachleben der christlichen Tugenden Fleiß, Treue, Disziplin, Genügsamkeit und Sparsamkeit eigentlich automatisch Wohlstand folgen müsste. Aber dann berücksichtigte er die menschliche Schwäche in dieser These: Wenn der Wohlstand einmal da ist, macht sich der Mensch oft von Gott unabhängig, und diese Tugenden strebt er nicht mehr an. Das führt ihn langfristig wieder in die Armut, und dort beginnt er, Gott wieder zu suchen und diese Tugenden neu zu entdecken. Das führt, so Wesley, zu Zyklen von Wohlstand und Armut. Er hat seine Überzeugung einmal so zusammengefasst:

> **»Erwirb, so viel du kannst.**
> **Spare, so viel du kannst.**
> **Gib, so viel du kannst.«**

Erlauben Sie mir, zu Beginn einige ganz persönliche Gedanken an Sie als Unternehmer/in zu richten. Ich nenne sie die »7 Schritte auf dem Weg zur Kingdom Company« und ich glaube, dass diese für uns Geschäftsleute von ganz zentraler Bedeutung sind:

1. Die persönliche Werteskala

→ **Sie sind geliebt** – nicht für das, was Sie tun, sondern für das, was Sie sind. Ihr Wert in den Augen Gottes ist nicht Ihre Leidenschaft für Erfolg, sondern Ihr Bewusstsein, in der Abhängigkeit von ihm zu leben. Das in Ihnen verwurzelte Wissen, dass Sie geliebt sind, ist Voraussetzung, damit Sie Ihren Partner, Ihre Familie und Ihre Mitarbeiter lieben können. Liebe annehmen und Liebe weitergeben sind die unverzichtbare Basis, um zur gottgewollten Persönlichkeit zu werden, denn Gott ist die Liebe (1. Johannes 4, 7 + 8).

Gott zu lieben ist das erste und absolut unverzichtbare Gebot, und dies ist nicht nur als Lippenbekenntnis eines religiösen Dogmas gemeint, sondern es soll Ausdruck unseres Herzens, unserer ganzen Kraft und unseres Gemüts sein.

Sie sind begabt – Gott braucht Sie und mich – machen wir uns deshalb verfügbar! Von dem, was wir auf dieser Welt tun, wird nur das Bestand haben, was Gott uns hieß zu tun. Deshalb müssen wir als Geschäftsleute – mehr als andere – mit einer offenen Bibel und unter der Führung des Heiligen Geistes planen.

» **Wenn Sie in der Kraft Gottes leben wollen, müssen Sie seine Absichten kennen.** «

Gott verlangt nicht, dass wir uns nur auf unsere unternehmerische Kreativität verlassen, sondern dass wir unter der Führung des Heiligen Geistes und im Gehorsam zu ihm planen und handeln. Ein vorzügliches Beispiel eines Menschen, der persönlichen Erfolg und Prestige zurückstellte, wenn es um die Ehre Gottes ging, findet sich im alttestamentlichen Buch Daniel, Kapitel 5 und 6: Daniel war der von König Darius Bevorzugte von insgesamt drei Ministern im gottlosen Reich Babylon. Deshalb waren seine Mitminister auf ihn neidisch, und sie schmiedeten ein Komplott gegen ihn. Sie stellten ihm eine Falle, wobei sie sich die Tatsache zunutze machten, dass Daniel die göttliche Autorität über jene des Königs stellte. Daniel sah zunächst wie der Verlierer aus, aber Gott rettete ihn und verlieh ihm noch größere Autorität.

Über unserer Begabung und über unseren Unternehmen steht der himmlische Vater. Er ist letztlich der Schöpfer unserer Begabung und der Eigentümer unseres Besitzes. Wir sind die Verwalter. Für jeden Auftrag, den Gott uns gibt, gibt er auch die Befähigung, und wenn wir seinen Willen in Glaube und Gehorsam erfüllen, wird daraus ewige Frucht entstehen.

Aber auch hier stellt sich die Frage nach unserer Wertepyramide:

» Bin ich Geschäftsmann/-frau, der/die auch noch Christ ist, oder bin ich Christ, der auch noch Geschäftsmann/-frau ist? «

Christ

↓

Geschäftsmann/-frau

↓

Wie setze ich meine Begabung ein?

Sie werden gebraucht – Ich bin überzeugt, dass für die Geschäftswelt eine neue Ära anbricht. Die Kirche braucht uns. Die Welt will Taten sehen, keine Dogmen, gefragt ist gelebtes Evangelium. Wir sind Unternehmer. Ein Unternehmer unternimmt etwas, wenn sich ihm die Gelegenheit dazu bietet! Mit unseren Gaben als Versorger, als Macher, im Umgang mit Persönlichkeiten in Wirtschaft, Politik und in Leiterschaft können wir im Leib Jesu wertvolle Dienste leisten.

George Verwer, Gründer von Operation Mobilisation (OM), richtete in einer Konferenz einmal folgende Worte an Geschäftsleute: »Wir haben gemacht, was wir konnten. Jetzt seid ihr (Geschäftsleute) dran. Viele Menschen und Volksgruppen im 10/40-Fenster (Länder, die zwischen dem 10. und 40. Breitengrad liegen) sind nur durch euch erreichbar.«

Sie sind verantwortlich – Streben Sie nicht nach Macht, aber übernehmen Sie Verantwortung, als ob Sie Macht hätten.

a) *Für sich selber.* Heiligkeit ist eine Wahl. Sie tragen Verantwortung, wie Sie Ihr eigenes Leben führen. Moody sagte einmal:

» **Die wirkliche Person in dir ist jene, die du im Dunkeln bist.** «

Als Geschäftsmann sind Sie gewohnt, Entscheidungen zu fällen. Ihre wichtigste Entscheidung ist, ein geheiligtes Leben zu führen. Seien Sie ein Mann/eine Frau der Prinzipien. Machen Sie Dinge in Ihrem Herzen fest, *die Sie tun wollen*, und andere, *die Sie nicht tun wollen.* Lassen Sie sich nicht von Umständen leiten.

b) *Für Ihre Familie.* Genießen Sie Ihre Familie! Wenn sorgfältig gepflegt, ist sie wie ein kostbarer Garten, dessen Früchte Sie auch genießen können.

c) *Für Ihre Firma.* Gott wird Sie einmal fragen: »Ich habe dir eine Firma gegeben – was hast du damit gemacht? Warst du ein treuer Verwalter?« Wir tragen auch für Sachwerte Verantwortung. Unter Christen beobachte ich manchmal so etwas wie eine religiös motivierte Verachtung für Sachwerte – und die gleichen Menschen wundern sich dann, wenn sie so wenig haben. Es ist nicht möglich, in etwas fruchtbar zu sein, das man verachtet.

d) *Für Ihre Mitarbeiter.* Investieren Sie in Menschen, nicht nur in Produkte. Ich helfe Jungunternehmern, ihr eigenes Unternehmen zu starten. Dabei will ich vor allem die Person kennen lernen, die hinter dem Businessplan steht, und ich stelle mir dabei die Frage: Glaube ich an sie? Nicht die Produktidee ist in erster Linie wichtig, sondern die Person, die dahinter steht.

e) *Gegenüber Ihren Kunden.* Nur beste Produkte und Dienstleistungen sind gut genug. Geben Sie sich nicht mit dem Zweitbesten zufrieden. Seien Sie besser als die Konkurrenz! Dann haben Sie auch glückliche Kunden.

f) *Gegenüber dem Staat.* Der Staat ist nicht perfekt, aber er ist von Gott eingesetzt. Deshalb sollen wir ihm mit dem von Gott verordneten Respekt begegnen – trotz seiner Fehlerhaftigkeit.

2. Mit Gott auf du

➔ Welches sind die persönlichen Grundlagen, um diese Vorsätze umzusetzen? Was gibt die innere Kraft dazu?

Sie werden ein guter Manager oder eine gute Managerin durch entsprechende Schulung an der Universität, aber Sie werden nur eine Leiterpersönlichkeit durch die Prinzipien, die Gott in Ihr Herz schreibt. Dazu braucht es oft eine ähnliche Erfahrung mit dem lebendigen Gott, wie Mose sie gemacht hat. Er ist ihm in dem brennenden Dornbusch begegnet. Und eine solche Begegnung findet meistens in und selten außerhalb der Wüste statt. Dort, wo wir am Ende der eigenen Möglichkeiten angelangt sind, erkennen wir Gott am besten.

Ein erfahrener Schweizer Fußballtrainer sagte zu einem jungen Berufskollegen, als dieser zum ersten Mal gefeuert wurde: »Jetzt bist du ein richtiger Trainer. Jeder richtige Trainer wird einmal gefeuert.«

Eine Begegnung mit dem lebendigen Gott ist zunächst völlig entwaffnend, weil wir dann erkennen, dass wir gar nichts zu bringen haben. Doch es ist die einzige Chance, dass Gott uns mit seiner geistlichen Waffenrüstung ausstatten kann. Aber da muss eben zuerst viel Eigenes absterben. Das ist die einzige Möglichkeit, um von der Zweigleisigkeit wegzukommen, unter der so viele christliche Geschäftsleute leiden.

Als Geschäftsleute müssen wir die Intimität in der Beziehung zu Gott einüben. Daniel betete dreimal täglich zu Gott (Daniel 6, 11). Er wusste um seine Abhängigkeit von Gott, obwohl er ein brillanter

Politiker war. Die tägliche Gemeinschaft mit Gott ist unverzichtbar. Dabei geht es nicht nur darum, unsere Bitten zu formulieren, sondern auch darum, auf Gott zu hören. Das ist unter dem Druck des Alltags gar nicht so einfach. Am Tag, bevor ich dies schrieb, war ich mit einem Unternehmer zusammen, der darüber klagte, wie hektisch die letzten 12 Monate gewesen seien, und wie viel schief gelaufen sei. Wir sprachen ausführlich über seine Situation, und am Schluss sagte ich ihm: »Du hast alles gewissenhaft getan. Du warst integer. Du bist belehrbar. Aber du solltest dir mehr Zeiten nehmen, um in diese Ruhe vor Gott zu kommen, und zwar unstrukturierte Zeiten, wo du spazieren gehst und Gott einfach fragst, was er dir sagen will. Dann schreibst du auf, was dir in den Sinn kommt. Plane auch strukturierte Zeiten, wo du Gott ganz spezifische Fragen vorlegst und wieder aufschreibst, was dir dann durch den Kopf geht!« Eigentlich müssten wir nach dem Motto handeln: »Es gibt viel zu tun. Deshalb brauche ich mehr Zeit mit Gott.«

Neben den geplanten Zeiten mit Gott brauchen wir eine ununterbrochene Partnerschaft mit dem Heiligen Geist. Diese ist nicht an bestimmte Zeiten gebunden, denn er ist immer da, wenn wir es zulassen. Die Bibel sagt uns, dass er es ist, der uns mit unaussprechlichem Seufzen vor Gott vertritt, wenn wir nicht mehr wissen, was wir beten sollen (Römer 8, 26).

Ich erinnere mich sehr gut an eine schwerwiegende Situation in der eigenen Firma, die mich emotional und zeitlich sehr beanspruchte. Ich war sehr entmutigt und überlegte mir, was ich ändern sollte, wie ich mir mehr Freiraum verschaffen könnte. Was lag näher, als bei meinen geistlichen Ämtern abzubauen? So erwog ich, das Ältestenamt abzugeben, Referate abzusagen, christliche Projekte abzugeben – vor allem überall dort, wo es gerade nicht optimal lief. Ich ging einige Tage weg, um zu fasten und zu beten, und da erinnerte mich der Heilige Geist an mein altes Versprechen, 50 % meiner Zeit für das Reich Gottes einzusetzen. Eine der Entscheidungen, die ich damals traf, war, an diesem Buch mitzuarbeiten.

Eine andere war, mich ein- bis zweimal pro Jahr für einige Tage in die Stille zurückzuziehen.

Was, Sie haben keine Zeit dazu? Probieren Sie es doch aus und sagen Sie mir dann, ob es sich nicht gelohnt hat!

3. Vom Eigentümer zum Verwalter

➔ Ich spreche hier zwei Formen von Verwalterschaft an. Erstens die Verwalterschaft unserer Begabung respektive unserer Funktion und zweitens die Verwalterschaft unserer materiellen Güter.

Watchman Nee sagte einmal:

» **Wer nicht gelernt hat, sich unterzuordnen, wird auch nicht führen können.** «

Als Geschäftsleute sollten wir zwei Formen von Autorität über uns suchen: Erstens müssen wir Gott als obersten CEO (Vorsitzender des Vorstands) ständig in unserem Herzen tragen. Er ist der Maßstab aller Dinge. Zweitens auch eine menschliche Autorität, einen Verwaltungsrat, einen Vorstand, vielleicht einen geistlichen Beirat oder einen Mentor. Ich las einmal von einem bekannten Evangelisten, der für jeden Lebensbereich einen Mentor hatte, insgesamt deren sieben: einen für die Beziehung zu seiner Familie, einen für sein Gebetsleben, einen für seine Finanzen, einen für seine Sexualität usw. Für jeden Bereich unterzog er sich so regelmäßig einem geistlichem Check-up. Das ist eine von vielen Möglichkeiten, durch die bewusste Akzeptanz von Autorität selber zu wachsen. Gott hat in unserer Welt ein System der Obrigkeit eingeführt; Väter über Söhne und Töchter, Arbeitgeber über Arbeitnehmer, Regierungen über Bürger, Gemeindeleiter über Gemeindeglieder. Das sind Autoritätsstrukturen, die Gott in unserem Leben braucht, um uns zu schützen und zu leiten.

Treue Verwalterschaft von materiellen Gütern bedeutet weit mehr, als den Zehnten abzugeben und die verbleibenden 90 % nach eigenem Gutdünken zu verwenden. Im Verhältnis zu unserem Eigentum muss ein Herrschaftswechsel stattfinden. Ein Mann Gottes, der auch Unternehmer ist, muss erkennen, dass nicht er, sondern Gott letztlich der Eigentümer aller Güter ist und er als Unternehmer das Vorrecht hat, Verwalter zu sein. Schon allein diese Erkenntnis hilft, diszipliniert zu handeln.

Die Begründung liegt in der Tatsache, dass Gott letztlich Eigentümer aller materiellen Güter ist. »Mein ist das Silber und mein ist das Gold« (Haggai 2, 8). In Psalm 50, Vers 12 spricht Gott zu Israel: »... denn die ganze Welt gehört mir und alles, was auf ihr lebt.«

Es ist interessant, dass im Gleichnis von Jesus mit den Pfunden die ersten zwei Empfänger offensichtlich »Economic Value« schufen, indem sie mit den Pfunden arbeiteten und sich durch ihre Bemühungen der Wert verdoppelte. Den Dritten schalt er, weil er das Geld nicht einmal zur Bank brachte und so wenigstens hätte »Shareholder Value« schaffen können. Aber alle drei waren als Verwalter und nicht als Eigentümer eingesetzt.

Für mich persönlich war es ein langer Prozess, Gott meine Firma »abzugeben«, weil ich befürchtete, Gott würde mir etwas wegnehmen. Aber letztlich betete ich das einfache und doch so bedeutsame Gebet: »Herr, ich gebe dir alles, was ich habe, und gib du mir alles, was du hast.« Dieses Gebet veränderte meine Einstellung zu Eigentum völlig, und noch immer ist der Heilige Geist daran, mein diesbezügliches Verständnis zu vertiefen.

4. Wertschätzung des Menschen

→ Die Investition in Menschen bringt scheinbar zunächst nur Aufwand. Echter Teamgeist lässt sich nicht einfach durch ein entsprechendes Seminar erzeugen. Teamgeist wächst im täglichen Umgang miteinander. Wenn Sie Ihren Mitarbeitern Wertschätzung entgegenbringen, so säen Sie Segen für sich selber und für die Firma. Ich meine, dass wir als Geschäftsleute ganz speziell aufgerufen sind, unsere Mitmenschen unabhängig von ihrem sozialen Stand zu lieben, denn wir stehen in der Gefahr, in Klassen zu denken. Jesus liebte die Menschen, mit denen er – von seiner Herkunft her beurteilt – eigentlich nichts hätte zu tun haben sollen. Das heißt nicht (wie es in christlichen Kreisen oft interpretiert wird), einfach lieb zu sein, vielmehr heißt es zu loben und zu tadeln oder fördernd und fordernd zu sein.

Was ich an meinem leiblichen Vater geachtet habe, ist, dass er auch als sehr erfolgreicher Unternehmer jedem Mitarbeiter der Firma, ob einfacher Arbeiter oder Direktor, mit der gleichen Wertschätzung und Freundlichkeit, aber auch mit der gleichen Kritik bei mangelhafter Leistung, begegnet ist. Einmal erfuhr er, dass die Frau eines langjährigen Monteurs schwer erkrankt war und dass sie noch keinen Geschirrspüler hatte. Sofort kaufte er ihr ein solches Gerät. Bei vielen Gelegenheiten belohnte er spontan und großzügig überdurchschnittliche Leistungen – meistens, ohne dass es der Mitarbeiter erwartet hätte.

Seien Sie ein Beeinflusser zum Guten. Nicht, was Sie für sich selber erreicht, sondern das, was Sie im Leben anderer bewirkt haben, wird bleibende Zeichen setzen.

Als Führungskraft dürfen Sie Fehler machen. Sie dürfen sogar dazu stehen. Aber eines dürfen Sie niemals: das Vertrauen Ihrer Mitarbeiter enttäuschen. Seien Sie deshalb ehrlich und transparent in der Kommunikation. Vertrauen bildet sich im täglichen Umgang – nicht in Leitbildern.

5. Die richtigen Mitarbeiter wählen

➔ Ich bin mit einem Familienunternehmen aufgewachsen. Familienunternehmen – zumindest der ersten Generation – haben meistens eine eigene, sehr familiäre Firmenkultur. Ich sage dies bewusst mit einem positiven Unterton. Die Mitarbeiter identifizieren sich sehr stark mit dem Unternehmen, das wie ihr zweites Zuhause ist. Der Erfolg basiert nicht so sehr auf ausgeklügelten Strategien. Vielmehr steht dahinter ein Unternehmer, der genau weiß, was er will, und er umgibt sich mit fleißigen, begabten und firmentreuen Mitarbeitern, um mit ihnen zusammen ein Unternehmen zu bauen. Der Erfolg, das Wachstum und das Ansehen des Unternehmens ist in sich selbst genügend Motivation für die Belegschaft. Was andere Firmen in teuren Seminaren den Mitarbeitern unter dem Titel ›Firmenkultur‹ zu vermitteln versuchen, lebt in diesen Unternehmen längst als Selbstverständlichkeit. Berater haben der Sache lediglich einen Namen gegeben. Meist haben auch Gewerkschafter in diesen Firmen keine Chance, weil der Chef beliebt ist und das Personal ohnehin fair bis großzügig entlohnt wird. Ich kann mich erinnern, dass wir einmal einen neuen Mitarbeiter einstellten, der sogleich begann, andere anzuwerben, um sich betriebsintern gewerkschaftlich zu organisieren. Er blieb nicht lange. Seine Arbeitskollegen legten ihm nahe, die Firma wieder zu verlassen, weil er die Firmenkultur zu zerstören begann.

Freilich kommt bei den beschriebenen Unternehmen dann die Herausforderung beim Wechsel zur nächsten Führungsgeneration. Nicht allen gelingt es, die Geschicke des Unternehmens an eine vorbereitete Führungsmannschaft zu übergeben.

Soldat oder Söldner?

Geld ist wichtig, aber es ist nicht primäre Motivation für die Mitarbeiter, bei einer solchen Firma zu arbeiten. Sie sind stolz auf »ihr« Unternehmen. Sie leiden mit, wenn es Probleme gibt. Sie feiern

Erfolge gemeinsam. Sie sind Teil des Ganzen. Das Produkt ist ihr gemeinsames Werk. Diese Mitarbeiter nenne ich Soldaten. Ein Soldat ist mit seinem Herzen bei der Firma. Ein Firmenwechsel wäre für ihn mit tiefem Schmerz verbunden. Ein Soldat würde für Sie und die Firma durchs Feuer gehen, und er weiß, dass Sie als Chef für ihn auch durchs Feuer gehen würden. Ein Verwandter von mir arbeitete während mehrerer Jahre in Japan. Auf einer Zugfahrt entwickelte sich ein Gespräch mit seinem Gegenüber. Es stellte sich heraus, dass es ein Fließbandarbeiter von SONY war. Mein Verwandter sagte: »Ich habe zu Hause eine Stereoanlage von SONY.« Der Fließbandarbeiter erhob sich, verbeugte sich und sagte: »Thank you for buying SONY.« Ein Soldat von SONY.

Söldner haben einen Job. Sie kommen und sie gehen. Sie kommen aufgrund des attraktiven Jobs, des guten Lohns. Wenn ihnen jemand anderes einen besseren Job oder einen höheren Lohn bietet, gehen sie.

Ein Soldat sucht Lob und Tadel, er will gefördert und gefordert werden. Ein Söldner will nur Geld. Tadel empfindet er als Erniedrigung. Er will gefördert werden, aber Herausforderung empfindet er als Stress.

Arbeiten bei Ihnen Soldaten oder Söldner? Behandeln Sie Ihre Mitarbeiter als Soldaten, und Sie werden Soldaten ernten. Das wird Ihre Produktivität, Ihre Kundenzufriedenheit und die Innovationsfreudigkeit in Ihrem Unternehmen revolutionieren!

Echte Soldaten übernehmen Verantwortung in einer Form, wie sie nicht in einer Stellenbeschreibung formuliert werden kann, weil es eine Gesinnungsfrage ist. Diese muss ein Mitarbeiter weitgehend mitbringen. Stellen Sie deshalb schon bei der Anstellung sicher, dass Ihr Kandidat die Werte Ihres Unternehmens uneingeschränkt teilt.

Ich stelle folgende These auf:
Ein Unternehmen mit einer Spitzenstrategie und mit durchschnittlichen Managern wird mittelfristig ein Durchschnittsunternehmen. Ein Unternehmen mit einer Durchschnittsstrategie und mit Spitzenmanagern wird mittelfristig ein Spitzenunternehmen.

6. Die richtigen Werte in der richtigen Reihenfolge

➔ Wir gehen davon aus, dass jene Manager, die häufig in den Schlagzeilen und auf den Titelseiten der Wirtschafts- und Managementzeitschriften zu finden sind, die besten sind. Weit gefehlt. Die nachhaltig erfolgreichen sind jene, denen das Unternehmen wichtiger ist als sie selber. Dies belegt eine Studie, die als Rohmaterial für Jim Collins Buch »Der Weg zu den Besten« diente. Das Management der nachhaltig besten Unternehmen ist danach gegenüber den Medien und der Öffentlichkeit sehr zurückhaltend, ja bescheiden. Es setzt alles für den Erfolg des Unternehmens ein. Sich selber nimmt es gar nicht so wichtig.

Nach den teilweise arroganten New-Economy-Eskapaden ist es Zeit, wieder zu einigen Tugenden der »Old Economy« zurückzukehren. Lassen Sie mich dazu fünf Niveaus von Values skizzieren:

Unterschiedliche Firmen haben unterschiedliche Prioritäten gesetzt. Lassen Sie uns diese der Reihe nach einmal durchgehen.

No Values

Es gibt eine ganze Reihe Firmen, die ohne Zielvorgabe und ohne Werte – No Values – ihr Dasein fristen. Es gibt sie einfach.

Shareholder Value

Der Shareholder Value ist dann die entscheidende Fokussierung, wenn es darum geht, den reinen Finanzwert der Firma in die Höhe

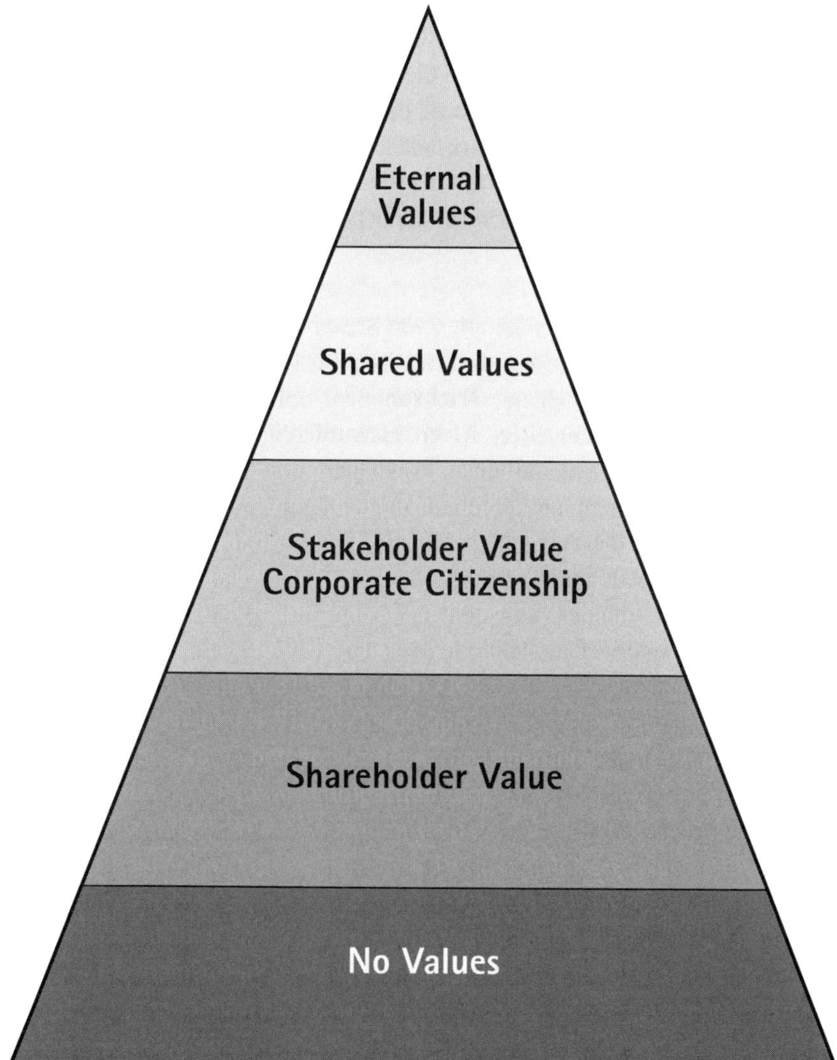
Eternal Values
Shared Values
Stakeholder Value
Corporate Citizenship
Shareholder Value
No Values

zu treiben. Das Motto: Möglichst viel Geld verdienen, alles andere ist zweitrangig. Die New Economy hat dramatisch gezeigt, dass die ausschließliche Ausrichtung an Aktienkursen nicht trägt.

Stakeholder Value – Corporate Citizenship

In den Sprüchen Salomos heißt es, dass schnell errungener Gewinn rasch wieder zerfällt. Aber dass langsam, systematisch arbeitendes Vermögen Bestand hat.

Eine Erkenntnis, die auch heute noch nicht an Wahrheitsgehalt eingebüßt hat.

Ich glaube, dass das Schaffen von Stakeholder Value dem biblischen Grundgedanken entspricht. Wenn Gott Menschen materiell segnete, dann war es mit Nachkommen, mit Land (das bebaut wurde), Häusern, Knechten, Tieren. Es wurden ökonomische Werte geschaffen, die nicht nur einem Privilegierten zugute kamen, sondern die in einem größeren Zusammenhang standen: Die Erde wurde bebaut, Arbeitsplätze wurden geschaffen, Dritte hatten Anteil an diesem Segen usw.

Beim Stakeholder Value geht es darum, einen gesellschaftlichen Beitrag zu leisten. Es sollen gute und sichere Arbeitsplätze geschaffen werden. Nicht nur der Wert für die Anteilseigner (Shareholder Value), sondern der Wert gegenüber Lieferanten, Kunden und Mitarbeitern soll gesteigert werden. Ein echter Economic Value. Eine solche Firma versteht sich als »Good Corporate Citizen«, der sich durch gesellschaftliche Verantwortung und hohes Umweltbewusstsein auszeichnet. Solche Firmen engagieren sich sozial und kulturell und unterstützen Initiativen sowie Organisationen, die ihr Werteverständnis teilen. Wenn also z. B. Personalchefs bei Siemens eine Woche freigestellt werden, um in der Altenpflege zu arbeiten oder hundert Mitarbeiter der Siemens-Unternehmensberatung in München einen Tag lang ein Kinder- und Jugendzentrum renovieren, dann wird »Corporate Citizenship« gelebt.

Übersetzt meint der Begriff so viel wie »unternehmerisches, bürgerschaftliches Engagement«. In den USA ist es bereits selbstverständlich und gewinnt auch in Deutschland immer mehr Konturen. Die klassische Grenze zwischen Markt und Staat wird aufgebrochen.

Shared Values

»Shared Values« geht noch einen Schritt weiter. Werte wie Ehrlichkeit, Fairness und Rücksichtnahme sind Werte, die für das ganze Unternehmen verbindlich kompromisslos gelebt werden. In seinem Buch »Built to last« hat Jim Collins viele solche Firmen beschrieben. Ein Beispiel wäre Hewlett Packard. Shared Values bedeutet, dass Werte nicht nur irgendwo auf einem Papier stehen, sondern dass sie den Mitarbeitern in Fleisch und Blut übergegangen sind. Schließlich ist die Firma auf diese Werte gebaut.

Eternal Values

Die Orientierung an Eternal Values, also Ewigkeitswerten, ist die Fokussierung, von der dieses Buch handelt. Christliche Unternehmer sagen: Natürlich wollen wir ein profitables Unternehmen sein (Shareholder Value), natürlich wollen wir »gute Bürger« sein und unserer gesellschaftlichen Verantwortung nachkommen (Stakeholder Value, Corporate Citizenship). Natürlich wollen wir verbindlich gemeinsame Werte leben (Shared Values), aber unsere eigentliche Fokussierung ist die Verkündigung des Evangeliums, und damit schaffen wir Ewigkeitswerte (Eternal Values).

7. Das Reich Gottes im Blick

➔ Die bisher beschriebenen Kriterien helfen, aus Ihrem Unternehmen ein Spitzenunternehmen zu machen. Die Kingdom Company geht noch einen Schritt weiter: Sie ist ein Spitzenunternehmen, in dem Reich Gottes manifestiert wird und Eternal Values geschaffen werden.

Betrachten Sie die Gegenwart aus der Perspektive der Ewigkeit. Stellen Sie die Fragen von heute aus der Perspektive von morgen. Lösen Sie ein Problem so, dass Sie sich in der Ewigkeit nicht dessen schämen müssen, auch wenn die Lösung Ihnen kurzfristig zum Nachteil gereicht.

Gott hat andere Beurteilungskriterien als die Welt. Der Applaus, den Sie hier erhalten, wird sich vielleicht im Himmel nicht wiederholen. Die Niederlage, für die Sie hier ausgebuht werden, wird im Himmel vielleicht als Sieg gefeiert.

Zwischen der Zeit unserer Errettung und der Abberufung in die Ewigkeit liegt der Prozess der Heiligung, und für uns als Geschäftsleute ist das tägliche Umfeld der Platz, wo der Meister unseren Ton formt. An das müssen wir uns – mehr als an alles andere - erinnern.

Wir sind gewohnt, strategische Ziele zu setzen, 3-Jahres-Pläne zu erarbeiten, aber wer setzt schon Ziele für die Ewigkeit?

Jabez hat diese simple Bitte an Gott gerichtet: »Bitte segne mich, und lass mein Gebiet größer werden! Beschütze mich, und bewahre mich vor Unglück! Möge kein Leid mich treffen!« Gott erhörte sein Gebet (1. Chronik 4, 10). Dies klingt einfach und attraktiv, aber im Licht der Wesensart Gottes hat dies ganz bestimmte Hintergründe. Jabez verlangte bestimmt nicht einfach Besitz zu seiner persönlichen Bereicherung. Wenn Gott gibt, hat er immer eine höhere Absicht, und zuerst prüft er unsere Treue und unser Verantwortungsbewusstsein im Kleinen. Dann gibt er mehr, weil er jetzt weiß, dass wir verantwortlich damit umgehen, indem wir in unserem Umfeld Einfluss nehmen, so wie es seinen Vorstellungen entspricht. Mit anderen Worten, unser Einfluss, unsere Ressourcen, unsere Macht und unser Ansehen sollen dazu dienen, Gott zu verherrlichen und sein Reich zu bauen.

Wenn also unsere Motive stimmen, ist es nicht vermessen, um mehr zu bitten. Doch, wie Jesus sagt, ist das nicht einfach. Es ist zwar schwer, dass ein Reicher ins Himmelreich kommt, aber nicht unmöglich. Doch möglich ist es nur durch den Geist Gottes.

Dass Reichtum nie einem Selbstzweck dient, beweist das Gleichnis Jesu vom reichen Kornbauern (Lukas 12, 16-21).

Für ein Ziel leben, das höher ist als Sie selber

Vom 1. bis 3. Juli 1997 trafen sich in Pretoria etwa 500 Geschäftsleute aus aller Welt mit der Frage, wie wir als Geschäftsleute das Ziel der AD2000-Bewegung »Eine Gemeinde für jede Volksgruppe und das Evangelium für jeden Menschen bis zum Jahr 2000« unterstützen können.

Die christlichen Leiter riefen uns zu Hilfe, weil wir als Geschäftsleute den Schlüssel zu vielen Ländern in unserer Hand halten, die sonst für das Evangelium verschlossen sind. Gott tat ein tiefes Werk in den Herzen der Teilnehmer. Unser Gebet war, dass Gott eine neue Generation von Geschäftsleuten rufen würde, die bereit ist, ihm mit ungeteiltem Herzen zu dienen. Viele bezeugten, sie seien bereit zu handeln. Ein Südafrikaner verkaufte seine Straußenfarm und zog nach Ägypten, um dort eine Straußenfarm mit dem Ziel aufzubauen, das Evangelium in dieses Land zu bringen.

Die Konferenz stellte unsere Berufung als Geschäftsleute in ein neues Licht. Wir zogen u. a. die folgenden Schlüsse:

- Während wir fortfahren müssen, unsere Geschäfte mit Exzellenz zu tun, gibt es eine übergeordnete Priorität: das Reich Gottes, von dem wir ein Teil sind. Wir müssen unsere Verantwortung wahrnehmen, die Welt mit dem Evangelium zu erreichen. Das soll in einer dienenden Haltung, aber in Kraft und Überzeugung geschehen.

- Wir bekennen, dass alle materiellen Güter Gott gehören. Auch unsere Firmen gehören ihm, und wir betrachten uns als treue Verwalter dessen, was Gott uns anvertraut hat.
- Als christliche Geschäftsleute bekennen wir unser Versagen, unsere Firmen zu wenig für Gottes Zwecke eingesetzt zu haben. Wir wollen in einem Geist der Dienstbereitschaft andere Geschäftsleute dazu ermutigen, dem Missionsauftrag Folge zu leisten.
- Unter der Herrschaft von Jesus Christus wollen wir ein weltweites Netzwerk aufbauen, um die Völker dieser Erde zu erreichen. Dies gilt speziell für Völker, die nur über eine geschäftliche Aktivität erreicht werden können, weil sie für das Evangelium verschlossen sind.
- Wir fühlen uns auch verantwortlich, uns für die physischen Bedürfnisse dieser Menschen einzusetzen.
- Die Größe dieser Aufgabe geht über unsere menschlichen Möglichkeiten hinaus, aber wir wissen, dass Gott alle Dinge möglich sind (Lukas 1, 37).

Welches ist Ihr Ziel, das Ihre Möglichkeiten übersteigt? Ich spreche nicht Aspekte Ihrer Firma oder Ihrer professionellen Begabung an. Ich meine, wo ist Ihr persönlicher Beitrag, der irgendwo, irgendetwas in dieser Welt verändert? Etwas, das Ihnen selbst nichts bringt, aber das Gott ehrt und anderen, weniger privilegierten Menschen als wir es sind, dient?

Diese Herausforderung übersteigt unsere eigenen Möglichkeiten. Aber so ist es im Reich Gottes. Gott will sich uns offenbaren, indem er unsere begrenzten Möglichkeiten ausdehnt. Mathematisch könnte man das so darstellen:

$$\frac{\textbf{unsere Fähigkeiten}}{\textbf{Herausforderungen}} \leq 1$$

Mit Worten ausgedrückt, unsere Fähigkeiten und Möglichkeiten sind viel kleiner als die Herausforderungen, die sich uns stellen, wenn wir uns Gott ausliefern.

Gott aber ist ein Gott unbegrenzter Möglichkeiten, und wenn wir unsere Fähigkeiten mit seinen Möglichkeiten multiplizieren, sieht die Gleichung so aus:

$$\frac{\textbf{unsere Fähigkeiten x} \infty \textbf{ (Gottes Möglichkeiten)}}{\textbf{Herausforderungen}} = \infty$$

Frank Sinatra prägte den berühmten Song »I did it my way«. Dies war lange mein Lebensmotto. Als ich dann die kleine Änderung vom »my« zu »his« vornahm, zeigte das große Wirkung. »I did it his way« bedeutete zunächst Sterben. Eine biblische Wahrheit lehrt uns, dass das Samenkorn sterben muss, bevor es fruchtbar zu neuem Leben auferstehen kann.

Diese Wahrheit zeigte sich in meinem Leben und im Leben vieler, die es gewagt haben, uns in den Lebensberichten ihr Herz zu öffnen. Ich danke den 24 Unternehmern, dass sie uns in diesem Buch Anteil haben lassen an dem, was sie auf dem Weg mit Gott erlebt haben.

Unterstützung

für den Weg zur

Kingdom Company

Geschäftsleute-Organisationen

Im deutschsprachigen Raum:

AEU	**Arbeitskreis Evangelischer Unternehmer in Deutschland e. V.**
Anspruch:	Wir wollen Brücken bauen.
Gründung:	1966
Verbreitung:	deutschlandweit
Gliederung:	Mitgliederversammlung, Vorstand, beratendes Kuratorium aus Vertretern von Wirtschaft, Kirche und Wissenschaft, regionale Arbeitsgruppen
Mitglieder:	ca. 550
Zusammenarbeit:	Bundesverband Evangelischer Arbeitnehmerorganisationen (BVEA), Kirchlicher Dienst in der Arbeitswelt (KDA), Bund Katholischer Unternehmer (BKU), Evangelische Akademien, Wirtschaftssorganisationen; Mitglied in der UNIAPAC (Internationale Vereinigung christlicher Unternehmer)
Geistliche Ausrichtung:	evangelisch
Zielgruppe:	evangelische Unternehmerinnen und Unternehmer; Führungskräfte mit unternehmerischen Aufgaben, Mitglieder aller Berufe, die sich mit wirtschaftlichen Fragen im weiteren Sinne befassen, wie z. B. Professoren aus dem Bereich der Wirtschaftswissenschaften, Steuerberater, Anwälte, Wirtschaftsprüfer usw.
Angebot:	AEU-Jahrestagungen, AEU-Forum, Veranstaltungen und Begegnungen für Pfarrer und Unternehmer, »Kirche-Wirtschaft«-Gesprächskreise,

	Aufbau regionaler Arbeitsgruppen, Erarbeitung von Stellungnahmen zu wirtschaftsethischen und gesellschaftspolitischen Fragen, theologische Beratung
Publikationen:	vierteljährlich »AEU-Nachrichtendienst« zur internen Information der Mitglieder, Tagungsdokumentationen, diverse Buchveröffentlichungen zu wirtschaftlichen, sozialen und ethischen Themen
Kernkompetenz:	Der AEU arbeitet als Bindeglied zwischen Kirche und Wirtschaft. Sein Ziel ist es, in der Kirche wirtschaftliche Zusammenhänge zu erläutern, Verständnis für unternehmerische Entscheidungen zu wecken und eine Annäherung von Kirche und Unternehmern zu unterstützen. Der AEU pflegt den Kontakt zur Synode, zum Rat sowie zu den Kammern und Ausschüssen der Evangelischen Kirche in Deutschland und berät diese Gremien. Einer der Schwerpunkte der AEU ist mitzuhelfen, dass die soziale Marktwirtschaft verstanden und als eine aus christlicher Sicht ethisch verantwortbare Wirtschaftsordnung akzeptiert wird.
Präsident:	Michael Freiherr Truchseß (Vorsitzender)
Adresse:	Karlstraße 84, 76137 Karlsruhe, Deutschland
Telefon:	+ 49 (0)721 352370
Fax:	+ 49 (0)721 352377
E-Mail:	info@aeu-online.de
Website:	www.aeu-online.de

BKU	**Bund Katholischer Unternehmer e. V.**
Anspruch:	Wir tragen christliche Werte in Wirtschaft, Gesellschaft und Politik.
Gründung:	1949 in Königswinter
Verbreitung:	deutschlandweit
Gliederung:	36 Diözesangruppen
Mitglieder:	1200, katholische Unternehmer und unternehmerisch Tätige
Zusammenarbeit:	Mitgliedschaft in der BDA und diversen Ausschüssen, Sitz im ZdK, Kontakte zu den anderen katholischen Sozialverbänden sowie zu Verbänden in Wirtschaft und Gesellschaft
Geistliche Ausrichtung:	katholisch, überparteilich
Zielgruppe:	katholische Unternehmer und unternehmerisch Tätige
Angebot:	Arbeitskreise: - »Erfolgreiche Unternehmensführung« - »Engagiertes Unternehmen gegen Arbeitslosigkeit« - »Familie in der Bürgergesellschaft« - »Soziale Ordnung« - »Ökologie« - »Christliche Spiritualität« - »Unternehmerische Entwicklungsarbeit«
Publikationen:	Buchveröffentlichungen zu diversen wirtschaftlichen, politischen und sozialen Themen
Kernkompetenz:	Der BKU begreift sich als Bindeglied der Wirtschaft zur Kirche und als katholische überparteiliche Plattform, um aus unternehmerischer Sicht Gesellschaft, Politik und Kirche zu gestalten. Dabei trägt der BKU Reformvorschläge gezielt an

die relevanten Entscheidungsträger und Institutionen heran. In den Arbeitskreisen des BKU, dem inhaltlichen Herzstück und Ideenpool der Arbeit, entstehen Analysen und Lösungsvorschläge zu gesamtwirtschaftlichen und sozialen Themenfeldern. Diese Konzepte werden meist auf Tagungen vorgestellt und diskutiert, bevor sie in einer der Publikationen des BKU vorgestellt werden.
Der BKU vertritt innerhalb der Kirche und der Sozialverbände die Stimme der Unternehmer und fertigt für Bischöfe und andere kirchliche Entscheider Ausarbeitungen zu wirtschaftlichen Fragestellungen an.
Er zeigt seinen Mitgliedern Wege, »fromm und erfolgreich« zu sein, und bietet ihnen den Rahmen für den Erfahrungsaustausch mit Gleichgesinnten.

Präsident:	Marie-Luise Dött (Vorsitzende), MdB
Adresse:	Georgstraße 18, 50676 Köln, Deutschland
Telefon:	+ 49 (0) 221 272 37 0
Fax:	+ 49 (0) 221 272 37 27
E-Mail:	service@bku.de
Website:	www.bku.de

CiW — Christen in der Wirtschaft e. V.

Anspruch:	Partner in der Wirtschaft
Gründung:	1902 in Berlin
Verbreitung:	in ca. 40 Städten bzw. Regionen des Bundesgebietes
Gliederung:	Regionalgruppen

Mitglieder:	1100 Mitglieder (Stand: April 2002)
Zusammen-arbeit:	Deutsche Evangelische Allianz, Arbeitsgemeinschaft missionarischer Dienste (AMD), Europartners, Christian Business Men's Committee International (CBMC I), Internationale Vereinigung christlicher Geschäftsleute (IVCG), Ring missionarischer Jugendbewegungen (rmj)
Geistliche Ausrichtung:	unabhängig, überkonfessionell
Zielgruppe:	Unternehmer, Manager, Freiberufler, Handwerker, Angestellte, Azubis, Schüler und Studenten im wirtschaftlichen Bereich
Angebot:	Vortrags- und Gesprächstreffen, Tagungen, Seminare und Foren, z. B. Handwerkerforum, Deutschland-Kongress, Beratung, Sonderveranstaltungen, wie Freizeiten oder CiW-Gebetstag
Publikationen:	vierteljährliches Magazin »Christ & Wirtschaft«, Bücher
Kernkompetenz:	CiW bietet Orientierung, Hilfe, Motivation und Begegnung für ein glaubwürdiges Christsein. Zahlreiche Vortrags- und Gesprächsveranstaltungen regen an und helfen, biblische Prinzipien im Geschäfts- und Arbeitsalltag sowie im persönlichen Leben erfolgreich anzuwenden. Eine übergeordnete Rolle spielt dabei im CiW das so genannte FORUM (Wirtschaften nach biblischen Vorgaben – englisch: Business by the Book), in dem sich 5-8 Manager, Unternehmer, leitende Angestellte, Freiberufler oder Selbstständige etwa alle 4-8 Wochen zum persönlichen Austausch über Fragen und Probleme des Berufslebens treffen. Diese Foren bieten die Basis für neue Perspektiven, Ermutigung, gegenseitige

	Unterstützung und neue Freundschaften unter Gleichgesinnten. Darüber hinaus stellen kompetente Fachleute den Mitgliedern kostenlose oder kostengünstige Beratung in speziellen wirtschaftlichen und unternehmerischen Fragen zur Verfügung. Menschen finden in wirtschaftlicher Not bei CiW seelsorgerische Annahme und Unterstützung.
1. Vorsitzende:	Ulrike Jooß
Adresse:	Morianstr. 10, 42103 Wuppertal, Deutschland
Telefon:	+ 49 (0) 202 244 91 21
Fax:	+ 49 (0) 202 244 91 22
E-Mail:	info@ciw.de
Website:	www.ciw.de

FGBMFI Deutschland – Christen im Beruf e. V.

Anspruch:	charismatisch, d. h. in den Geistesgaben dienend
Gründung:	1958 als »IVCG Internationale Vereinigung christlicher Geschäftsleute«, später »Geschäftsleute des vollen Evangeliums Internationale Vereinigung e. V.«
Verbreitung:	CIB deutschlandweit, international im Verbund mit »FGBMFI Full Gospel Business Men's Fellowship International«
Gliederung:	5-köpfiger Vorstand, 98 rechtlich unselbstständige Ortsgruppen, sog. Chapter mit örtlicher Leitung
Mitglieder:	ca. 1008
Zusammenarbeit:	IDEA, ACP, charismatische Erneuerung

Geistliche Ausrichtung:	überkonfessionell, keine Bindung an eine Denomination
Zielgruppe:	Menschen im Berufsleben
Angebot:	Ortsgruppen mit monatlichen Veranstaltungen bzw. Erfahrungsberichten in Hotels oder Restaurants mit Gastrednern. Themen: Lebensberichte aus den verschiedensten Berufssparten; Seminare und Konferenzen regional und überregional, zwei Chapterberater
Publikationen:	Zeitschrift »Voice«, Broschüren, Audio- und Videokassetten
Kernkompetenz:	evangelistisch, CIB verfolgt das Ziel, im Beruf stehende Menschen und ihre Familien mit der christlichen Botschaft zu erreichen.
Präsident:	Dr. Ulrich Freiherr von Schnurbein
Adresse:	Schlossau 1, 94209 Regen, Deutschland
Telefon:	+ 49(0) 9921 8400
Fax:	+ 49(0) 9921 6207
E-Mail:	cib@fgbmfi.de
Website:	www.christen-im-beruf.de

ICCC — International Christian Chamber of Commerce

Anspruch:	im Geschäfts- und Berufsleben dem Reich Gottes die erste Priorität geben
Gründung:	1985 durch J. Gunnar Olson
Verbreitung:	in ca. 70 Ländern auf allen Kontinenten
Gliederung:	Internationaler Vorstand, nationale »ICCC-Chambers«
Mitglieder:	einige Tausend

Zusammen-arbeit:	weltweites Netzwerk nationaler und internationaler Kontakte zu christlichen Geschäftsleuten
Geistliche Ausrichtung:	überkonfessionell
Zielgruppe:	Berufstätige, Geschäftsleute und Landwirte
Angebot:	vollständiges Seminarprogramm für Manager und Berufstätige, nationale und internationale Konferenzen zur Unterweisung, Auferbauung und Inspiration, Besuch anderer Länder durch gemeinsame Handelsdelegationen zur Erschließung neuer Märkte, Bereitstellung neuer Handelskanäle für den Vertrieb von Produkten und Dienstleistungen, professionelle Beratung der Mitglieder in allen wirtschaftlichen und unternehmerischen Fragen
Publikationen:	Mitgliederzeitschrift »Market Calling«, Broschüren, Audio-/Video-Kassetten, Lehrfilme zur Unternehmensgründung für China
Kernkompetenz:	Ziel der ICCC ist, dass auch im Geschäfts- und Berufsleben »die Befreiung von der Gebundenheit durch das Erlösungswerk Jesu« tatsächlich offenbar wird. Ihr Gründer, J. Gunnar Olson, spricht in diesem Zusammenhang von einer »Freisetzung unter die Herrschaft Jesu«. Die ICCC motiviert durch fundierte Lehre Manager und Berufstätige, ihre Firmen auf biblischer Grundlage umzugestalten und die Gegenwart Gottes im Wirtschaftsbereich deutlich zu machen. Hier gelten die Prinzipien Spitzenleistung, beste Qualität, Haushalterschaft und Gerechtigkeit. Alte Konzepte von Arbeit, Berufsleben, Management und Wirtschaft werden mit neuem biblischen Verständnis bereichert.

Präsident:	J. Gunnar Olson
Adresse:	Hjälmarbergets Foretagscenter, SE-702 31 Örebro, Schweden
Telefon:	+ 46 (0)19 247 000
Fax:	+ 46 (0)19 247 001
E-Mail:	international.office@iccc.net
Internet:	www.iccc.net

Präsident:	Claus Philippin
Adresse:	Tilgshausenstr. 44 71229 Leonberg, Deutschland
Telefon:	+49 (0) 7152-6620
Fax:	+49 (0) 7152-23768
E-Mail:	philippin@iccc.net
Internet:	www.iccc-de.net

IVCG — Internationale Vereinigung Christlicher Geschäftsleute

Anspruch:	... verbindet Menschen in Verantwortung
Gründung:	1957 in Zürich und Karlsruhe
Verbreitung:	in zahlreichen größeren und kleineren Städten Deutschlands, Österreichs und der Schweiz, weltweit tätige Schwesterbewegungen (s. u.)
Gliederung:	lokale Gruppen als selbstständige Vereine mit eigener Verantwortung in einem internationalen Dachverband (Vereinsverband) zusammengeschlossen, stellen gemeinsam das höchste Organ der IVCG, die Delegiertenversammlung
Mitglieder:	ca. 1600 aktive Mitarbeiter, Führungskräfte aus allen Teilen der Gesellschaft

Zusammen-arbeit:	Europartners, in englischen Sprachgebieten Christian Business Men's Committee (CBMC)
Geistliche Ausrichtung:	streng überkonfessionell, an keine Denomination gebunden
Zielgruppe:	Berufstätige mit Einfluss, wie selbstständige Kaufleute, Fabrikanten oder Gewerbetreibende; Angehörige der freien Berufe, wie z. B. Ärzte oder Juristen; Angestellte und Beamte in leitender Funktion sowie Führungskräfte aus Politik, Militär, Wirtschaft, Wissenschaft und Kultur
Angebot:	lokale Gruppen veranstalten regelmäßig Treffen mit Essen (Bankette, Frühstückstreffen, Lunchmeetings) in gehobenem Rahmen mit missionarischem Charakter, lokale und regionale Gesprächsrunden für suchende Menschen, Treffen der örtlichen Mitarbeiter und Freunde zum Gebet und Bibelstudium (Hauskreise), Seminare, Mitarbeitertagungen, Konferenzen und Jahreskongress
Publikationen:	illustrierte missionarische Monatszeitschrift »Geschäftsmann und Christ / Menschen in Verantwortung«, Verbreitung in über 40 Ländern (eine Ausgabe der Zeitschrift erscheint jeweils am Jahresende in den wichtigsten europäischen Sprachen – deutsch, französisch, englisch und russisch).
Kernkompetenz:	Aufgabe der IVCG ist es, Einfluss zu nehmen auf die einzelnen Verantwortungsträger und damit auf die Gesellschaft. Die Organisation erreicht heute immer mehr Persönlichkeiten des öffentlichen Lebens, der Wissenschaft, Wirtschaft und Kultur, Personen, auf welche die Bevölkerung blickt. Die Bekehrung von Führungskräften und

	deren offenes Bekenntnis zu ihrem Glauben soll als Zeugnis und richtungsweisendes Signal für die Bevölkerung gelten.
Präsident:	Christoph Wyss
Adresse:	IVCG, Postfach 5860, 3001 Bern, Schweiz
Telefon:	+ 41 (0) 313814425
Fax:	+ 41 (0) 31 381 48 21
E-Mail:	chr.wyss@advobern.ch

Geschäftsführer:	Manfred Schaller
Adresse:	Tarunstraße 134, 74821 Mosbach, Deutschland
Telefon:	+ 49 (0) 6261 171 24
Fax:	+ 49 (0) 6261 379 79
E-Mail:	magescha@t-online.de
Website:	www.ivcg.org

In Europa:
Europartners

Anspruch:	Unterstützung für Menschen in Verantwortung
Gründung:	1990
Verbreitung:	in 28 west- und osteuropäischen Ländern
Gliederung:	Dachorganisation für unabhängige Organisationen christlicher Geschäftsleute und Akademiker, über 350 Gruppen
Mitglieder:	keine, aber ca. 5000 Mitarbeiter, die freiwillig im Dienst stehen
Zusammenarbeit:	weltweit über das CBMC-Netzwerk sowie strategische Partnerschaften mit anderen ähnlich ausgerichteten Organisationen, wie IVCG, CiW und Crown Ministries: Kurse für Führungskräfte

Geistliche Ausrichtung:	überkonfessionell, keine Bindung an eine Kirche oder Denomination
Zielgruppe:	Geschäftsleute und Menschen in Verantwortung
Publikationen:	Broschüren, Infoblätter (fact sheets), wöchentliche Information im Internet: »Monday Manna« und »Friday Fax«
Angebot:	Seminare und Arbeitsgruppen zum Thema »Leitlinien für eine Geschäftsführung nach der Bibel«, Treffen mit Gastrednern
Kernkompetenz:	Europartners arbeitet für Unternehmer und Führungskräfte mit dem Ziel, diese mit Jesus Christus bekannt zu machen und das geistliche Wohlergehen aller in der Geschäftswelt zu fördern. Als informelle Gruppe von Unternehmern und Direktoren wollen diese – auch durch ihr persönliches Zeugnis – in offenen Gesprächen auf die geistlichen und psychologischen Bedürfnisse ihrer Kollegen eingehen.
Präsident:	Peter Briscoe
Adresse:	Kalkbranderstraat 2, 2222 BH Katwijk, Niederlande
Telefon:	+ 31 (0) 71 408 0049
Fax:	+ 31 (0) 71 408 0052
E-Mail:	peter.briscoe@europartners.org
Website:	www.europartners.org

In den USA:
CBMC — Christian Business Men's Committee, USA

Anspruch:	Geschäftsleuten und Berufstätigen Jesus Christus als Retter und Herrn vorstellen und sie in die Lage versetzen, den großen Missionsbefehl auszuführen
Gründung:	1930
Verbreitung:	in allen 50 Bundesstaaten der USA
Gliederung:	Ein Dienst- und Lehrzentrum dient als der nationale Mittelpunkt unter der Leitung eines Exekutiv-Direktors. Lokale Direktoren und weitere Mitarbeiter in den gesamten USA dienen in ihren Städten und Regionen durch Ausrichtung und Training für angehende Direktoren und Mitglieder.
Mitglieder:	Es gibt mehr als 20.000 Mitglieder von CMBC in den USA; darüber hinaus viele tausend weitere Teilnehmer – häufig Männer mit ihren Frauen – an wöchentlichen oder monatlichen Gebets- und Evangelisationstreffen, Jüngerschaftsveranstaltungen und Trainingsgruppen.
Zusammenarbeit:	CBMC arbeitet zusammen mit Walk Thru the Bible Ministries (Atlanta, Georgia), Crown Financial Ministries (Gainesville, Georgia) und Intimate Life Ministries (Austin, Texas).
Geistliche Ausrichtung:	überkonfessionell
Zielgruppe:	Geschäftsleute und Berufstätige in allen Sparten
Angebot:	CBMC Gruppen führen regelmäßige Evangelisationstreffen durch, wo Führungskräfte aus der Geschäfts- und Berufswelt Zeugnis darüber geben, wie sie Jesus kennen gelernt haben. In

den meisten Städten treffen sich wöchentliche Gebetsgruppen und Bibelkreise zur gegenseitigen Ermutigung und Hilfe. Andere Gruppen, »Forum« genannt, treffen sich – häufig in Privatwohnungen – zum Training in persönlichem Finanzmanagement nach biblischen Prinzipien, zur Anleitung für persönliche Evangelisation und zur Hilfe beim Aufbau starker Ehen, die Gott verherrlichen.

Publikationen: CBMC-USA veröffentlicht gegenwärtig keine Mitgliedszeitschrift, verfügt aber über Videos wie »Lebendiges Zeugnis: Evangelisation« und »Lebendiges Zeugnis: Jüngerschaft«. »Operation Timothy« ist das wichtigste Lehrmaterial für Jüngerschaft.

Kernkompetenz: CBMC bemüht sich, Nachfolger Jesu am Arbeitsplatz mit der Vision auszurüsten, ein effektives Zeugnis für Jesus zu sein in ihrer Einstellung zum Leben und zur Arbeit und darin, wie sie ihren Glauben anderen mitteilen. CBMC bietet Evangelisationsveranstaltungen an, wo Gäste Ausführungen einer glaubwürdigen Person aus der Geschäfts- oder Berufswelt darüber hören können, was es bedeutet, eine persönliche Beziehung zu Jesus zu haben. Die »Johannes Studien«, bei denen Bekehrte und Unbekehrte über das Johannesevangelium diskutieren, sind ein weiteres effektives Mittel zur Evangelisation. Nachdem jemand sein Leben Jesus übergeben hat, wird ihm das Studienprogramm »Operation Timothy« angeboten. Es dient dazu, in den Grundsatzfragen der christlichen Lehre sicher zu werden und darüber hinaus Menschen zur Reife eines Jüngers Jesu hinzuführen.

Direktor:	Fritz Klumpp (geschäftsführend), Pensacola, Florida
Adresse:	6650 E. Brainerd Road, Suite 100 Chattanooga, Tennessee 37421, USA
Telefon:	+ 1 423-698-4444
Fax:	+ 1 423-629-4434
E-Mail:	info@cbmc.com
Website:	www.cbmc.com

Mit weltweiter Verbreitung:
BMFI Business Men's Fellowship International

Gründung:	1995
Verbreitung:	amerikanischer Kontinent, Asien
Mitglieder:	1500 Geschäftsleute
Zusammen-arbeit:	ICCC, Business Professional Network
Geistliche Ausrichtung:	überkonfessionell, keine Bindung an eine Denomination, charismatisch, d. h. in den Geistesgaben dienend
Zielgruppe:	Geschäftsleute, kaufmännische Berufstätige
Angebot:	Ortsgruppen mit monatlichen Veranstaltungen oder Erfahrungsberichten: Seminare und Konferenzen – regional und überregional, Gastredner, Themen: Lebensberichte aus den verschiedensten Berufssparten
Kernkompetenz:	Die Ausrichtung des BMFI ist evangelistisch. Er hat zum Ziel, im Beruf stehende Menschen und ihre Familien mit der christlichen Botschaft zu erreichen.
Präsident:	Hugo Chan

Adresse: Room 1507, Nan Fung Centre,
264 Castle Peak Road, Tsuen Wan, Hong Kong
Telefon: +852 2499 8585
Fax: +852 2415 8568
E-Mail: asia@fgb.com.hk
bmfoakland@aol.com

CBMC I — Christian Business Men's Committee International

Anspruch: Ansprache von Führungskräften in Wirtschaft und Gesellschaft

Gründung: 1930

Verbreitung: in 73 Nationen, Kontakte und Freunde in weiteren 50 Nationen

Gliederung: weltweites Netzwerk, internationaler Vorstand, gewählt von internationalem Rat der Mitgliedsnationen, in denen CBMC am effektivsten und etabliertesten ist, ebenso regionale Vorstände in Europa, Asien und Lateinamerika sowie afrikanischer Leiterschaftsrat, eigene Strukturen und Vorstände von Leitern in jeder Mitgliedsnation

Mitglieder: Über 100.000 Menschen sind weltweit als Mitglieder oder Teilnehmer in den Prozess des Dienstes von CBMC involviert.

Zusammenarbeit: offen für partnerschaftliche Zusammenarbeit, wann immer möglich, enge Kooperation mit ›Europartners‹

Geistliche Ausrichtung: nicht gebunden an Denominationen

Zielgruppe: Führungskräfte in Wirtschaft und Gesellschaft

Publikationen:	Internationales Büro bietet: Broschüren, Webseite, CD-Rom als Werbemittel, periodischen Nachrichtenbrief »Global View«, zahlreiche Bänder und andere Arbeitsmaterialien für Jüngerschaft, wöchentliche Publikation »Monday Manna« geht jeden Montag an Tausende Menschen in 70 Nationen.
Kernkompetenz:	CBMC richtet seinen Focus klar darauf, Führungskräfte in Wirtschaft und Gesellschaft für die Nachfolge von Jesus zu gewinnen. Dabei geht es CBMC mehr um Individuen als um Organisationen.
Präsident:	Tim Philpot
Adresse:	P.O. Box 3000, Lexington, KY 40533, USA
Telefon:	+1 859 219 2440
Fax:	+1 859 219 1566
E-Mail:	cbmcint@cbmcint.org
Website:	www.cbmcint.org

FCCI — Fellowship of Companies for Christ International

Anspruch:	durch Christus unsere Welt verändern ... eine Firma nach der anderen
Gründung:	1980, durch Larry Burkett, Ron Blue und Bruce Wilkinson
Verbreitung:	in jedem Bundesstaat der USA, in über zwölf Nationen weltweit, durch internationale Geschäftskontakte
Gliederung:	beziehungsorientierte Treffen auf persönlicher Basis (eins zu eins), Gemeinschaft in örtlichen Gruppen oder Ratgeber-Runden, »Runder Tisch

	der Vorstände und Geschäftsführer«, regionale und internationale Konferenzen zum Beginn und Ausbau von Beziehungen, jährlich »Konferenz Team geschäftsführender Leiter«
Mitglieder:	derzeit 2000 Mitglieder, die Firmeninhaber, Vorstandsvorsitzende oder Geschäftsführer sind
Zusammenarbeit:	mit CBMC, auf persönlicher Basis mit Geschäftspartnern in aller Welt
Geistliche Ausrichtung:	überkonfessionell
Zielgruppe:	Firmeninhaber, Vorstandsvorsitzende und Geschäftsführer
Angebot:	Unterstützung durch Dienst am Unternehmer, »Master's Institute« als Schule für Geschäftsführer/Vorstände und christliche Geschäftsinhaber und »Schirm«, unter dem die FCCI andere Hilfsmittel entwickelt, FCCI-Profile als Bewertungsmaßstab zur Firmensituation, FCCI-Aktionsplan zur strategischen Ausrichtung von Unternehmen
Publikationen:	Broschüren, Bücher, Audio- und Videokassetten, vierteljährlicher Nachrichtenbrief, Online-Magazin »The Market Calling«
Kernkompetenz:	»Die Ermutigung von christlichen Unternehmensinhabern, Geschäftsführern und Vorständen, ihre Geschäfte und ihr persönliches Leben nach biblischen Prinzipien unter Verfolgung der ewigen Ziele Christi zu führen.« Der Unternehmer hat nicht mit FCCI zu tun, sondern FCCI mit dem Unternehmer. Dies bedeutet, dass die Organisation auf Gemeinschaft fokussiert ist und nicht auf bloßen Zusammenschluss. FCCI geht es um gegenseitige Unterstützung in der wirtschaft-

	lichen Praxis und auf geistlicher Ebene. Das Unternehmen soll Plattform für den Dienst werden.
Präsident:	Kent Humphreys
Adresse:	FCCI International Office 405 North Meredian, Oklahoma City, OK 73107, USA
Telefon:	+ 1 800 664 32 24 oder + 1 404 949 16 81
Fax:	+ 1 404 949 00 05
E-Mail:	kent@fcci.org
Website:	www.fcci.org

FGBMFI Full Gospel Business Men's Fellowship International

Anspruch:	Gemeinschaft mit Gott und den Menschen
Gründung:	1952 durch Demos Shakarian in den USA
Verbreitung:	weltweit in 150 Ländern
Gliederung:	4000 Ortsgruppen, sog. Chapter
Mitglieder:	Geschäftsleute, Zahl wird nicht registriert
Geistliche Ausrichtung:	überkonfessionell, keine Bindung an eine Denomination, charismatisch, d. h. in den Geistesgaben dienend
Zielgruppe:	Menschen im Berufsleben
Angebot:	Ortsgruppen mit monatlichen Veranstaltungen bzw. Erfahrungsberichten, Themen: Lebensberichte aus den verschiedensten Berufssparten; Seminare (1-Tages-Seminar »Leadership 2000«) und Konferenzen regional und überregional (jährliche »World Convention«) mit Gastrednern

Publikationen:	Zeitschrift »Voice« (Auflage 300.000), Broschüren, Audio- und Videokassetten, Fernsehsendungen auf TBN mit Lebenszeugnissen
Kernkompetenz:	Die FGBMFI ist evangelistisch ausgerichtet. Sie verfolgt das Ziel, im Beruf stehende Menschen und ihre Familien mit der christlichen Botschaft zu erreichen.
Präsident:	Richard Shakarian
Adresse:	FGBMFI, 27 Spectrum Pointe Dr., Suite 312, Lake Forest, CA 92630, USA
Telefon:	+ 1 969 661 01 00
Fax:	+ 1 949 609 03 44
E-Mail:	international@mail.fgbmfi.org
Website:	fgbmfi.org

Unterstützende Organisationen

Web-Adressen
Die folgenden Organisationen haben es sich zur Aufgabe gemacht, Christen zu motivieren und zu lehren, ihren Glauben an ihrem Arbeitsplatz zu leben und mitzuteilen.

www.marketplaceleaders.org	Marketplace Leaders
www.lighthousesatwork.org	Lighthouses at Work
www.wowi.net	Workplace Wisdom Interactive
www.lifeatwork.com	Life@Work magazine
www.faithworks.org	Faith Works Ministries
www.scruples.org	YWAM Marketplace Ministries
www.marketplaceministries.com	Marketplace Ministries
www.cibn.net	Christian International Business Network
www.tentmaking.org	Canadian Tentmaker Network
www.icba.com	International Christian Business Association
www.crowncompanies.org	Crown Companies
www.bpn.org	Business and Professional Network
www.christianworkingwoman.org	Christian Working Woman
www.gostrategic.org	Strategic Christian Services
www.la-red.org	laRed Business Network
www.faithatwork.org	Faith@Work Ministries
www.christiansincommerce.org	Christians in commerce
www.ybl.org	Young Business Leaders
www.priorityassociates.org	Priority Associates
www.jesusceo.com	Jesus CEO
www.willowcreek.org	Executive Women's Ministry

www.bpnavigators.org	Business & Professional Ministry
www.thec12group.com	C12 Groups
www.icfb.org	International Fellowship of Christian Businessmen
www. fibq.org	International Christian Fellowship
www.licc.org.uk	The London Institute for Contemporary Christianity

Weitere Adressen finden Sie bei:
www.marketplaceleaders.org
www.scruples.org
www.lighthousesatwork.org
www.wowi.net

Seminare

Business by the Book
Biblische Grundlagen für das Geschäftsleben

Dieses von Crown Companies entwickelte und angebotene Seminar wendet sich an Geschäftsführer, Vorstände und Unternehmensinhaber.

Das eintägige Seminar soll den Hauptverantwortlichen eines Unternehmens eine solide biblische Grundlage vermitteln, wie sie ihre Firma zu Gottes Ehre führen können.

Das Seminar ist aus der Erkenntnis heraus entstanden, dass Christen heute in einem zunehmend wettbewerbsorientierten und sich stark verändernden Markt nach Antworten auf ihre schwierigen Fragen suchen. Zum Glück steht Gottes Plan für einen Christen in der Bibel. Im Seminar erfahren die Teilnehmer mehr über Gottes Prinzipien in der Geschäftswelt:

- Was ist Ihr Ziel im Geschäftsleben und wie viel ist davon bereits erfüllt?
- Was sollte die Beziehungen zu unseren Angestellten charakterisieren?
- Was sind die Fallen bei der Ausnützung oder Vergabe von Krediten im Geschäftsleben?
- Wie können wir unser Unternehmen mit Integrität führen?
- Wem gehört unser Unternehmen?
- Wie können wir biblische Prinzipien in unserem Unternehmen anwenden?

Ziel des Seminars ist es, zu vermitteln, welche Weisheit uns die Bibel für das Geschäftsleben gibt. Anhand alltäglicher Fallbeispiele wird diskutiert, wie man als Christ im Geschäftsleben einen Unterschied machen kann. Die Teilnehmer erfahren Prinzipien, wie sie den vielfältigen Anforderungen eines modernen Geschäftsmannes begegnen können.

Adresse: Crown Companies
Kalkbranderstraat 2, 2222 BH Katwijk, Niederlande
Telefon: + 31 (0) 71 408 0049
Fax: + 31 (0) 71 408 0119
E-Mail: info@crowncompanies.org
Website: www.crowncompanies.org

Forumsarbeit von Christen in der Wirtschaft e. V.

Die Idee der Foren ging aus der Arbeit des 1930 gegründeten CBMC (Komitee Christlicher Geschäftsleute) hervor. Mittlerweile existieren in den USA 90 Gruppen und 22 Gruppen in der restlichen Welt. In Deutschland wird die Forumsarbeit von Christen in der Wirtschaft vertreten, wo Michael Klitzke diesen Zweig koordiniert.

Das Forum wurde als kleine, lokale Gruppe geschaffen, um den Nöten und Bedürfnissen christlicher Geschäftsinhaber zu begegnen. Viele christliche Geschäftsinhaber fühlen, dass sie auf sich allein angewiesen sind. Geschäftsverkleinerungen, Einstellungen und Entlassungen, Fragen der Chancengleichheit, gescheiterte Beziehungen, Familienangelegenheiten und Selbstständigkeit, cash flow (Liquidität), Einschnitte im Lebensstandard, um zu überleben, Schulden, die Suche nach gutem Personal, Gewinne, Verluste. Dies alles sind Probleme, denen Geschäftsinhaber heutzutage gegenüberstehen. In der modernen Wirtschaft kämpft der christliche Unternehmer mit harten moralischen und ethischen Fragen. Manchmal ist es einsam an der Spitze.

Während das Wort Gottes, der Heilige Geist und die örtliche Gemeinde die primären geistlichen Quellen sind, mangelt es einem christlichen Unternehmer sehr häufig am Rat gleichgestellter Führungskräfte. Es besteht ein Bedarf von Zusammenkünften der Personen, die Entscheidungsträger in ihren eigenen Betrieben sind. Zusammen kann man beten, Schriftstellen entdecken, weisen Rat suchen und in einer für Christen angemessenen Art Probleme lösen, um Gott auch in seinem Unternehmen zu verherrlichen.

Das Forum stellt eine Gruppe von Gleichgestellten dar, die nicht nur komplizierte Geschäftsangelegenheiten löst, sondern sich auch gegenseitig hilft, die richtigen Entscheidungen zu treffen, die letztlich Gott durch das Leben und das Geschäft verherrlichen. Es ist aber auch Teil eines Prozesses der Jüngerschaft, der zur Evangelisation ermutigt, indem er das Unternehmen und die Marktposition als Plattform benutzt. Das Forum kann dazu beitragen, das Leben von Angestellten, Lieferanten, Kunden und Mitwettbewerbern zu beeinflussen, indem es Geschäftsleute mit anderen gleichgestellten Unternehmern verbindet, die ähnliche geschäftliche Verantwortung tragen. Während sich die Verpflichtung eines Christen dem Evangelium gegenüber nicht verändert hat, ist die Welt um uns herum nicht dieselbe geblieben. Je weltlicher unsere Gesellschaft geworden ist, desto schwieriger ist es nun, die Gute Nachricht Menschen mitzuteilen, die, wenn überhaupt etwas, nur wenig über Gottes Liebe wissen – Menschen mit tiefen Nöten, die an den falschen Stellen nach Antworten suchen.

Die Diskussion von geschäftlichen Dingen, die Präsentation von Ideen, die Suche nach Schriftstellen für Leitung und geistliches Wachstum durch göttlichen Rat und praktische Anwendung biblischer Prinzipien stehen bei der Arbeit der Foren im Mittelpunkt. Eine weitere Ausrichtung ist Verantwortlichkeit, die Christen in der heutigen Geschäftswelt benötigen. Das Forum als Bezugspunkt hilft dem christlichen Unternehmer, in seiner Geschäftspolitik und seinen Unternehmungen der Verpflichtung Gott und seinem Wort gegenüber zu entsprechen.

Hierzu finden in der Regel fünfstündige Treffen in den jeweiligen Betrieben oder Büros der Forumsmitglieder monatlich statt. Die Tagesordnung der Treffen beinhaltet neben Gebet, Bibelstudium, der Diskussion der Angelegenheiten und Probleme aller Mitglieder auch ein Mittag- oder Abendessen. Ein so genannter Moderator, der mit dem Gastgeber zusammenarbeitet, begleitet die Treffen. Er erinnert die Teilnehmer an den strikten Kodex der Vertraulichkeit, regt zum offenen, ehrlichen Dialog an, hilft, Vertrauen unter den Mitgliedern zu entwickeln, und erhält die Lebendigkeit des Treffens. Er erleichtert die Beiträge aller Mitglieder, den Blick auf die Schrift zur Wegweisung und die Zusammenfassung von Möglichkeiten. Jede Forumsgruppe hat eine Höchstzahl von acht Mitgliedern einschließlich eines Moderators.

Mittlerweile hat das Konzept der Foren auch im säkularen Bereich an Popularität gewonnen.

USA: CBMC Foren – Scott McReynolds (USA-Koordinator)

Adresse:	2130 E. 4th Street, Suite 125, Santa Ana, CA 92705, USA
Telefon:	+ 1 714 543 95 00
Fax:	+ 1 714 543 95 05
E-Mail:	smcreynolds@cbmc.com
Website:	cbmcforums.com

Deutschland: Christen in der Wirtschaft – Forum – Michael Klitzke

Adresse:	Morianstr. 10, 42103 Wuppertal, Deutschland
Telefon:	+ 49 (0) 202 244 91 21
Fax:	+ 49 (0) 202 244 91 22
E-Mail:	info@ciw.de
Website:	www.ciw.de/forum

Doing Business God's Way (Arbeiten auf Gottes Art)
Ein Bibelstudium am Arbeitsplatz

Nun fordert man nicht mehr von den Haushaltern, als dass sie für treu befunden werden. (1. Korinther 4, 2).

CBMC International stellt mit »Doing Business God's Way« (bisher nur in englischer Sprache erhältlich) ein 44-seitiges Studienbuch zur Verfügung, dessen Ziel es ist, Geschäftsleuten und anderen Berufstätigen zu helfen, die biblische Basis für ihre Arbeit zu entdecken, zu verstehen und Ideen zu erhalten, wie das in der Praxis umgesetzt werden kann.

Das Arbeitsbuch wendet sich an Geschäftsleute mit Führungsverantwortung, wie Geschäftsinhaber, Selbstständige, Manager, aber auch an alle Sparten von Berufstätigen, die Gott auch an ihrem Arbeitsplatz verantwortlich sind oder werden wollen.

Das Studienbuch hat 5 Teile mit zusammen 39 Kapiteln und behandelt Themen, wie

- Ziel und Bestimmung eines Christen im Wirtschaftsleben
- Grundsätzliche Verantwortlichkeit: Christus treu gehorchen und ihn widerspiegeln
- Geschäftswelt und biblische Entscheidungsfindung
- Geschäftsprobleme aus biblischer Sicht
- Christen und Geschäftsplanung

Das Material gibt Anregungen für die Strukturierung persönlicher Bibel-Gesprächskreise und stellt dem Benutzer einen diskussionsorientierten Leitfaden für die Arbeit in einem Bibelkreis zur Verfügung.

Adresse: CBMC International
P.O. Box 3000, Lexington, KY 40533, USA

Telefon: +1 859 219 2440
Fax: +1 859 219 1566
E-Mail: cbmcint@cbmc.org
Website: www.cbmcint.org

Kingdom Agenda

Die Kingdom Agenda versteht sich als Curriculum, das Geschäftsleuten und Berufstätigen helfen soll, wie sie die von Jesus Christus aufgestellte Tagesordnung am Arbeitsplatz entdecken können.

In eintägigen Seminaren, Wochenendkonferenzen und durch das Arbeitsbuch »The Kingdom Agenda« (Die Tagesordnung des Königreichs – bisher nur in englischer Sprache erhältlich) wird Männern und Frauen vermittelt, wie sie ihre Berufslaufbahn und Berufung in Zusammenhang mit Jesus Christus gestalten können.
Die Zielgruppe umfasst nicht nur berufstätige Christen.
Mike Rogers (CBMC) hat die Kingdom Agenda entwickelt

Adresse: Mike Rogers
809 Eagle Crest Drive, Versailles, KY 40383, USA
Telefon: +1 859 873 6885
E-Mail: mikedebi@adelphia.net

LaRED

In der ganzen Welt treffen sich wöchentlich Geschäftsleute für eine **LaRED-Gesprächsrunde**. Sie diskutieren über Ideen und Konzepte und beten für die Auswirkungen ihres Christseins in der Geschäftswelt. LaRED glaubt, dass Geschäftsleute in die Geschäftswelt berufen sind, wie Pastoren in die Gemeinde. Sie müssen mit Integrität und Charakter ihre Funktion wahrnehmen können.

Das Ziel von LaRED ist, Leiter nicht nur auszubilden, sondern auch zu trainieren.
Heute verstehen viele Menschen nicht mehr, dass Gott die Quelle für ihr Leben und ihr Geschäft ist. LaRED will in diesem Bereich dienen.

Vision
Einen Beitrag zu leisten, damit das Königreich Gottes im Geschäftsalltag Gestalt annimmt, so wie Jesus gebetet hat: »Dein Reich komme, dein Wille geschehe wie im Himmel, so auf Erden.«

Mission
Das Verständnis für das Königreich Gottes in unserer Generation fördern. Dies tut LaRED, indem es Geschäftsleute, Frauen und Männer, lehrt und trainiert, sich unter Gottes schützenden Schirm zu stellen.

Plan und Strategie
Frauen und Männer in einem Netzwerk von Gesprächsrunden zu vernetzen und regelmäßig Geschäftssymposien durchzuführen.

Was ist eine Gesprächsrunde?
Die LaRED Gesprächsrunde ist ein wöchentliches Treffen von bis zu 12 Personen, das jeweils eine Stunde dauert. Die Teilnehmerinnen oder Teilnehmer kommen zusammen, um unter Anleitung des Gruppenleiters ein Thema zu analysieren und zu diskutieren.

Fundamente für die Durchführung
Die Prinzipien werden als Module verteilt. Jedes Modul hat vier Themen. Die Produktivitätsprinzipien und Leiterschaftsprinzipien sind für die Veränderung der Außenbeziehung geschaffen. Die Eigenverantwortungsprinzipien und die Verwalterschaftsprinzipien gelten für die Veränderungen im Inneren.

Die Module sind so aufgebaut, dass eine Person während der 40

Wochen jederzeit einsteigen und sich an den Gesprächsrunden beteiligen kann.

Adresse: c/o IBR, Institut für biblische Reformen
Schule für biblische Prinzipien in der Geschäftswelt
Jakobstrasse 56, Postfach 8320, 2500 Biel 8,
Schweiz
Telefon: + 41 (0) 32 345 14 20
Fax: + 41 (0) 32 341 29 61
E-Mail: lared@ibrnet.ch Thomas Neuhaus
Website: www.ibrnet.ch

USA Adresse: La Red Business Network, P.O. Box 315
Berlin, OH 44610, USA
Telefon: + 1 330 893 33 90 oder
+ 1 800 860 72 95 (Bestellungen)
Fax: + 1 330 893 33 75
E-Mail: LaRed@tusco.net
Website: la-red.org

Schule für biblische Prinzipien in der Geschäftswelt

Dieser 2-jährige Korrespondenzkurs bildet Unternehmer und Führungskräfte aus, den Herausforderungen in ihrem Unternehmen aktiv mit biblischen Antworten entgegenzutreten. Die Teilnehmerinnen und Teilnehmer lernen, als Vorbilder die Menschen in ihrem Umfeld mit der Botschaft des Königreiches Gottes zu erreichen.

Die Schule rüstet Manager und Freiberufliche dazu aus, Probleme auf Gottes Art und Weise zu sehen, zu lösen und andere zu trainieren, das Gleiche zu tun. Die Welt braucht Leiter, die bereit sind, die Herausforderungen dieser Zeit aus Gottes Perspektive zu erkennen und anzupacken.

Nach dem Abschluss der Schule profitieren die Teilnehmerinnen und Teilnehmer sowie ihr Umfeld von folgenden Fähigkeiten:

- Sie haben gelernt, wie sie auf ihrem Lebensweg vermehren können, was Gott ihnen anvertraut hat. Sie wissen, wie sie Gott durch ihre Leiterschafts- und Managementfähigkeiten verherrlichen können.
- Sie können den Unterschied zwischen biblischen Prinzipien und den »alltäglichen« Geschäftspraktiken im Alltag erkennen.
- Sie sind in der Lage, Unternehmer und Führungskräfte in ihrer lokalen Gemeinde auszurüsten.
- Sie besitzen die Werkzeuge für die Gestaltung eines ausgeglichenen Lebensstils im Spannungsfeld zwischen ihrer Beziehung zu Gott, ihrer Familie, ihrer Gemeinde und ihrem gesellschaftlichen Engagement.

Der Studienaufbau

Jedes Jahr besteht aus vier Elementen:

- Der *Einführungsblock* von vier Tagen findet jedes Jahr im Sommer statt. Neben der Einführung in das Studienjahr wird eine biblisch-christliche Sicht von Unternehmen und Wirtschaft vermittelt.
- Das *Selbststudium* erfolgt anhand von Audiokassetten und schriftlichen Unterlagen. Die schriftlichen Unterlagen beinhalten pro Lektion eine Fallstudie, Lern- und Anwendungsfragen sowie ein Hand-out zu den Audiokassetten. Pro Woche muss mit 5-8 Stunden für das Durcharbeiten der Lektionen gerechnet werden.
- Die *Mentoringtreffen* finden monatlich an einem Freitagnachmittag statt. Die Teilnehmerinnen und Teilnehmer treffen sich dafür in regionalen Gruppen. Ziele dieser Treffen sind die Vertiefung des Materials, der Aufbau eines Netzwerkes zwischen den Teilnehmerinnen und Teilnehmern.

- *Als Anwendung des Materials* schreiben die Teilnehmerinnen und Teilnehmer eine Buchbesprechung über ein Wirtschafts- oder Managementbuch ihrer Wahl und einen Aufsatz über die Anwendung des Gelernten im Bezug auf ihren Arbeitsplatz. Das Kernstück der Anwendung ist die schriftliche Ausarbeitung eines Projektes, das entweder am Arbeitsplatz, in der lokalen Gemeinde, in der politischen Gemeinde, in einem Verband oder Verein umgesetzt werden kann.

Adresse: IBR, Institut für biblische Reformen
Schule für biblische Prinzipien in der Geschäftswelt
Jakobstrasse 56, Postfach 8320, 2500 Biel 8, Schweiz
Telefon: + 41 (0) 32 345 14 20
Fax: + 41 (0) 32 341 29 61
E-Mail: business@ibrnet.ch
Website: www.ibrnet.ch

Medien

Bücher

Die meisten der folgenden Bücher wenden sich an Personen mit Führungsverantwortung in Unternehmen, besonders an Geschäftsführer, Vorstände und Unternehmensinhaber. Hier steht die Lösung von Problemen und Entscheidungsnöten im Vordergrund, mit denen heute ein christlicher Manager konfrontiert wird.

Viele der Titel sollen aber auch Menschen motivieren und lehren, ihren Glauben an ihrem Arbeitsplatz einzusetzen und mitzuteilen. Es werden Themen behandelt, die an jedem Arbeitsplatz zu finden sind. Die absolute Mehrzahl aller am Markt befindlichen Titel ist nur in englischer Sprache erhältlich.

Barlow Rossi, Sanna: *Anthony T. Rossi - Christian & Entrepreneur,* Downers Grove (USA), InterVarsity Press, 1986, 199 S., Biographie; Baron, David: *Moses on Management,* New York (USA), Pocket Books, 1999, 298 S.; Beckett, John D.: *Loving Monday - Succeeding in Business Without Selling Your Soul,* Downers Grove (USA), Inter Varsity Press, 1998, 176 S.; *Bible Promises to Treasure for Business Professionals,* Nashville (USA), Broadman and Holman Publishers, 1998, 200 S.; Blanchard, Ken; O'Connor: *Managing by Values,* San Francisco (USA), Berrett-Koehler, 1997, 140 S.; Boa, Kenneth; Burnett, Gail: *Wisdom at Work - A Biblical Approach to the Workplace,* Colorado Springs (USA), NavPress, 2000, 144 S.; Burkett, Larry: *Business by the Book - The Complete Guide of Biblical Principles for Business Men and Women,* Nashville (USA), Thomas Nelson Publishers, 1990, 224 S.; De Pree, Max: *Leadership is an Art,* New York City (USA), Doubleday, 1989, 176 S.; Chappell, Tom: *The Soul of a Business - Management for Profit and the Common Good,* Bantam, 1994, 240 S.; Chewning, Richard C. (Editor): *Biblical Principles & Business - The Foundations,* Colorado Springs (USA), NavPress, 1989, 304 S.; Chewning, Richard C. (Editor): *Biblical*

Principles & Business - The Practice, Colorado Springs (USA), NavPress, 1990, 290 S.; Chewning, Richard C. (Editor): *Biblical Principles & Economics - The Foundations,* Colorado Springs (USA), NavPress, 1989, 324 S.; Chewning, Richard C.; Eby, John W.; Roels, Shirley J.: *Business through the Eyes of Faith,* San Francisco (USA), Harper, 1990, 266 S.; Day, Cecil Burke, Jr.: *Day by Day - The Story of Cecil B. Day and His Simple Formula for Success,* Middle Village Jonathan David Publishers, 1990, 208 S., Biographie; Dayton, Edward R.: *Succeeding in Business without losing your Faith,* Michigan (USA), Baker Book House, 1992, 230 S.; *God's Wisdom for Business Success,* Houston (USA), J. Countryman Publishers, 1989, 298 S.; Graves, Stephen R.; Addington, Thomas G.: *The Cornerstones of Life at Work,* Fayetteville (USA), Corberstone Alliance, 1997, 4 S., booklets; Graves, Stephen R.; Addington, Thomas G.: *The Fourth Frontier - Exploring The New World of Work,* Nashville (USA), Word Publishing, 2000, 207 S.; Greene, Marc: *Supporting Christians at Work,* Sheffield (UK), Administry, 2001, 38 S.; Greenleaf, Robert K.: *Servant Leadership,* Mahwah (USA), Paulist Press, 1977, 337 S.; Hill, Alexander: *Just Business,* Downers Grove (USA), Inter Varsity Press, 1997, 324 S.; Hillman, Os: Faith & Work: *Do They Mix?,* Alpharetta (USA), Aslan Group Publishing, 2000, 110 S.; Horner, Bob; Ralston, Ron; Sunde, David: *The Promise Keeper At Work,* Colorado Springs (USA), Focus on the Family, 1996, 124 S.; Humphreys, Kent & Davidene: *Show and then Tell – Presenting the Gospel through Daily Encounters,* Chicago (USA), Moody Press, 2000, 204 S.; Hybels, Bill: *Christians in the Marketplace,* Wheaton (USA), Victor Books, 1982, 144 S.; Hybels, Bill: *Too Busy Not to Pray,* Downers Grove (USA), Inter Varsity Press, 1998, 191 S.; Izzo, John B.; Klein, Eric: *Awakening Corporate Soul,* New York City (USA), Fairwinds Press, 1998, 159 S.; Jabs, Robert; Robertson, Malcom R.: *A Monography on Biblical Principles of Business,* Riverside (USA), California Baptist College, 1982, 162 S.; Johnson, Dwight L.: *The transparent Leader,* Eugene (USA), Harvest House Publishers, 2001,

267 S.; Jones, Laurie Beth: *Jesus CEO,* New York City (USA), Hyperion, 1995, 318 S.; Julian, Larry: *God is my CEO - Following God's Principles in a Bottom-Line,* World Avon (USA), Adams Media Corporation, 2001, 252 S.; Klingaman, Patrick: *Thank God It's Monday - Making Business Your Ministry,* Wheaton (USA), Victor Books, 1996, 204 S.; Kraft, Daryl: *The Businessman's Guide to Real Success,* North Brunswick (USA), Bridge-Logos Publishers, 1997, 212 S.; Leininger, B. Joseph: *Lessons from the Pit,* Nashville (USA), Broadman and Holman Publishers, 1999, 201 S.; Lawrence, William D.; Turpin, Jack A.: *Beyond the Bottom Line – Where Faith and Business Meet,* Chicago (USA), Moody Press, 1994, 189 S.; Marshall, Richard: *God at Work – Discovering the Annointing for Business,* Shippensburg (USA), Desting Image Publishers, 1997, 176 S.; McCarthy, Kevin W.: *The On-Purpose Business - Doing More Of What You Do Best More Profitably,* Colorado Springs (USA), Pinon Press, 1998, 186 S.; McNair, Nimrod: *Mega Values: 10 Global Principles for Business and Professional Success* - Written in Stone Tucker (USA), Executive Leadership Foundation, 1996, 76 S.; Miller, Norm: *Beyond the Norm,* Nashville (USA), Thomas Nelson Publishers, 1996, 210 S., Biographie; Molitor, Brian D.: *The Power of Agreement,* Nashville (USA), Broadman and Holman Publishers, 1999, 256 S.; Musser, Joe: *The Cereal Tycoon – Henry Parsons Crowell – Founder of the Quaker Oats Co.,* Chicago (USA), Moody Press, 1999, 160 S., Biographie; Nash, Laura; McLennan, Scotty: *Church on Sunday, Work on Monday - The Challenge of Fusing Christian Values with Business Life,* San Francisco (USA), Jossey-Bass, 2001, 316 S.; Nix, William H.: *Transforming your Workplace for Christ,* Nashville (USA), Broadman and Holman Publishers, 1997, 224 S.; Nix, William H.: *Character Works,* Nashville (USA), Broadman and Holman Publishers, 1999, 168 S.; Noah, Laura L.: *Believers in Business,* Nashville (USA), Thomas Nelson Publishers, 1994, 302 S.; Pascarella, Perry: *Christ Centered Leadership - Thriving in Business by Putting God in Charge,* Rocklin (USA),

Primal Publishing, 1999, 288 S.; Peacock, Dennis: *Almighty & Sons – Doing Business God's Way*, St. Rosa (USA), Strategic Christian Services, 161 S.; Pollard, C. William: *The soul of the Firm*, Grand Rapids (USA), ZondervanPublishingHouse, 1996, 176 S.; Rae, Scott; Wong, Kenman: *Beyond Integrity*, Grand Rapids (USA), Zondervan, 1996, 224 S.; Ross, Alan M.: *Beyond World Class – Keeping Customers, Empowering Employees, Sustaining Suppliers*, Chicago (USA), Dearborn Trade Publishing, 2002, 228 S.; Rush, Myron D.: *Lord of the Marketplace – Putting Biblical Principles to Work in Your Business*, Wheaton (USA), Victor Books, 1986, 192 S.; Rush, Myron D.: *Management – A Biblical Approach*, Wheaton (USA), Victor Books, 2002, 228 S.; Sanders, J. Oswald: *Spiritual Leadership*, Chicago (USA), Moody Press, 1994, 189 S.; Sherman, Doug; Hendricks, William: *Your Work matters to God*, Colorado Springs (USA), NavPress, 1987, 277 S.; Short, Mark, Jr.: *The Bible and Business*, Nashville (USA), Broadman Press, 1978, 136 S.; Steele, Richard: *The Religious Tradesman* , GAM Publications, 1995, 216 S.; Suter, Heinz; Gmür, Marco: *Business Power for God's Purpose*, Greng (CH), VKG, 1997, 127 S.; Tam, Stanley: *God owns my Business*, Camp Hill (USA), Christian Publications, 1988, 158 S., Biographie; Tamasy, Robert (Editor): *The Complete Christian Businessman*, Brentwood (USA), Wolgemuth & Hyatt Publishers, 1991, 383 S.; The Life@Work Journal (Editor): *The Life@Work Book - 16 respected Leaders talk about blending biblical Wisdom and Business*, Excellence Nashville (USA), Word Publishing, 2000, 163 S.; Volf. Miroslav: *Work in the Spirit: Towards a Theology of Work*, Wipf & Stock Publishers, 2001, 268 S.; White, John: *Excellence in Leadership – Reaching Goals with Prayer, Courage & Determination*, Downers Grove (USA), Inter Varsity Press, 1986, 132 S.; Youssef, Michael: *The Leadership Style of Jesus*, Colorado Springs (USA), SP Publications, 1986, 168 S.; Zabloski, Jim: *The 25 Most Common Problems in Business (and How Jesus Solved Them)*, Nashville (USA), Broadman and Holman Publishers, 1996, 272 S.;

Zigarelli, Michael: *Faith at Work*, Chicago (USA), Moody Press, 2000, 150 S.; Zigarelli, Michael: *Christianity 9 to 5*, Kansas City (USA), Beacon Hill Press, 2000, 152 S.; Zigarelli, Michael: *Management by Proverbs*, Chicago (USA), Moody Press, 1999, 286 S.

Deutschsprachige Literatur

Berger, Franz S.; Gleissner, Harald: *Management By Bible - 10 Fallstudien*, St. Pölten, Niederösterreichisches Pressehaus, 1996, 240 S.; Bund Katholischer Unternehmer: *Fromm und erfolgreich? - Werteorientierte Unternehmensführung*, Freiburg, Herder, 2000, 292 S.; Burkett, Larry: *Management auf biblischer Grundlage*, Wiesbaden, Projektion J, 1991, 260 S.; Grosser, Harald: *Wenn Moses Manager wäre*, Stuttgart, Schäffer-Poeschel, 1994, 128 S.; Horner, Bob; Ralston, Ron; Sunde, David: *Christsein auch im Job*, Asslar, Projektion J, 1998, 124 S.; Jones, Laurie Beth: *Jesus Christus Manager*, Signum Verlag (CH), 1998, 332 S.; Joyner, Rick: *Entwickle deine Führungsqualitäten - Die fünf Säulen des Erfolges*, Wiesbaden, Projektion J, 1994, 168 S.; Klempnauer, Günther: *Siegfried Buchholz - Gottes Grenzgänger zwischen Management und Menschlichkeit*, Holzgerlingen, Hänssler, 2001, 167 S., Biographie; Landmesser, Martin; Sczepan, Johannes (Hrsg.): *Was morgen zählt: Zukunft in Wirtschaft und Gesellschaft erfolgreich gestalten*, Neuhausen-Stuttgart, Hänssler, 1996, 234 S.; Lorimer, Albert W.: *Gott ist mein Geschäftspartner*, Bern, Christliches Verlagshaus, 1962, 172 S.; Marshall, Rich: *God @ Work*, Fürth, Hassmann, 2002, 164 S.; Pauli, Frank: *Bimmel Bolle - Ein christlicher Unternehmer in Berlin*, Berlin, Wichern-Verlag, 2000, 205 S.; Schock, Friedrich: *Geschirrspülen zur Ehre Gottes - Lebensschau eines Unternehmers*, Wiesbaden, Projektion J, 1995, 186 S.; Suter, Heinz; Gmür, Marco: *Businesspower für Gottes Ziele*, Holzgerlingen, Hänssler, 1997, 150 S.

Videokassetten

Die folgenden Videokassetten (nur in englischer Sprache erhältlich) sollen Personen mit Führungsverantwortung in Unternehmen motivieren und lehren, ihren Glauben an ihrem Arbeitsplatz einzusetzen und mitzuteilen.

Greene, Mark: *God@Work:* A Vision for Workplace Ministry, 2 tapes à 20 Min., LBC Video, England, 1998; *Transformed Working Life*, 12 tapes , ICCC UK, Schweden, 1999; Wilkinson, Bruce: *Prayer of Jabez*, 4 tapes, FCCI, USA, 2001;

Audiokassetten

Die folgenden Audiokassetten (nur in englischer Sprache erhältlich) sollen Personen mit Führungsverantwortung in Unternehmen motivieren und lehren, ihren Glauben an ihrem Arbeitsplatz einzusetzen und mitzuteilen.

Bahnsen, Greg: *Apologetics in the Workplace*, 3 tapes, USA;
Burkett, Larry: *God's Principles for Operating a Business*, 11 tapes, Crown Financial Ministries, USA Gainesville, 1989;
Humphreys, Kent: *Evangelism in the Marketplace: Good or Bad for Business?*, 1 tape, Kent Humphreys, USA Oklahoma City;
Humphreys, Kent: *God-Centered Culture*, 3 tapes, FCCI Master's series, USA;
Humphreys, Kent: *The CEO's Control Issue: God's or Mine?*, 1 tape, Kent Humphreys, USA Oklahoma City; verschiedene: *Leadership Module*, 6 tapes, FCCI Master's series, USA, 1999;
Humphreys, Kent: *Visualizing Your World from God's Point of view*, 1 tape, Kent Humphreys, USA Oklahoma City; Wilkinson, Bruce: *Seek Ye First The Kingdom of God*, 3 tapes, FCCI Master's series, USA;

Kingdom Class Companies, 4 tapes, FCCI Audio Magazine, USA;
Hybels, Bill: *To Busy not to Pray*, USA;
Peacock, Dennis: *The Advanced Freedom Series*, 3 tapes, Strategic Christian Services, USA Santa Rosa;
Transformed Working Life, 12 tapes, ICCC UK, Schweden, 1999;

Anhang I

King's Medical Group – aus den Unterlagen für neue Mitarbeiter

Wie kann ich mein christliches Grundverständnis nach außen – aber auch nach innen kommunizieren? Auf welchen Werten und Prinzipien beruht mein Geschäftsgebaren? Was ist die Aufgabe eines Unternehmensseelsorgers? Diese und andere Fragen stellen sich eine wachsende Anzahl der christlichen Unternehmer. Nachfolgend werden hier einige Beispiele amerikanischer Firmen aufgeführt, wie christlicher Glaube im Unternehmen definiert und umgesetzt werden kann.

1. Biblische Werte als Grundlage einer Firmenphilosophie

Es gibt Firmen, die ihr gesamtes Handeln auf biblischen Werten aufbauen. Solche Werte funktionieren wie ein Kompass, der vor allem in kritischen Situationen den Weg weist.

Die King's Medical Group, eine Verkaufsorganisation für medizinische Geräte in Hudson/Ohio, konzentriert sich auf die vier Bereiche

- Menschen (People)
- Rechenschaftspflicht (Accountability)
- Kommunikation (Communication)
- Verwaltung (Stewardship)

Kernwerte (Core Values)

Wir werden Jesus Christus in allem ehren, was wir tun (Kol 3, 17), mit der Priorität, unseren Kunden zu dienen (1. Petr 2, 17). Um dies zu erreichen, werden wir das Richtige aus den richtigen Gründen tun (Tit 3, 1-11), und in einer Weise, die in Übereinstimmung ist mit unseren Kernwerten (Phil 1, 27).

Menschen (People)

Wir werden allen Menschen tiefen Respekt entgegenbringen (1. Petr 2, 17; Phil 2,1-4).

Wir werden Vertrauenswürdigkeit und dienendes Führen *(servant leadership)* in allen Beziehungen beispielhaft darstellen, um unseren internen und externen Kunden in einer Weise zu dienen, die mit unserer Berufung *(mission)* übereinstimmt (Joh 14, 1; 1. Kor 13, 4-7; Gal 5, 13; Joh 13, 34; Mt 22, 37-40). Wir werden die berufliche Einsetzbarkeit *(employability)* aller Menschen verstärken durch Gelegenheiten zur persönlichen Weiterentwicklung und durch Training (Hebr 10, 24-25). Wir werden auf der Basis von Integrität, Vertrauen, Liebe und Einheit den Aufbau und die Pflege von Beziehungen fortdauernd fördern, wobei wir als bedeutsam erachten, dass Gott jeden Menschen einzigartig und mit Talenten ausgestattet erschaffen hat (1. Kor 12, 12-30; Spr10, 9 + 11, 3; Kol 1, 17-22).

Rechenschaftspflicht (Accountability)

In allen Beziehungen werden wir uns vor Gott, und untereinander, als rechenschaftspflichtig erachten (Hebr 4, 12-13; Röm 14, 12-13; Lk 16; Eph 6, 5-9).

Wir werden ein Umfeld fördern, das gekennzeichnet ist durch exzellente Standards *(Exzellenz)*, ständige Verbesserungen sowie Qualität durch Innovation und kreatives Denken und dessen

Umsetzung (2. Kor 10, 5; Hebr 10, 25; Joh 5, 19-20; Lk 16). Höchste Güte *(Exzellenz)* wird immer unser Ziel sein in Beziehungen, Kundenzufriedenheit, Produkttreue und in allen Aspekten der Marktführerschaft (1. Kor 12, 31 + 13, 13; 1. Tim 3, 13; Tit 3, 8).

Kommunikation (Communication)

Wir werden stets »danach trachten, zuerst zu verstehen, und dann verstanden zu werden«, indem wir uns füreinander erreichbar machen und gute Zuhörer sind (Joh 1, 19-27; Spr 10, 19+12, 18+12, 22+15, 1).

Wir werden eine »Politik der offenen Türen« betreiben. Wir werden in unserer Kommunikation miteinander freimütig, geradeheraus und unverzüglich *(timely)* sein und werden in allen Situationen und Umständen »die Wahrheit in Liebe« sprechen (Eph 4, 15-17).

Verwaltung (Stewardship)

Profitabilität ist nicht ein Ziel in sich selbst, sondern vielmehr ein Mittel, um unsere Ziele zu erreichen. Indem wir wirtschaftlich erfolgreich sind, werden wir der Ressourcen habhaft, um unseren Anteilseignern zu genügen (Mt 25, 14-29).

Profitabilität, Produktivität und Qualität stellen für unsere Kunden einen Mehrwert, für unsere Mitarbeiter bessere Möglichkeiten und für unsere Aktionäre einen gerechten Gewinn dar (Spr 14, 23; 21, 5; Phil 3, 7; Mk 8, 36). Alle Mitarbeiter werden Firmen- und persönliche Arbeitsmittel als von Gott anvertraut behandeln, so als ob es ihre eigenen Mittel wären (Lk 16, 10-12).

Diese Kernwerte wurden von allen drei Unternehmen bestätigt: *King's Management and Leasing, King's Medical Company* und *Merits Imaging Service*. Ihre Wirkung innerhalb des Marktes der medizinischen Bildverarbeitung wird entscheidend davon abhängen, wie deutlich sie eine »Angelegenheit des Herzens« bei all denen wird, die mit der *King's Medical Group* verbunden sind.

Die Kernwerte anwenden (Core Values Application)

Wir werden Jesus Christus in allem ehren, was wir tun (Kol 3, 17), mit der Priorität, unseren Kunden zu dienen (1. Petr 2, 17). Um dies zu erreichen, werden wir das Richtige aus den richtigen Gründen tun (Tit 3, 1-11) und in einer Weise, die in Übereinstimmung ist mit unseren Kernwerten (Phil 1, 27).

Wir werden allen Menschen (People) tiefen Respekt entgegenbringen (1. Petr 2, 17; Phil 2, 1-4).

Wir werden jedermann (Mitarbeiter, Patienten, Ärzte, interne und externe Kunden) mit Würde und Respekt, fair und ehrlich behandeln. Wir werden Respekt zeigen ohne Beachtung von individueller Kulturzugehörigkeit, Talenten, Geschlecht und der Verschiedenheit aller Individuen.

Wir werden eine »Politik der offenen Türen« betreiben.

Wir werden ein Umfeld bereitstellen, das jedermann befähigen wird, geistlich zu wachsen.

Wir werden Vertrauenswürdigkeit und dienendes Führen in allen Beziehungen beispielhaft darstellen, um unseren internen und externen Kunden in einer Weise zu dienen, die mit unserer Berufung übereinstimmt (Joh 14, 1; 1. Kor 13, 4-7; Gal 5, 13; Joh 13, 34; Mt 22, 37-40).

Wir werden ein Umfeld schaffen, in dem behutsame Konfrontation *(caring-confrontation)*, richtige Anerkennung von Autorität und dienendes Führen praktiziert werden.

Wir werden diejenigen anerkennen und belohnen, die in ihrem Streben nach einem Höchstmaß an Güte *(Exzellenz)* kreatives Denken vorleben.

Wir werden die berufliche Einsetzbarkeit aller Menschen verstärken durch persönliche Weiterentwicklungsgelegenheiten und durch Training (Hebr 10, 24–25).

Wir werden die notwendigen Ressourcen für Training sowie berufliche und persönliche Entfaltung bereitstellen, um sicherzustellen, dass jede(r) Mitarbeiter(in) Gelegenheit erhält, sein oder ihr Potenzial zu erreichen und den Platz zu finden, den Gott für sie/ihn im Unternehmen vorgesehen hat.

Wir werden auf der Basis von Integrität, Vertrauen, Liebe und Einheit den Aufbau und die Pflege von Beziehungen fortdauernd fördern, wobei wir als bedeutsam erachten, dass Gott jeden Menschen einzigartig und mit Talenten ausgestattet erschaffen hat (1. Kor 12, 12–30; Spr 10, 9 + 11, 3; Kol 1, 17–22).

Wir werden wahre Einheit zwischen allen beteiligten Gesellschaften fördern, so wie diese Kernwerte Angelegenheiten unserer Herzen und Handlungen werden.

Wir werden diese Kernwerte dadurch publik machen, dass wir sie ausleben und weitergeben, um unser geschäftliches Umfeld zu beeinflussen.

Rechenschaftspflicht (Accountability)

In allen Beziehungen werden wir uns vor Gott und untereinander als rechenschaftspflichtig erachten (Hebr 4, 12–13; Röm 14, 12–13; Lk 16; Eph 6, 5–9).

Wir werden den biblischen Auftrag zur Lösung von Konflikten anwenden, der ein Prozess mit drei Schritten ist: eins zu eins, eins zu zwei und danach die Heranziehung des Management-Teams (Mt 18, 15-20).

Wir werden ein Umfeld fördern, das für alle Mitarbeiter gekennzeichnet ist durch exzellente Standards (Exzellenz), ständige Verbesserungen sowie Qualität durch Innovation und krea-

tives Denken und eine fortwährende Politik der offenen Tür zum Management (2. Kor 10, 5; Hebr 10, 25; Joh 5, 19–20; Lk 16).

Wir werden solchen Menschen Ermutigung und Anerkennung geben, die persönliches kreatives Denken zeigen und innovative Ideen beisteuern.

Höchste Güte (Exzellenz) wird immer unser Ziel sein in Beziehungen, Kundenzufriedenheit, Produkttreue und in allen Aspekten der Marktführerschaft (1. Kor 12, 31 + 13,13; 1. Tim 3, 13; Tit 3, 8).

Wir werden in allen teilnehmenden Gesellschaften nicht finanzielle Kernziele etablieren, um an ihnen regelmäßig Beziehungen, Kundenzufriedenheit und Produkttreue zu messen.

Kommunikation (communication)

Wir werden stets »danach trachten, zuerst zu verstehen, und dann verstanden zu werden«, indem wir uns füreinander erreichbar machen und gute Zuhörer sind (Joh 1, 19-27; Spr 12, 18 + 10, 19; 12, 22; 15, 1).

Wir werden persönliche »*face-to-face*«-Treffen empfehlen, um Beziehungsprobleme und operative Probleme der Gesellschaften zu besprechen, statt uns auf eher technologievermittelte Methoden der Kommunikation zu verlassen.

Wir werden in unserer Kommunikation miteinander freimütig, geradeheraus und unverzüglich sein und werden in allen Situationen und Umständen »die Wahrheit in Liebe« sprechen (Eph 4, 15–17).

Verwaltung (Stewardship)

Profitabilität ist nicht ein Ziel in sich selbst, sondern vielmehr ein Mittel, um unsere Ziele zu erreichen. Indem wir wirtschaft-

lich erfolgreich sind, werden wir der Ressourcen habhaft, um unseren Anteilseignern zu genügen (Mt 25, 14-29).

Profitabilität, Produktivität und Qualität stellen für unsere Kunden einen Mehrwert, für unsere Mitarbeiter bessere Möglichkeiten und für unsere Aktionäre einen gerechten Gewinn dar (Spr 14, 23 + 21, 5; Phil 3, 7; Mk 8, 36).

Alle Mitarbeiter werden Firmen- und persönliche Arbeitsmittel als von Gott anvertraut behandeln, so als ob es ihre eigenen Mittel wären (Lk 16, 10-12).

2. Was tut ein Pfarrer in einer Firma?

Speziell in den USA gibt es Hunderte Firmen, die sich den Luxus eines Pfarrers *(Chaplain)* leisten. Oft ist dieser als Vizepräsident direkt unter der Geschäftsleitung angesiedelt (bzw. Mitglied des Vorstands).

Die folgenden Seiten zeigen die Aufgabenbeschreibung eines solchen Chaplains am Beispiel der *King's Medical Group*. Diese Verkaufsorganisation für medizinische Geräte in Hudson, Ohio beschäftigt ca. 400 Mitarbeiter.

Das Amt des unternehmenseigenen geistlichen Dienstes

Das Amt des unternehmenseigenen geistlichen Dienstes ist dem Hauptgeschäftsführer und Vorsitzenden der *King's Medical Group* unterstellt. Um die Effizienz der Position zu optimieren, muss der stellvertretende Vorsitzende des unternehmenseigenen geistlichen Dienstes fähig sein, tragfähige persönliche Beziehungen mit den Managern und mit so vielen Mitarbeitern aller King's-Gesellschaften wie möglich zu entwickeln: *King's Medical Company, King's Management and Leasing* und *Merits Medical Imaging Service*.

Das richtungsbestimmende Ziel der Vision ist es, wenn unsere Tage hier zu Ende gehen, unseren HERRN über alle Ebenen unserer Arbeit sagen zu hören: »Gut, du braver und treuer Knecht!«. Erkennend, dass die Aufgabe gewaltig ist und nur wenige Richtlinien existieren, schafft dies für das Amt die Gelegenheit, sich im Gleichklang mit den zutage tretenden Bedürfnissen zu entwickeln und zu entfalten.

Dem Amt des unternehmenseigenen geistlichen Dienstes ist die Verantwortung auferlegt, Gott zu rühmen und die Prinzipien Gottes bezüglich Motivation und Verhalten in allen und durch alle Gesellschaften unter dem Banner der King's Medical Group zu integrieren. Das Ziel der Firmenabteilung »geistlicher Dienst« ist insbesondere, über die Kernwerte und deren Anwendung zu wachen sowie zur Erfüllung aller *Mission Statements* zu ermutigen. Im Neuen und Alten Testament klar definierte biblische Prinzipien werden im Mittelpunkt dieses Amtes stehen und seine Blickrichtung bestimmen. Die Ermutigung und Zurüstung aller Mitarbeiter sowie anderer Menschen ist die Schlüsselfunktion: Es geht um folgende Punkte:

- Signifikante Eins-zu-eins-Beziehungserfahrungen, um eine Plattform zu bauen, auf der persönliche Bedürfnisse verstanden werden und auf der Mitarbeiter in ihrer geistlichen und beruflichen Entfaltung begleitet werden.
- Teilnahme an Versammlungen des Firmen-Führungsteams, um die Umsetzung der *Mission Statements* und der KMG Kernwerte zu überwachen und zu fördern. Dies wird häufige und regelmäßige Konsultationen mit der Führungsebene des Managements und den Führungskräften des Unternehmens einschließen.
- Die Gestaltung einer Andachtszeit in jedem der Unternehmen jeden Montagmorgen von 8.00 bis 8.30 Uhr. Die Benutzung kreativer Wege, um zum Gebrauch biblischer Prinzipien in jedem Entscheidungsfindungsprozess zu motivieren, sowie die Pflege des Kontaktes zu Mitarbeitern, Kunden und Lieferanten.
- Die Zusammenstellung und Verteilung einer Liste von Gebetsanliegen an alle Mitarbeiter, wobei per Website und E-Mail jeden

Dienstag alle Mitarbeiter mit einer auf den neuesten Stand gebrachten Liste erreicht werden sowie auch zwischendurch, wenn in Notfällen zusätzliche Gebetsunterstützung gefordert ist.

- Die Missionsanstrengungen von KMG dadurch zu unterstützen, dass in Zusammenarbeit mit dem Führungsteam Firmenspenden zustande kommen, sowie dadurch, dass Missionsprojekte und Missionsreisen organisiert werden, an denen Mitarbeiter teilnehmen können. Die Verwaltung des Programms *»Love in Action«*, um die Mitarbeiter noch mehr zu ermutigen, sich in den Prozess des Gebens einzubringen.

Ein integraler Teil des langfristigen Plans zur Weiterentwicklung der *King's Medical Company* schließt die Eröffnung eines durchgehend besetzten Büros des unternehmenseigenen geistlichen Dienstes ein. Dieses soll Mitarbeitern während schwieriger Zeiten offen stehen, den Mitarbeitern und dem Firmenmanagement Orientierung und Beratung anbieten, aber uns auch dabei helfen, unser »Licht heller in die Welt um uns herum scheinen zu lassen«. Nunmehr, nach fast zwanzig Jahren, ist das Unternehmen in der Lage, diese »Quelle« zu erschließen – für Mitarbeiter und Familien der *King's Medical Company, King's Management & Leasing, Merits Medical Imaging Service* sowie der *King's Medical Group*.

Don Kline wurde vom Vorstand ausgewählt, die Rolle des stellvertretenden Geschäftsführers des unternehmenseigenen geistlichen Dienstes auszufüllen mit der Verantwortung, das Programm für KMG zu organisieren und umzusetzen. Don hat bei der Gestaltung der *King's Medical Company* mitgewirkt und arbeitet seit den Anfängen mit im Vorstand. Don hat 25 Jahre als Pastor gearbeitet, acht Jahre davon in einer Gemeinde in Hudson. Während er an einer Gemeinschaft von Firmen für *Christ International Conference* mit Al van Kirk teilnahm, erhielt Don einen Ruf, den Dienst als Pastor zu verlassen und bei der Arbeit des FCCI mitzuwirken. In den letzten 16 Jahren hat er als stellvertretender Leiter des Feldeinsatzes und als Vorstandsmitglied der *Fellowship of Companies for Christ* gedient. Don hat mit Hunderten von kleinen und mittleren Unternehmen in den gesamten Vereinigten Staaten gearbeitet, sehr oft extrem eng, und er ist sehr bewandert in den Problemen und Fragen, mit denen wir jeden Tag im Geschäftsleben konfrontiert werden. Er setzt sich leidenschaftlich für Menschen ein, und der geistliche Dienst im Geschäftsleben liegt ihm sehr am Herzen. Don steht zur Beratung und als Gesprächspartner auf Basis völliger Vertraulichkeit bereit, und er kann über das Büro der *King's Medical Group* erreicht werden.

Don ist mit Pat verheiratet, die über 25 Jahre lang im öffentlichen Schulsystem unterrichtet und sich 1999 aus dem Berufsleben zurückgezogen hat. Sie leben in Hudson (Ohio) und haben drei erwachsene Kinder sowie neun Enkelkinder. Don und Pat gehen zur *Chapel*-Gemeinde in Akron (Ohio). Sie können Don jederzeit unter 1891 Georgetown Road in Hudson erreichen, + 1 (330) 330-653-3968 (Apparat 286), oder auf seinem Handy unter + 1 (330) 819-6637 oder zu Hause unter + 1 (330) 405-3872. Seine E-Mail-Adresse ist donk@kingsmedical.com.

George Lilja kam vor zehn Jahren im Juni 1991. Er verantwortete zuerst den Bereich Neukunden (Akquisition) bei der King's Medical Company. Im Jahre 1993 wurde er zum Abteilungsleiter befördert, um das Marketing und die Geschäftsausweitung des kostenpflichtigen MRI-Geschäftes zu leiten. In den nächsten sieben Jahren wuchs seine Abteilung auf 15 Angestellte an, die verantwortlich waren für das Wachstum von über 40 MRI Dienstleistungen für Krankenhaus-Kunden im ganzen Land. Bedingt durch die Notwendigkeit, mit der Entwicklung im sich rasant ändernden Markt der diagnostischen Bilderstellung Schritt zu halten, berief die King's Medical Group George dann in die neu geschaffene Rolle des Verantwortlichen für »neue Geschäftsentwicklungen«, um Geschäftspläne für die neuen diagnostischen Methoden zu erstellen, die KMCs Service-Angebot für Krankenhäuser hinzugefügt wurden.

Im Januar 2002 stieß George zum unternehmenseigenen geistlichen Dienst hinzu, um mitzuhelfen, das *»Mission Statement«* und die »Kernwerte« des Unternehmens zu kommunizieren und zu bewahren. George bringt mit seinen zehn Jahren Dienst in der *King's Medical Company* eine solide Geschäftserfahrung mit. Er arbeitet derzeit als Vorsitzender des *Love in Action*-Komitees und organisiert die »Missionsreisen«, die das Unternehmen jedes Jahr anbietet. George ist mit Meg verheiratet und Vater von vier Kindern. George ist ein Mitglied des Komitees der Heilsarmee für den Bereich Hudson (Ohio) und aktiv bei der Gruppe *Christian Athletes* im Raum Cleveland. George, Meg und ihre Familie gehen in die Gemeinde *Grace Presbyterian Church* (PCA) in Hudson (Ohio).

George bringt auch viele Jahre Erfahrung mit im Aufbau von Beziehungen und im Zeugnis über seinen Weg mit Jesus als Ehemann, Vater und Mentor. Genau wie Kaleb folgt er Gott mit ganzem Herzen und bemüht sich, anderen zu dienen und durch sein Beispiel Christus darzustellen.

Sie können George erreichen unter + 1 330-653-3968 (Apparat 219), Georgel@kingsmedical.com.

Suzanne Worrall ist das jüngste Mitglied des geistlichen Teams. Suzanne bringt viele Jahre Erfahrungen mit in der Arbeit mit Menschen bezüglich Problemlösungs-Erarbeitung, Rat und Seelsorge, Sozialdienst und Kundendienst. Zuletzt hat sie bei der Fluggesellschaft *Continental Airlines* in Cleveland gearbeitet. Suzanne ist die Mutter von Trevor, der 13 Jahre alt ist und in *Cuyahoga Falls* zur Schule geht. Suzanne bringt ein dienendes Herz, eine tiefe Liebe für Menschen und eine Gabe für Organisation und Details in die geistliche Abteilung ein. Sie hat den Grad eines BA in geschäftlicher und organisatorischer Kommunikation und ist seit nunmehr fast 30 Jahren Mitglied der Gemeinde *St. Luke's Episcopal Church* in Fairlawn (Ohio).

Suzanne ist dafür verantwortlich, die verschiedenen Aktivitäten unter dem Schirm des geistlichen Dienstes des Unternehmens zu koordinieren, und wird auch ein aktives *Love In Action* Komiteemitglied sein. Sie können alle Formulare, Fragen oder Gesuche direkt an sie schicken: + 1 330-653-3968 (Apparat 234) oder Suzannew@kingsmedical.com.

3. Was macht ein Unternehmen zu einer Kingdom Company?

Kingdom-Unternehmen zeichnen sich durch eine ganz bestimmte Kultur aus. Die *King's Medical Group*, eine Verkaufsorganisation für medizinische Geräte in Hudson, Ohio, hat dies für neue Mitarbeiter wie folgt zusammengefasst:

Unser Ziel ist es, zu einem Unternehmen mit Reich-Gottes-Qualität zu werden.

Gott hat einen Plan für sein Volk. Sein Plan ist unter dem Namen Himmelreich oder Reich Gottes bekannt. Im Gegensatz zu einer weltlichen Zielsetzung haben Christen die Ewigkeit im Blick.

Jesus Christus erwähnt das Reich Gottes so oft, dass es keinen Zweifel darüber geben kann: Es ist der absolute Mittelpunkt seines gesamten Dienstes. Gott will über und durch jeden Bereich des Lebens seine Herrschaft ausüben. Es gibt ein Reich. Es ist ohne Ende. Gott hat es gegründet. Es beginnt in dieser Welt, ist aber nicht von dieser Welt. Uns ist befohlen, zuallererst nach diesem Reich zu trachten. Alle, die eine persönliche Beziehung zu Jesus Christus haben, sind seine Bürger und durch den Glauben an Jesus Christus hineingeboren. Letztendlich wird es alle Königreiche dieser Welt überwinden, und es wird ohne Ende sein. Seinem Wesen nach ist es ein geistliches und kein physisches Reich. Wie Christus zu denken (Phil 2, 1-11), ist im wörtlichen Sinne Gottesreich-Denken (Mt 5; 6; 7). Uns ist befohlen, Christus in allem, was wir tun, darzustellen (Kol 3, 17), weil wir tatsächlich so etwas wie ein Brief Christi an die gesamte Welt sind. Gottesreich-Denken und Gottesreich-Lebensart sind entscheidende Faktoren im Leben eines Unternehmensführers mit Reich-Gottes-Qualität.

Einige Themen, obgleich sicherlich nicht alle, die den Bau eines Unternehmens für das Reich Gottes betreffen, werden hier aufgelistet.

1. Gott der Vater hat uns zu einem königlichen Priestertum berufen, um dem Vater zu dienen und ihm in allen Dingen Ruhm und Ehre zu bringen (Offb 1, 6; 2. Mo 19, 6; 1. Petr 2, 9-10).
2. Leiter von Unternehmen mit Reich-Gottes-Qualität haben ein sehr klares Verständnis davon, dass sie nicht zu dieser Welt gehören und dass sie die Ewigkeits-Perspektive beibehalten und auf ihrer Basis agieren müssen, die von Jesus Christus so deutlich vorgelebt wurde (Phil 2, 1-11). Männer und Frauen, die ihr Leben haben verändern lassen und in Jesus Christus völlig neu wurden, leiten Unternehmen mit Reich-Gottes-Qualität. Solche Unternehmensführer sind bestrebt, das Unternehmen zu einer Plattform zu machen, auf der Christus durch jede Handlung, jede Einstellung und jedes Motiv proklamiert wird, sodass Jesus Christus viele Leben verändern möge.
3. Demut in allen Beziehungen ist der Schlüssel, wie man zur Reich-Gottes-Qualität aufsteigt. Hochmut kommt immer vor dem Fall, und es gibt keinen Platz für Hochmut in der Gegenwart Gottes noch innerhalb eines Unternehmens mit Reich-Gottes-Qualität. Um ins Reich Gottes zu gelangen, müssen wir demütig wie ein kleines Kind sein. Die Geschäfte des Königs zu besorgen, erfordert Demut.

4. Leiter von Unternehmen mit Reich-Gottes-Qualität haben erkannt, dass sie aus sich heraus keine Kompetenz besitzen, sondern nur das haben, was ihnen von Jesus Christus gegeben wird (2. Kor 3).
5. Leiter von Unternehmen mit Reich-Gottes-Qualität verstehen, wie wichtig es ist, ihre Führungs- und Arbeitsaufgaben so zu erledigen, als ob sie es für Jesus Christus allein tun würden (Kol 3, 23). Dies ist ein Aufruf zu höchster Güte *(Exzellenz)* aus einer biblischen Perspektive heraus, die Gott ehrt, nicht den Menschen. Der Herr Jesus Christus ist der Standard für Exzellenz. Die Griechen definierten *Exzellenz* als Mensch-zentrierte Selbstvervollkommnung, die auf menschliche Fähigkeit und Leistung aufbaut. Biblische *Exzellenz* verweist auf Gott selbst als das Maß und die Quelle von *Exzellenz*. Er hat in und durch Jesus Christus jenen exzellenten Weg offenbart. Er ist der exzellentere Weg. Unsere *Exzellenz* kann nur eine Widerspiegelung von Gottes *Exzellenz* in der Welt sein.
6. Leiter von Unternehmen mit Reich-Gottes-Qualität bewahren ihre Integrität in Christus dadurch, dass sie in allen Situationen die Wahrheit sagen, was auch immer die Umstände oder Konsequenzen sein mögen. Unternehmen mit Reich-Gottes-Qualität benutzen keine manipulierten Waagen noch Täuschung bei der Durchführung ihrer Geschäfte, was auch immer die Gründe sein mögen.
7. Leiter von Unternehmen mit Reich-Gottes-Qualität verstehen und leben nach biblischen Kernwerten in den Bereichen von Beziehungen, Führerschaft und Verwalterschaft. Biblische Kernwerte auf diesen Gebieten befähigen individuelle Führungskräfte des Unternehmens, ihre spezifischen Begabungen und Tugenden in einer Art auszudrücken, die klar definiert, wie sie persönlich biblische Prinzipien in das Unternehmen und ihr Handeln im Markt integrieren werden.
8. Leiter von Unternehmen mit Reich-Gottes-Qualität werden nie

müde, die Herzen ihrer Leute zu ermutigen. Biblische Ermutigung wird definiert als das Vorhandensein von genügend Mitleid, um den Schmerz, die Verletzungen und die Niedergeschlagenheit der gebrochenen Herzen ihrer Leute zu verstehen und all dies gegen die bedingungslose Liebe von Jesus Christus auszutauschen.

9. Wie alle anderen Unternehmen in der Welt muss auch ein Unternehmen mit Reich-Gottes-Qualität einen Gewinn erzielen, um von der Finanzbehörde und anderen als ein rechtmäßiges Unternehmen anerkannt zu werden. Leiter von Unternehmen mit Reich-Gottes-Qualität definieren Profit als einen Vorteil, der ihnen von Gott gegeben wurde, um die Reich-Gottes-Arbeit voranzutreiben, während sie niemals jemanden unfair übervorteilen und sich hierdurch einen ungeistlichen Gewinn verschaffen würden (Mk 8, 36).
10. Das Ziel eines Unternehmens mit Reich-Gottes-Qualität ist es, jeden Mann und jede Frau in Christus reifen zu lassen und den großen Auftrag anzunehmen, in die ganze Welt zu gehen, Christus zu proklamieren und in seinem Namen zu taufen (Kol 1, 28; Mt 28, 18). Erfolg basiert auf Gehorsam gegenüber Gott mehr als auf Leistung, Ruhm oder Wohlstand (Jos 1, 3-7). Niemals kann ein Mann oder eine Frau die eigentliche Natur des Gottesreiches voll verstehen. Die Gläubigen sind abhängig von der Befähigung durch den Heiligen Geist, die Gegenwart Christi in allen Situationen und Umständen zu erfahren, insbesondere in der Geschäftswelt.

»Der einzige Empfehlungsbrief, den wir brauchen, seid ihr selbst! Euer Leben ist wie ein Brief, der in unsere Herzen geschrieben wurde. Jeder kann ihn lesen und erkennen, was wir unter euch getan haben. Ihr seid ein Brief Christi, von uns geschrieben, aber nicht mit Tinte, sondern mit dem Geist des lebendigen Gottes: nicht auf Steintafeln, sondern in die Herzen der Menschen.« (2. Kor 3, 2-3)

Anhang II

Ultimate Support Systems, Inc.

Anleitung für Kingdom Company-Unternehmer

James Dismore hat ein »Unternehmen im Dienste Gottes«. Aber nicht nur das: Er hat auch nachgedacht und die wichtigsten Prinzipien eines Unternehmens im Dienste Gottes in einer sehr ansprechenden Broschüre schriftlich niedergelegt.

Auf sechs Seiten wird detailliert erklärt, wie eine von Jesus erneuerte Unternehmensführung aussieht.

Königsweg Companies

Auf der Straße des Lebens, wähle Gottes Wege vor deinen Wegen.

5 Königswege

»Es soll nicht durch Heer oder Kraft, sondern durch meinen Geist geschehen, spricht der Herr Zebaoth.« (Sach 4,6)

1. Mission Statement und Ziel

Mission Statement (wertorientierte Zielsetzung des Unternehmens)

Haben Sie ein Mission Statement? Wenn nicht – Sie sollten eins haben! Gott möchte, dass wir unsere Schritte planen und seine Führung und Weisheit suchen, um den Plan durchzuführen.

Wenn Gott nicht Teil Ihres Mission Statements ist, sollten Sie sich fragen, ob es komplett ist.

Ihr Mission Statement sollte Ihr Geschäft und dessen Ziel beschreiben und festlegen, wie Sie planen, die Ziele Gottes umzusetzen.

Gott möchte, dass Ihre Mitarbeiter wissen, für wen und was Sie stehen.

Zielbeschreibung

Gott wird Sie leiten, Schlüsselbegriffe dadurch festzulegen, dass Sie sie in der Zielbeschreibung ausdrücken.

Die meisten Unternehmen haben Angst, Gott in ihren gedruckten Materialien zu erwähnen, geschweige denn in ihrer Missions- und Zielbeschreibung.

Ihre Zielbeschreibung sollte Gott einschließen, z. B. so: »Wir ehren Gott in allem, was wir tun.« Oder: »Wir arbeiten mit Gewinn, um unseren Dienst zu erfüllen.« Oder ... Kann jeder mögliche Leser Ihre Zielbeschreibung auch klar verstehen?

Wie steht es mit Ihnen: »Was tun Sie für das Reich Gottes?«

»Wenn ein Volk das prophetische Wort nicht annimmt, verliert es jeden Halt. Aber glücklich ist es, wenn es sich an Gottes Gesetz hält.« (Spr 29, 18)

2. Der Plan für geistlichen Dienst

Und von Jesus hören wir: »Nehmet auf euch mein Joch und lernt von mir; denn ich bin sanftmütig und von Herzen demütig; so werdet ihr Ruhe finden für eure Seelen; denn mein Joch ist sanft und meine Last ist leicht!« (Mt 11, 29-30)

A. Ihre geschäftlichen Pläne sollten auch Gottes Pläne einschließen. Tun sie das?
B. Zuallererst: Haben Sie einen Plan für Ihren geistlichen Dienst? Wenn nicht – warum nicht? Wie planen Sie, die Gelegenheiten, die Gott Ihnen geben wird, zu erkennen und zu ergreifen?
C. Setzen Sie sich mit Ihrem Management-Team oder Beratern zusammen und arbeiten Sie einen Plan aus.
D. Der Plan für Ihren geistlichen Dienst sollte im Zusammenhang mit Ihrem Geschäftsplan und in ihn integriert geschrieben werden.
E. Formulieren Sie klare Ziele des geistlichen Dienstes, und entwerfen Sie einen Plan zur Umsetzung dieser Ziele.
F. Schließen Sie die Beteiligung und Verantwortung von Mitarbeitern für den Dienst in Ihren Plan ein. Vermeiden Sie einen Plan »von oben«, der Mitarbeiter ausschließt.
G. Teilen Sie in gleicher Weise Ressourcen zu, wie Sie es im Rest Ihres Geschäftsplans tun – Ressourcen an Arbeitskräften, Zeit und Geld.
H. Entwerfen Sie einen Plan, wie finanzielle Mittel ausgegeben werden sollen, um Gott und sein Königreich zu ehren. Legen Sie im Detail fest, wie Sie Gelder zuteilen werden, die für den geistlichen Dienst und die von Ihnen unterstützten Zwecke und Projekte gedacht sind.
I. Arbeiten Sie den Plan für den geistlichen Dienst in das Finanzbudget des Unternehmens ein. Legen Sie fest, wann und wie spezifische Mittel zugeteilt werden.

J. Ihr endgültiger »geistlicher Dienstplan« muss schriftlich in klarer Weise so niedergelegt sein, dass jeder in der Firma Zugang zu ihm hat und Ihre Absichten voll verstehen kann. Nachdem Sie ihn formuliert haben, legen Sie ihn zur Verabschiedung vor.

»Ein Mensch kann seinen Weg planen, seine Schritte aber lenkt der Herr.« (Spr 16,9)

3. Geschäftsplan

Ihr Geschäftplan sollte die folgenden Punkte umfassen:

A. Ausführungsabriss mit
   - Überblick
   - Mission und Ziel
   - Vision für die Zukunft
   - Schlüssel zum Erfolg

B. Firmengeschichte mit Ausblick auf die Firmenzukunft

C. Ihre Positionierung im Markt mit einer Definition der Produkte und Dienstleistungen, die Sie anbieten

D. Konkurrenzanalyse
   - Stärken
   - Schwächen
   - Chancen
   - Gefahren – Verwundbarkeit

E. Definition von Produkten und Dienstleistungen
   - derzeitige Produkte und Dienstleistungen
   - geplante Produkte und Dienstleistungen
   - erwartete finanzielle Erträge für zukünftige Produkte

F. Organisationsstruktur mit klar zugeordneten Verantwortlichkeiten innerhalb jeder Abteilung, um den Plan zu erfüllen

G. Verkaufsplan und der dazugehörige Marketing-Plan

H. Globale Firmenziele und Feinziele pro Abteilung
   - Budget und finanzielle Projektionen
   - spezifische Maßnahmen, um die Ausführung der Ziele zu kontrollieren
   - klare Prämien und Belohnungen für das Erreichen von Firmenzielen

I. Detaillierter Finanzplan mit Vorhersagen und einem vorläufigen
   - Ein-Jahres-Plan
   - Zwei-Jahres-Plan
   - Drei-Jahres-Plan

J. Geplante Überprüfung
   - Setzen Sie einen Zeitplan fest, um (monatlich und vierteljährlich) zu überprüfen, wie Sie in der Umsetzung des Plans liegen und um das Management in die Rechenschaft zu nehmen.

4. Beirat

A. Sie müssen überzeugt davon sein, dass Stärke in »viel Rat« liegt.

B. Sie müssen bereit sein, die innersten Geschäftsgeheimnisse, Sorgen und den tatsächlichen Firmenerfolg offen zu legen.

C. Wählen Sie nicht mehr als zwei bis vier an Gott orientierte Menschen aus, die bereit sind, sich an Ihre Seite zu stellen, um das Verhalten Ihrer Firma zu studieren und Sie zu beraten und zu unterstützen.

D. Nehmen Sie Leute, die »Wahrheit in Liebe« sprechen und Ihnen nicht das erzählen, von dem sie meinen, dass Sie es hören wollen.

E. Berater sollten unvorbelastet und nicht mit Investitionen in Ihrem Unternehmen engagiert sein, um einen objektiven Blick zu gewährleisten.

F. Jeder Beteiligte muss unbedingter Vertraulichkeit verpflichtet sein in Bezug auf alles, das diskutiert wird.
G. Jeder Berater muss willens sein, die notwendige Zeit und Anstrengung zu investieren, die notwendig ist, um Ihnen und Ihrem Unternehmen zu dienen.
H. Die Berater müssen sich daran gebunden fühlen, für Sie und das Unternehmen zu beten.
I. Die Treffen sollten regelmäßig und an einem Ort außerhalb des Unternehmens oder in Privaträumen stattfinden. Ablenkungen sollten dort auf ein Minimum reduziert sein. Sie selbst müssen die Disziplin aufbringen, die geplanten Termine für Treffen einzuhalten, und die Berater müssen diszipliniert sein, an ihnen regelmäßig teilzunehmen.
J. Seien Sie darauf vorbereitet, durch eine Phase von Versuch und Irrtum hindurchzugehen, während Sie und die Berater sich an den neuen Prozess anpassen. Es mögen sogar mehrere Versuche notwendig sein, die richtige Gruppe von Beratern zusammenzubekommen, die gut miteinander arbeiten.

»Zwei haben es besser als einer allein, denn zusammen können sie mehr erreichen. Stürzt einer von ihnen, dann hilft der andere ihm wieder auf die Beine. Doch wie schlecht steht es um den, der alleine ist, wenn er hinfällt! Niemand ist da, der ihm wieder aufhilft! ... Einer kann leicht überwältigt werden, doch zwei sind dem Angriff gewachsen. Man sagt ja auch: ›Ein Seil aus drei Schnüren reißt nicht so schnell.‹« (Pred 4, 9-10, 12)

5. Die Unternehmens-Leistung messen

»Wenn der Herr nicht das Haus baut, so arbeiten umsonst, die daran bauen.« (Ps 127, 1)

A. Wird Ihr Geschäftsplan Gottes Standards gerecht und trägt er zu seinem Reich bei?
B. Halten Ihre Ziele der Probe der Zeit stand – dem »ewigen Maßstab«?
C. Führen Sie alles, was Sie geben, auf die Werke des Herrn zurück? Messen Sie, wie effizient Sie biblische Prinzipien anwenden?
D. Suchen Sie Gottes Gegenwart, seine Leitung und seinen Segen? Fragen Sie sich: »Was würde Jesus tun?«
E. Haben Sie ein gerechtes und durchschaubares Vorgehen, um die Leistung Ihrer Angestellten zu messen?
F. Werden Ihre finanziellen Ergebnisse mit einem gut geplanten Budget verglichen, um einen Standard zu etablieren, der Effizienz misst. Beurteilen Sie jede Ebene Ihres Budgets bezüglich Effizienz – Netto-Verkäufe, Verkaufskosten, Durchführungskosten, Netto-Gewinn?
G. Haben Sie einen Standard entwickelt, um Qualität und Leistung Ihrer Produkte zu überprüfen?
H. Messen Sie die Effizienz Ihrer Finanzplanung auf allen Ebenen (Kapitalaufwand, Inventar und Spesen)?
I. Sind Sie in der Lage, die Lohnkosten für einzelne Produktlinien und für das gesamte Unternehmen zu benennen?
J. Messen Sie die Brutto-Gewinne aus verschiedenen Produktlinien? Fragen Sie sich: »Wie entsteht der Unternehmensgewinn?« »Welche spezifischen Produkte sind profitabel?« »Wo könnte ich einen besseren Gewinn erzielen?«

Biblische Prinzipien

A. Streben Sie vor allem anderen danach, Gott in allem, was Sie tun, zu ehren und einen Teil der Gewinne in sein Werk zu geben.

B. Operieren Sie mit Gewinn, um Ihren geistlichen Dienst zu finanzieren, Unternehmenswachstum zu ermöglichen, eine ausreichende Rendite zu erreichen und um eine starke Position im Markt zu behalten.

C. Pflegen Sie ethische Geschäftsbeziehungen, indem Sie nach dem höchsten Grad von Integrität und Ehrlichkeit in jeder persönlichen und geschäftlichen Interaktion streben.

D. Hegen und pflegen Sie den Sinn Ihrer Angestellten für Wert und Würde. Machen Sie Ihr Unternehmen zu einem Ort, an dem man einen sicheren Arbeitsplatz findet, wo Menschen ermutigt werden können, wo ihnen in Jesu Liebe gedient wird und wo sie geistlich wachsen können.

E. Achten Sie jede Person und seien Sie bestrebt, gesunde, loyale und motivierte Individuen zur Entfaltung zu bringen, die in der Lage sind, Anteil zu haben am Erfolg, den sie schaffen.

Kingdom Way ist eine gemeinnützige Einrichtung

James Dismore
2506 Zurich Street
Fort Collins, Colorado 80524, USA
Tel. + 1 970 493 4488
Fax + 1 970 493 9119
E-Mail: jimd@ultimatesupport.com

Anhang III

American Health Diagnostics

Auf welchen Werten wird eine Kingdom Company aufgebaut?

Kent Humphreys ist ein Multitalent. Er hat viele Firmen gegründet und zum Erfolg geführt. Inzwischen ist er auch Präsident der Fellowship of Companies for Christ International (FCCI). Die folgenden acht Werte beschreiben die Grundlage seiner geschäftlichen Aktivitäten.

American Health Diagnostics Werte-Katalog

Unsere Werte sind Standards, mit deren Hilfe grundsätzliche Geschäftsorientierungen und Entscheidungen getroffen werden. Sie basieren auf biblischen Prinzipien, die zeitlos sind.

Sie offenbaren sich im Kontext persönlicher Beziehungen (Beispiel: Mitarbeiter – Kunde, Manager – Mitarbeiter, Mitarbeiter – Lieferant, Mitarbeiter – Mitarbeiter). Die Integrität von American Health hängt von unseren Werten ab. Diese Werte sollten sich ausdrücken in unserem Verhalten - untereinander und gegenüber Außenstehenden. Die Summe unseres Verhaltens, die unsere Werte augenscheinlich werden lässt, bestimmt, wer wir sind. Es ist nicht so, dass wir als Firma unsere Werte besitzen, um Erfolg zu haben; vielmehr glauben wir, dass wir aufgrund unserer Werte erfolgreich sein werden.

Die folgenden Werte stellen die Substanz dar, auf die sich unsere Firma gründet. Sie verdeutlichen unseren Geist, also den Kern dessen, was wir für lohnend, wichtig und bedeutungsvoll erachten. Wir wollen diese Werte hochhalten durch unsere Worte, Gedanken, Handlungen, ja sogar durch unsere Motive. Wofür sie stehen – das ist es, worauf wir unsere Firma bauen.

Wahrhaftigkeit

Wir werden in allen Beziehungen echt, offen und ohne Falschheit sein. Wir werden ehrlich und detailgenau die Tatsachen berichten. Wir erachten Wahrheitstreue als das Fundament, auf das der Bezugsrahmen von Qualität und Integrität gebaut werden muss. Wir werden das tun, was wir versprochen haben.

Ermutigung

Wir werden einander motivieren, nicht durch Kritik, sondern durch ermutigende Worte, um eine Atmosphäre von Produktivität und Freiheit zu schaffen, in der eigene Fehler eingestanden werden können. Wir werden auf jede mögliche Art und Weise (Beispiel: Lob, Prämien, Beförderungen, Preisverleihungen, Zusatzleistungen usw.) bemüht sein, Fleiß, Innovation, Initiative, Sparsamkeit und Disziplin zu belohnen. Wir haben erkannt, dass diese Qualitäten lebenswichtig für unseren Erfolg sind und dass diese nur in einem positiven und ermutigenden Umfeld gedeihen können. Durch positive Haltung und ermutigende Worte werden wir einander helfen, unser volles Potenzial zu erreichen.

Verantwortlichkeit

Jede erfolgreiche Unternehmung muss Struktur und Organisation haben. Jede Person ist einer höheren Autorität verantwortlich. Wir sind verantwortlich vor Gott, unserer Regierung, unseren Kunden, unseren Managern – und auch voreinander.

Mentoring

Wir glauben, dass ein wirkungsvoller Führungsstil am besten durch Mentoring erreicht wird, d. h., wir führen durch vorgelebtes Beispiel. Wir glauben, dass unsere Handlungen lauter sprechen als unsere Worte. Ein Mentor arbeitet daran, diejenigen Qualitäten seines Schützlings zu entfalten, die eine positive Wirkung auf seine Zukunft und die Zukunft dieser Organisation haben. Ein effektiver Mentor ist ein dienender Führer.

Der Wert des Individuums

Bei unserer Entscheidungsfindung werden wir die »goldene Regel« praktizieren (»Behandle andere so, wie du von ihnen behandelt werden möchtest.« Lk 6, 31). Wir werden das Leben und die Würde des Menschen respektieren und die Rechte jedes Einzelnen, auch in Bezug auf seine Gesundheit, seine Sicherheit und sein Arbeitsumfeld. Wir erkennen an, dass hinter dem Individuum eine Familieneinheit steht und dass die Familie einen höheren Stellenwert hat als die Firma und ihr Gewinn. Daher wird es unser Bestreben sein, die Familie zu stärken und nicht zu zerstören.

Wir werden die Ausgewogenheit im Leben des Individuums im Auge behalten und dabei die Wichtigkeit Gottes, der Familie, der Arbeit, der Muße und der Gesundheit betonen.

Ordnungsliebe

Wir werden uns selbst und unser Umfeld dergestalt einrichten, dass wir die größtmögliche Wirkung und Effizienz erzielen. Wir werden uns fortwährend bemühen, Abläufe zu verbessern, um unsere Kunden besser zu bedienen. Durch Ordnungssinn und Ablaufverbesserung erzielen wir ein »Kein-Problem-Umfeld« für unsere Kunden, sowohl intern als auch extern.

Verantwortung

Wir akzeptieren individuelle Verantwortung für unsere Handlungen und für die sorgsame Verwaltung der Ressourcen unserer Firma, darin eingeschlossen der Gebrauch unserer Zeit, Talente, Materialien, Finanzen und Beziehungen. Wir sind dafür verantwortlich, unsere Arbeit gleich beim ersten Mal richtig zu machen und das jedes Mal. Wir werden an unseren Ergebnissen gemessen werden, und dies bedeutet, dass wir »keine Ausreden« haben dürfen.

Freundlichkeit
Wir werden Freundlichkeit, Behutsamkeit und Mitgefühl gegenüber unseren Arbeitskollegen, Kunden, Lieferanten usw. zeigen. Wir streben danach, die Bedürfnisse anderer für wichtiger zu erachten als unsere eigenen. Wir werden uns, in Wort und Handlung, regelmäßig als »Freundlichkeitstäter« zeigen.

Ich bin diesen Werten verpflichtet und entschlossen, American Health Diagnostics gemäß diesen Werten zu führen, denn sie repräsentieren, was richtig ist. Als Mitarbeiter bei American Health Diagnostics ist es Ihre Verantwortung, sich gemäß unseren Werten zu verhalten. Durch *Teamwork* werden unsere Werte in allem, was wir tun, sichtbar werden.

Brian Banks & Kent Humphreys

Anhang IV

Asih Group, Indonesien

Christliche Werte in einem nichtchristlichen Umfeld

Die Asih Group von Mr. Sinaga (8000 Mitarbeiter) hat ihren Sitz in Indonesien, einem Land mit 70% Moslems. In einem solchen Umfeld ist die Herausforderung, Werte so zu formulieren, dass sie auch von Nichtchristen verstanden und gelebt werden können.

Die Werte der »Asih Gruppe«

Als Mr. K. M. Sinaga die Asih Gruppe aufbaute, setzte er verschiedene Werte fest, die in Gottes Wort begründet und feste Fundamente für die Kontinuität und den Fortschritt der eingebundenen Gesellschaften sind. Diese Werte, die er der nächsten Generation anvertrauen möchte, sind wie folgt:

LIEBE DEINEN NÄCHSTEN. Dies ist das Leitprinzip (Motto) der Gruppe.

Geistige und geistliche Unterweisung

Es wird von allen Angestellten der Asih Gruppe verlangt, die Zusammenkünfte zur geistigen und geistlichen Unterweisung zu besuchen, die jeden Montag und Freitag (oder Samstag) als ein integraler Teil der Geschäftsaktivitäten abgehalten werden. Für die Top-Manager der angeschlossenen Gesellschaften gibt es ein wöchentliches Treffen, in dem man mit der aufgeschlagenen Bibel diskutiert, wie man »Geschäfte gemäß Gottes Willen« betreibt, um Antworten und Lösungen für die anstehenden Probleme und Angelegenheiten zu finden, aber auch eine Unternehmenspolitik zu entfalten.

FOLGENDE GRUNDSÄTZE ZEICHNEN DAS UNTERNEHMEN AUS

- DIE VISION, dass jede Person in der Gesellschaft eine Versicherungspolice sowohl hier als auch im Himmel halten sollte.
- DIE MISSION, die Menschen in Sparsamkeit, gegenseitiger Unterstützung und Zukunftsplanung zu unterweisen, sowie die Regierung bei der nationalen Weiterentwicklung und Schaffung neuer Arbeitsplätze zu unterstützen, alles gemäß dem Motto »LIEBE DEINEN NÄCHSTEN«.
- DAS GLOBALZIEL, das Wohlergehen des indonesischen Volkes zu vermehren.
- DIE STRATEGIE, der gesamten indonesischen Gesellschaft eine exzellente Dienstleistung anzubieten. DIE ENTSCHLOSSENHEIT, ein erfolgreiches und wohlhabendes Indonesien aufzubauen.
- DAS ZIEL, das wirtschaftliche Wohlergehen zu vermehren, indem Produkte verkauft werden, die für alle Bürger Indonesiens nutzbringend sind.
- DAS NAHZIEL, kompetente, geschickte und kreative Arbeiter mit hoher Intelligenz hervorzubringen, die ein glückliches Leben führen. Unsere Dienste allen Menschen in Indonesien verfügbar zu machen. Das Wissen aller Menschen über und Verständnis von, Liebe und ihrer Anwendung zu erweitern. Die Talente und Fähigkeiten aller Indonesier zu nutzen. Stabile Arbeitsmöglichkeiten für jedermann zu schaffen. Mittel zu erschließen, um die Entwicklung in Indonesien zu unterstützen. Den Lebensstandard des gesamten indonesischen Volkes zu erhöhen. Dem Personal der Asih Gruppe dabei zu helfen, sein Potenzial zu entfalten und seine Lebensqualität zu erhöhen.

➤ DIE ASIH GRUPPE ZUR BESTEN UNTERNEHMUNG MACHEN

1. Ihre Standards: Qualität, Verantwortlichkeit, Karriere und Charakter

2. Ihr Ruf: Qualität, hochkonkurrenzfähige Preise, ein exzellenter Service, sensibel bezüglich Wettbewerb und Verhalten des Personals

➤ DER CHARAKTER EINER ASIH FÜHRUNGSPERSÖNLICHKEIT

Sie zeigt: Vision, Zielorientiertheit, Liebe, Bescheidenheit, Selbstbeherrschung, Kommunikationsfähigkeit, geschicktes Ausnutzen von Möglichkeiten, kluge Investitionen, Begeisterung, Integrität, nichts ist unmöglich, Entschlusskraft.

Geschäfte nach Gottes Willen betreiben

Dank

Viele Personen haben zum Entstehen dieses Buches beigetragen. Ihnen möchten wir ausdrücklich und von Herzen Dank sagen.

Danke an Jörg Laube, der unermüdlich recherchiert und viele der Interviews durchgeführt hat.

Danke an Christine Albrecht, die mit ihren ausgezeichneten Computerkenntnissen das Manuskript mitgestaltet hat.

Danke an Uta Müller, die verlagsseitig die vielen Korrekturen eingearbeitet hat.

Danke an Traudel Knoblauch für das häufige Korrekturlesen des Manuskriptes und ihre Geduld.

Danke an Uli Buschmann, der englische Beiträge ins Deutsche und deutsche Beiträge ins Englische übersetzt hat.

Danke an Jochen Kohler für seine umfangreichen Internetrecherchen.

Danke an Marc Guderlei, der alles Geschriebene in eine Powerpoint-Präsentation inklusive Animation umgesetzt hat.

Danke an Bob Tamasy, der einige der USA-Interviews durchgeführt hat und uns als Journalist wertvolle Tipps gegeben hat.

Danke an Jonathan Shaw, der uns die Interviewpartner vermittelt hat und uns in die Materie der Kingdom Factorys eingeführt hat.

Danke an Tim Philpot, der uns als ehemaliger Senator von Kentucky und heutiger Präsident der CBMC auf viele interessante Entwicklungen hingewiesen hat.

Danke an Al Ross, der als ehemaliger Präsident der FCCI uns mit den richtigen Leuten in Verbindung gebracht hat.

Danke an Scott McReynolds, der uns in der Entstehungsphase des Buches intensiv begleitet hat.

Danke an John Warton vom Business Professionell Network, der von Anfang an großes Verständnis und Begeisterung für dieses Thema zeigte.

Last but not least, unseren herzlichen Dank an alle, die sich haben interviewen lassen. Dies war keine Kleinigkeit an Zeitaufwand, und eine noch größere Leistung ist es, ein Unternehmen zu schaffen, über das es sich zu berichten lohnt.

Unser besonderer Dank gilt *Herrn Dr. Utsch* vom Hänssler Verlag, der bereit ist, dieses Buch zu einem Zeitpunkt zu verlegen, an dem dieses Thema noch in den Kinderschuhen steckt. Dies geschieht, obwohl er weiß, dass mit einem solchen Buch erst in ein paar Jahren Geld zu verdienen ist.

Danke an Sie, liebe Leserin, lieber Leser, dass Sie sich bis hierher vorgearbeitet oder gleich hinten angefangen haben, um die Frage nach Kingdom-orientierten Companys zu klären. Wir wünschen Ihnen Erfolg, Durchhaltevermögen und Gottes Segen bei der Umsetzung.

Jörg Knoblauch
Jürg Opprecht